中印經濟轉型與
發展模式比較

龔松柏 著

財經錢線

序

　　20世紀80年代以來，中國和印度都進行了一場力度空前的經濟改革，這一改革的結果是導致了第二次世界大戰以來世界經濟史上意義重大的事件——世界上人口最多的兩個大國同時出現經濟的高速增長，並對世界經濟格局產生著重要的影響。故而，對於中印兩國經濟改革以來發展模式以及兩者的比較研究具有非常重要的意義。正是基於這點，當龔松柏將中印經濟轉型與發展模式比較確立為其博士論文的選題時，我給予了充分的肯定。今天，當這一博士論文正式出版的時候，我更覺得當初的感覺是正確的。因為他不僅選擇了一個極具價值的選題，而且選擇了一個極具特色的研究視角。

　　與一般研究兩國經濟發展模式的視角不同，作者沒有將研究的重點放在中印兩國的具體經濟制度或具體經濟部門的比較上，而是將其重點放在兩國的經濟起飛過程中的三個基本過程上。這樣的研究視角抓住了兩國經濟發展階段最為重要的特點，同時也把傳統的靜態分析變成了動態分析，對於持久地觀測兩國經濟發展過程具有重要的價值。

　　在本書中，龔松柏基於沃爾特·惠特曼·羅斯托的經濟增長階段理論，提出中印兩國這一發展時期都屬於經濟起飛階段，而在這一經濟發展階段，中印兩國在經濟上都經歷了三個基本

的過程，這就是經濟體制的轉型、經濟結構與產業結構的轉化升級以及對外經濟關係的轉變。然後綜合運用經濟轉型理論、二元經濟轉化理論以及國際經濟學等多種理論工具，對中印兩國經濟起飛階段的經濟轉型與發展模式進行了全面的比較。

除此而外，龔松柏這一著作的創新還表現在，首先，這一著作第一次以轉型的視角研究了印度的經濟改革問題。以往轉型經濟學的研究範圍一般限制在原社會主義陣營國家，從來沒有學者將印度列入經濟轉型的範疇。但這是一種明顯的誤解，誤以為蘇東劇變前實行計劃經濟的只有一般意義上的社會主義國家，而事實上在第二次世界大戰之後許多發展中國家都曾經實行過計劃經濟或半計劃經濟體制，20世紀80年代之後都普遍向市場經濟轉型，印度以往就是典型的半計劃經濟國家。故而，轉型經濟學的研究不應該將這些國家排除在外，所以本書的研究從某種意義上彌補了以往轉型經濟學研究的缺失。

其次，這一著作始終著眼於動態的分析。與以往比較國別經濟習慣於截取斷面的靜態分析不同，本書的研究始終著眼於變化過程，從未將比較限制在某一個階段上。如在經濟轉型的比較中，是在考察了中國的增量改革到整體推進的過程與印度對私營部門逐步放開和公營企業逐步市場化過程之後再進行比較，而不是就某個階段的政策進行比較。又如，在產業結構的轉化升級研究中，作者不僅考察了以往兩國在產業結構升級道路的差異，而且還專門闢出章節，分析比較了兩國當前在產業結構升級方面的最新趨勢，特別是對方興未艾的中國新農村建設與印度的「第二次綠色革命」進行了比較。這樣的比較方式對於熱衷中印經濟比較的人具有持久的指導價值。

最後，由於本書的研究著眼於三個過程，又始終進行動態的分析，因而也就得出許多與靜態分析完全不同的新觀點。例如，通過對轉型過程的研究，作者得出，中國比印度更成功很

大程度上是由於在公有制企業改革上更成功；而通過對產業結構轉化升級過程的比較，作者得出，中國的產業升級道路更符合以往發達國家的工業化道路，而印度則更具自身的特色。但印度這種獨具特色的工業化道路事實上偏離了工業化的一般規律，這種偏離只會阻礙印度的進一步發展；印度要想真正完成工業化，最終還是只能回到一般國家的工業化道路上來。在對外經濟關係領域，作者也提出了中印外貿結構各有千秋，並不能因為中國主要為加工貿易、印度主要為一般商品貿易就簡單認為印度優於中國。

　　總的來說，作者在這一研究中做出了很多新的嘗試，也得出了很多有價值的新結論。但毋庸諱言，本書的研究中也存在一定的不足，這其中最主要是對於國際金融危機特別是此次美國金融危機對兩國經濟發展影響的研究，雖然書中也進行了一定的分析，但深度明顯不夠。當然，這與著作的主體成文於美國金融危機全面爆發前有重要的關係。但是，作為前沿性的研究，應該時刻關注最新的時勢變化，這樣才能使這種研究更具價值。當然，可喜的是，作者已經準備彌補這一缺憾，已經著手研究「後危機時代的中印關係」這一課題，我衷心地希望，這一新的課題研究能早日順利完成。

姜凌

目　錄

0　導論／1
0.1　問題的提出和研究目的／1
0.2　相關研究文獻及其評述／2
0.2.1　關於中國經濟轉型與發展的研究／2
0.2.2　關於印度經濟轉型與發展的研究／12
0.2.3　關於中印經濟轉型與發展模式比較的研究／22
0.3　研究的思路結構和方法／32
0.3.1　研究的思路結構／32
0.3.2　研究方法／34
0.4　主要觀點、創新點及有待進一步研究的問題／34

1　與中印經濟轉型與發展比較相關的一般經濟學理論／38
1.1　羅斯托的經濟增長階段理論／40
1.2　經濟轉型理論／43
1.3　二元經濟結構轉化理論／50
1.4　國際經濟學的相關理論／55

2 中印經濟起飛的前提條件比較 / 62

2.1 中印兩國的資源稟賦比較 / 63

2.2 改革前兩國的經濟體制比較 / 68

2.3 起飛前兩國經濟水準比較 / 79

3 中印經濟體制的轉型比較 / 85

3.1 中印經濟轉型的基本理念比較 / 85

3.2 中印經濟轉型的方式比較 / 95

3.3 中印經濟轉型中的所有制改革比較 / 103

3.3.1 中國的所有制改革 / 103

3.3.2 印度的所有制改革 / 111

3.3.3 中印所有制改革比較 / 118

4 中印經濟結構的轉化與產業結構的升級比較 / 124

4.1 關於發展中國家經濟結構轉化模型的思考 / 125

4.2 中印產業政策及主導產業部門的選擇比較 / 130

4.2.1 中印兩國產業政策分析 / 130

4.2.2 中印主導產業不同的原因 / 135

4.2.3 中印現代部門產業發展情況及其影響比較 / 139

4.3 中印農業發展道路比較 / 141

4.3.1 20 世紀 80 年代以來中印農業制度改革比較 / 141

4.3.2 中印農業技術現代化道路比較 / 144

4.3.3 近年來中國社會主義新農村建設與印度的第二次綠色革命比較 / 148

4.4 中印經濟結構的轉化比較 / 150

4.4.1 中國：家庭聯產承包責任制下存在工業化與糧食安全之間的兩難 / 150

4.4.2 印度：現代部門的拉力不足與農村人口素質的低下使二元經濟結構的轉化受到雙重制約 / 159
4.5 新形勢下兩國經濟結構轉化與產業結構升級的前景 / 160

5 中印對外經濟關係的轉變比較 / 163
5.1 中印經濟改革以來對外經濟關係的基本戰略比較 / 163
5.1.1 兩國的對外開放度比較 / 163
5.1.2 兩國的對民族產業的保護比較 / 165
5.1.3 兩國的開放層次性與試點地區開放效果比較 / 166
5.2 中印對外貿易比較 / 170
5.2.1 中印外貿體制改革比較 / 170
5.2.2 中印外貿的水準比較 / 173
5.2.3 中印外貿的前景比較 / 175
5.3 中印利用外資和對外投資比較 / 177
5.3.1 中印利用外資比較 / 177
5.3.2 中印對外投資比較 / 184

6 影響中印經濟發展的非經濟因素比較 / 190
6.1 中印經濟發展中的政治因素比較 / 190
6.1.1 中印政治制度差異分析 / 190
6.1.2 中印政治制度對經濟的影響差異分析 / 194
6.2 中印經濟發展中的文化因素比較 / 196
6.2.1 中印文化差異分析 / 196
6.2.2 中印文化對經濟的影響差異分析 / 201
6.3 中印經濟發展中的國際環境因素比較 / 204
6.3.1 兩國的總體國際地位比較 / 204
6.3.2 兩國與世界主要大國的關係比較 / 204
6.3.3 兩國的周邊國際環境比較 / 206

7 中印經濟發展的績效、潛力及其對其他發展中國家經濟發展的啟示 / 207

7.1 20世紀80年代以來中印兩國經濟發展的績效比較 / 207
7.1.1 兩國經濟增長的速度比較 / 208
7.1.2 當前兩國經濟水準比較 / 208
7.1.3 當前兩國社會發展水準比較 / 212
7.1.4 中印資源和資金利用效率比較 / 212

7.2 中印兩國經濟發展模式優劣勢分析 / 214
7.3 中印兩國經濟發展的潛力比較 / 220
7.4 中印經濟轉型與發展模式對其他發展中國家經濟發展的啟示 / 224

參考文獻 / 229

0　導論

0.1　問題的提出和研究目的

　　自1978年的中國共產黨（以下簡稱「中共」）十一屆三中全會以來，中國開啓了一場史無前例的經濟改革。這場改革的結果，結束了新中國成立後建立起來的高度集中的計劃經濟體制，使中國最終走上了社會主義市場經濟和對外開放之路。這一改革所帶來的是中國連續三十來年接近10%的年均經濟增長率，創造了世界上最大的發展中國家的經濟奇跡。

　　在中國經濟改革進行的同時，另一個發展中大國——印度的經濟改革也在英迪拉·甘地和拉吉夫·甘地政府的領導下加大了力度。而在1991年，在中國的這場改革開啓13年後，在一場國際收支危機的壓力下，當時的印度政府——拉奧政府變壓力為動力，化危機為轉機，也在印度掀起了一場規模空前的經濟改革。這場以「四化」——「自由化、市場化、全球化、私有化」為目標的經濟改革也終結了自印度獨立以來建立起來的「半管制」計劃經濟體制，使印度最終也走上了市場經濟和全面開放之路。這一改革的結果，使印度徹底地擺脫了長期以來徘徊在3%左右的「印度教徒經濟增長率」，開啓了印度經濟的高

速增長時代。自21世紀初以來，印度也出現了接近10%的年經濟增長率。

兩個發展中大國幾乎同時出現的高速增長引起了整個世界的關注，諸多學者開始從不同的角度探討兩國經濟高速增長的原因，並對兩國的經濟發展道路進行總結。而由於兩國發展道路雖存在一定的相似之處，但也存在明顯的差異，於是，對於中印兩國經濟發展道路的比較也就成為了近幾年來很多學者研究的熱點問題。

對於20世紀70年代末以來中印兩國的發展道路的比較具有非常重要的理論與現實意義。這種比較既可以豐富和發展轉型經濟學與發展經濟學的內容，又可以為世界其他相對落後的發展中國家的經濟發展提供重要的參考。而對於中國來說，通過與印度經濟發展道路的比較，也可以為中國經濟的長遠發展提供重要的政策建議。

0.2 相關研究文獻及其評述

由於中印兩國幾乎同時出現的經濟高速增長，關於中印兩國經濟轉型與發展模式以及兩者比較的研究在近幾年來逐漸成為了經濟學界的研究熱點，相關的著作可謂汗牛充棟。綜合起來，這些研究主要有如下幾個方面：

0.2.1 關於中國經濟轉型與發展的研究

關於中國經濟轉型的理論，一般把起點定為1978年，也就是中國經濟改革開始之時。所以，實際上關於中國經濟轉型的理論也就基本上等同於中國經濟改革的理論，或者也可以說，中國經濟改革的歷史就是中國經濟轉型的歷史。關於中國轉型

的道路，一般認為雖然有與其他原計劃經濟國家相同的主題，即由計劃經濟向市場經濟轉變，但又具有不同於蘇聯和東歐國家經濟轉型的特徵。這不僅在於中國沒有像那些國家一樣有社會制度轉變的目標，並採取激進的方式，而且在於中國沒有像那些國家一樣一開始就設定了明確的目標，中國的經濟轉型在目標上有著一個逐步探索的過程，是根據改革進程的發展提出不同階段性改革目標，而且隨著實踐的發展又恰當地實現了階段性目標的轉換，社會主義市場經濟體制就是這種階段性探索和轉換的結果。至於中國經濟轉型的階段，一般認為可以分為三個階段：第一階段是1978年中共十一屆三中全會決定改革開放至1992年中共十四大正式確立社會主義市場經濟的目標模式，這是體制模式與改革方案設計的改革探索期；第二階段是1992年中共十四大後至2003年中共十六屆三中全會宣布社會主義市場經濟體制基本確立，這是體制轉軌與改革重點突破的轉軌明確期；第三階段是中共十六屆三中全會以後，這是體制確立與改革攻堅的轉型深化期。[①] 當然在中國經濟改革的階段劃分，其他學者也有不同的觀點，例如，著名學者吳敬璉就在他的著作《當代中國經濟改革》（上海遠東出版社，2004年1月）一書中，就把中國經濟改革總體上分為行政性分權（1958—1978年）、增量改革（1978—1993年）、整體推進（1994年至今）三個階段。當然這一分法與前一分法也不能說有根本性的區別，只是把改革的時間提到了1958年，即中國的計劃經濟體制基本確立之時，而後面的區分，在時間上是基本一致的，至於把1993年中共十四屆三中全會通過的《關於建立社會主義市場經濟體制若干問題的決定》作為一個分水嶺而不是把中共十

---

① 張建君. 中國轉型經濟研究的文獻回顧與理論發展［J］. 山東社會科學，2007（7）.

四大作為一個分水嶺，只是由於分段的標準不同而已。由於吳敬璉的《當代中國經濟改革》成書時間是2003年，沒有把2003年以後單獨列一階段也是自然的事情，所以，從轉型的角度看，張建君的三階段分法是基本可取的。

根據張建君的這種三階段分法，我們可以清晰地看出中國經濟改革或者說轉型的過程，總的來說經歷了由體制外市場因素的培育到體制內市場主體的構建再到整個社會的全面推進的過程，每一個階段都有各自的特定的任務和改革的重點。當然，圍繞這些重點，中國的很多經濟學家也提出了各種各樣的學術觀點。

第一階段的體制模式與改革方案探索期主要是在探索中國經濟體制的目標模式，由於最終的目標模式並沒有確立，所以改革的重點在體制之外，而非體制之內，主要在價格形成機制和非公有制經濟成分的培育，至於社會主義計劃經濟原有體制中最核心的東西——公有制企業，雖也有過各種改革的探索，但基本的運行機制並沒有發生根本性的變化。當然，通過價格形成機制的改革，實際上對於公有制經濟最終的改革也奠定了基礎。在價格形成機制與企業改革問題上，現實中的政策出現了五個具體的發展階段：放權讓利的改革階段；計劃調節為主、市場調節為輔的階段；有計劃的商品經濟階段；「國家調節市場、市場引導企業」階段；「計劃經濟與市場調節相結合」階段。在學術界，圍繞這一問題，也形成了四派具有代表性的觀點。第一種是以劉國光、戴園晨、張卓元等為代表的「雙向協同」改革思路，即實行企業改革與價格改革兩條主線協同並行戰略；[1] 第二種是以厲以寧為代表的思路，主張所有制改革是改

---

[1] 劉國光. 中國經濟體制改革的模式研究 [M]. 北京：中國社會科學出版社，1988.

革的關鍵;① 第三種是以吳敬璉為代表的「協調改革派」，強調價格改革是整個經濟體制改革的突破口;② 第四種是以王琢為代表，提出了「突破兩頭，帶動市場」的改革戰略。③ 這時學術界的另一熱點是計劃與市場的關係以及中國經濟體制的目標模式。在這一問題上，也形成了諸多有價值的觀點，其中主要有谷書堂、宋則行提出的有計劃的商品經濟模式論;④ 王琢提出的「宏觀調節市場與市場調節企業統一」的中國經濟體制模式論;⑤ 劉國光提出的體制模式與發展模式的「雙模式轉換」模式論;⑥ 董輔礽提出的社會主義經濟是八寶飯的混合經濟模式論⑦等。這一階段在實踐層面也取得了明顯的成就，主要體現為完成了三個革命性的改革，第一是農村家庭聯產承包責任制的革命性改革，開創了經濟轉型的局部試驗、典型推廣、尊重群眾首創精神的特點，證明了局部改革的可行性;第二是價格雙軌制改革戰略奠定了中國經濟體制從計劃經濟向市場經濟平穩過渡的基礎，實現了計劃經濟運行機制向市場經濟運行機制的有序轉變;第三，非公有制經濟的發展，培育了中國經濟轉型的體制外力量，成就了中國經濟的多元化主體，成為轉型經濟學的重要範式，即「體制外改革」的重要例證。

第二階段是體制轉軌與改革重點突破的轉軌明確期。1992年中共十四大上社會主義市場經濟目標的確立標誌著中國經濟

---

① 厲以寧．中國經濟改革的思路 [M]．北京：中國展望出版社，1989.
② 吳敬璉．中國經濟體制改革的整體設計 [M]．北京：中國財政經濟出版社，1988.
③ 王琢．中國經濟模式論 [M]．長沙：湖南人民出版社，1988
④ 周冰．中國轉型期經濟改革理論的發展 [J]．南開大學學報（哲學社會科學版），2004（2）．
⑤ 田紀雲．積極做好價格體系改革工作 [N]．人民日報，1985-01-28.
⑥ 劉國光．劉國光自選集 [M]．北京：學習出版社，2003.
⑦ 董輔礽．經濟體制改革研究 [M]．北京：經濟科學出版社，1994.

體制改革目標模式探索期的結束，中國也就正式開始了體制轉軌。進入這一階段之後，從理論與實踐層面都基本上停止了對計劃與市場關係的探討，而轉向了要什麼樣的市場經濟以及如何向市場經濟過渡的問題。這一階段理論探討的問題主要是三個方面：

其一是社會主義市場經濟的基本框架問題。在這一問題上，以當時國家體改委主任李鐵映的「四樑八柱」理論最具有代表性。李鐵映認為，社會主義市場經濟體制可以分為八個方面，這八個方面可以概括為「四樑八柱」，即：①轉換國有企業經營機制，建立現代企業制度；②培育和發展市場體系，建立主要由市場形成價格的機制；③轉變政府職能，建立健全宏觀經濟調控體系；④建立合理的個人收入分配制度和社會保障制度；⑤穩定農村基本生產關係，建立適應社會主義市場經濟的農村經濟體制；⑥深化對外經濟體制改革，進一步擴大對外開放；⑦進一步改革科技體制和教育體制；⑧加強法律制度建設。[①] 後來一段時期內關於社會主義市場經濟的框架的研究基本上也就圍繞著這八個方面展開。

其二是國有企業改革的問題。由於價格機制的改革在1992年時已經基本結束，再加上市場經濟體制的改革目標基本確立之後，中國國內的短缺現象到20世紀90年代中期徹底扭轉，賣方市場最終向買方市場轉變。而與此同時，國有企業的經營卻每況愈下，所以經濟學界的研究重心自然而然向國有企業的改革轉變。國有企業改革的最終目標自然是建立現代企業制度，其中心問題是產權改革，而產權改革的核心是現代企業制度中的所有權構成問題。在這一問題上，出現兩次著名的爭論。一

---

① 李鐵映. 中國經濟體制改革和社會主義市場經濟體制的建立 [N]. 中華工商時報，1994-05-12.

次是1995年被稱為「北大交火事件」的「林（毅夫）張（維迎）之爭」。在那次交火事件中，林毅夫主張國有企業改革方式的核心是創造競爭的環境，而張維迎則主張國有企業改革的出路在於民營化。① 一次是2004年的「郎顧之爭」，這次爭論以2004年8月9日香港特區著名教授郎咸平在復旦大學發表的題為《格林柯爾：在「國退民進」的盛筵中狂歡》的演講中攻擊因內地的併購大王顧雛軍利用國企改制的方式大量侵吞國有資產這根導火線，引發了國內關於國有企業改制的方向及其事實結果的大討論。在討論中分為了明顯的兩派，一派堅持國企私有化是正確的方向，一派認為國企私有化的結果是造成了國有資產的大量流失。

其三是關於中國經濟轉軌模式的研究。準確地說，關於中國經濟轉型或轉軌的理論，應該說是從第二階段開始的。因為在這時中國才正式確立了轉型的目標，並開始思考轉型的模式和路徑。在關於中國經濟轉軌模式的研究中，1994年盛洪主編的論文集《中國的過渡經濟學》收錄了其中的代表性成果。這方面的研究主要從三個方面展開，第一是對中國經驗的概括和解釋，探討中國轉軌的實踐模式。一般學者都認為中國經濟轉軌的經典範式是「體制外改革」和「增量改革」。如盛洪就認為價格雙軌制的設想包含了增量改革和體制外改革的一般構思。② 第二是對激進轉軌和漸進轉軌模式的不同績效的分析比較，並對國際上批評中國經濟轉軌方式的觀點進行了反擊。其中，林毅夫等人指出中國的漸進式改革最接近「帕累托演進」，經濟改革必然要涉及較大範圍的利益結構調整，中國的改革是

---

① 林毅夫，李周．國有企業改革的核心是創造競爭的環境［J］．改革，1995（3）．

② 盛洪．中國的過渡經濟學［M］．上海：生活·讀書·新知三聯書店，上海人民出版社，1994．

在中國共產黨領導下進行的，因而領導階層中並不存在一個足以與堅持改革的主流意見相抗衡的利益集團。① 而樊綱則認為中國改革的本質特徵在於它是「非帕累托演進」，但通過「漸進式改革」和「激進式改革」的成本比較得出「漸進式改革」是中國的最優選擇。② 第三是對與改革道路相關的國外轉軌理論及改革熱點問題的研究。這方面的著重點是政府職能與地方政府的關係。劉世錦探討了作為改革者的政府在政府機構、法律制度、制度環境以及各類經濟競爭等方面的改革問題，指出通過政府推動的改革為企業和個人自發進行改革開闢道路並使後者占據日益重要的地位。③ 周振華從中央與地方分權以及地方政府利益獨立化的角度探討了政府間的利益分配與資源配置。④ 戴園晨探討了建立市場秩序和界定政府和市場邊界的問題。⑤

第三階段是體制確立與改革攻堅的轉型深化期。2003年中共十六屆三中全會宣布社會主義市場經濟體制的初步確立是第三階段開始的標誌，中國經濟改革或稱中國經濟轉型研究也由此進入了轉型經濟探討和體制改革攻堅研究為主題的新階段。這時經濟理論研究的基本特徵是：在轉型模式研究中滲透著改革對策研究，在改革對策研究中又折射出轉型模式研究的基本理論主張。這一段時期研究問題非常廣泛，重點主要在如下幾個方面：

---

① 林毅夫，等. 論中國經濟改革的漸進式道路 [J]. 經濟研究，1993 (9).

② 樊綱. 兩種改革成本與兩種改革方式 [J]. 經濟研究，1993 (1).

③ 劉世錦. 經濟體制效率分析導論——一個理論框架及其對中國國有企業體制改革問題的應用研究 [M]. 上海：生活·讀書·新知三聯書店，上海人民出版社，1994.

④ 周振華. 體制改革與經濟增長——中國經驗與範式 [M]. 上海：生活·讀書·新知三聯書店，上海人民出版社，1994.

⑤ 戴園晨. 轉軌經濟和經濟轉軌 [J]. 改革，1998 (6).

其一是中國經濟轉型的模式、道路和特點。這個問題是第二階段的一個研究熱點，但在第三階段依然為重要的內容，而且和第二階段不同的是，第二階段關於中國經濟轉型模式的研究重點在於探討，而這一階段則開始全面的總結。另外，這一階段很多的學者都開始突破了原有的「激進——漸進」範式，而提出了新的轉型思維範式。如周冰和靳濤提出，以憲法性秩序轉變方式為依據，經濟轉型方式可以概括為平滑模式和突變模式。中國的經濟轉型屬於平滑模式。① 李曙光則從戰略的角度提出，中國經濟改革走的是一條特殊的「政策之治」的路徑，下一步的改革，關鍵是由「政策之治」邁向法治之治。②

其二是對於經濟運行機制的研究。主要研究市場機制和宏觀調控的關係，並進一步延伸到政府改革和法治政府的問題，由此而進入到了憲政研究的政治領域。如錢穎一把建成基於法制的市場和高效廉潔政府看做是中國經濟轉軌成功的標誌。③ 李稻葵指出「經濟轉型和經濟改革的本質是政府的改革」。④ 唐任伍、王宏新從把現代經濟分為「革命經濟」、「改革經濟」和「憲政經濟」的角度，探討了經濟改革和憲政轉型的關係，提出了以「憲政經濟」作為中國經濟改革與憲政轉型的制度選擇的觀點。⑤

其三是關於所有制和收入分配體制的研究。所有制改革是中國經濟轉型與制度創新相關的一條主線，各種觀點層出不窮，

---

① 周冰，靳濤. 經濟體制轉型方式及其決定 [J]. 中國社會科學，2005 (1).

② 李曙光. 中國的經濟轉型：成乎？未成乎？ [J]，戰略與管理，2003 (3).

③ 錢穎一. 目標與過程 [J]. 經濟社會體制比較，1999 (2).

④ 李稻葵. 官僚體制的改革理論 [J]. 比較，2003 (7).

⑤ 唐任伍，王宏新. 憲政經濟：中國經濟改革與憲政轉型的制度選擇 [J]. 管理世界，2004 (2).

雖然公有制仍然被確定為中國經濟制度的一條基本原則，但這一問題事實上是中國社會主義制度創新的根本性難題，這個難題在中國經濟轉型深化期必須解決。所以，這一段時期，關於所有制的研究仍然是一熱點。如李連仲進一步闡述了股份制是公有制主要實現形式的主張。① 衛興華則從轉型深化時期國有企業改革的現實和馬克思主義基本理論的角度指出要警惕公有制主體流於空談。② 另外，由於社會貧富差距的拉大，這一段時期，收入分配制度也開始成為理論界的熱點。很多學者對於公平與效率的關係進行了重新思考。這方面，最有代表性的是範恒山的觀點，他認為，到了現階段，關於收入分配制度應該從以「破」為主轉變為「破」、「立」並重和寓「破」於「立」，從主要進行利益調整轉向利益調整和利益增進並重，從利益傾斜轉向利益兼顧、要求廣大人民群眾都能分享改革發展的成果。③

其四是關於社會制度創新的研究。由於社會主義市場經濟體制基本形成，很多學者紛紛提出中國今後的重點應該是制度創新和制度建設。如胡鞍鋼提出了第二次轉型的觀點，主張今後必須從以經濟建設為中心轉變為以制度建設為中心。④ 蔡繼明也認為，伴隨經濟體制改革的不斷深化，基本經濟制度的規定性也發生了變化，中國的經濟轉型從體制改革階段到了制度創

---

① 李連仲. 股份制是公有制的主要實現形式 [N].《文匯報》, 2004-01-12.
② 衛興華《警惕「公有制為主體」流於空談 [J]. 經濟學動態, 2005 (11).
③ 範恒山. 中國經濟體制改革的歷史進程和基本方向 [J]. 經濟研究參考, 2006 (48).
④ 胡鞍鋼. 第二次轉型：從經濟建設為中心到制度建設為中心 [J]. 戰略與管理, 2002 (3).

新的階段。①

　　近幾年來，由於中國改革取得的巨大成功以及中國經濟體制的基本成型，也出現了大量的綜合、全面、系統描述中國近幾十年來改革歷程的著作，這方面應該以吳敬璉2004年出版的《當代中國經濟改革》為代表。吳敬璉在這部著作中認為，中國經濟改革始於1958年，從1958年到1978年是行政性分權改革，主要內容是向各級地方政府的放權讓利。這種放權讓利實際上與當時高度集中的計劃經濟體制是相矛盾的。因為計劃經濟本身要求全國經濟命令高度統一，做到令行禁止，而行政性分權實際上違背了這一原則，所以最終導致了地方保護主義和經濟的混亂。但是另一方面，這種地方保護主義也使市場關係在地區與地區之間的競爭縫隙中成長起來，為中國後來民營經濟以及鄉鎮企業的發展打下了基礎。從1978年到1993年是增量改革階段，這一段時期改革的重點放在非國有經濟方面，也就是由「體制內」轉向「體制外」，尋找新的經濟增長點。主要採取的措施有鼓勵非國有企業的成長；對外開放，實現部分地區與國際市場的對接；建立試驗區，實行改革開放的「地區推進」；實行「雙軌制」等。這種增量改革取得了巨大的成就，但也帶來了極大的消極後果。這種消極後果主要表現在：國有企業的財務狀況日益惡化；通脹壓力經常存在，不時爆發；腐敗猖獗；貧富差距擴大等。1993年11月的十四屆三中全會通過的《關於建立社會主義市場經濟若干問題的決定》正式確立了「整體推進、重點突破」的新改革戰略。於是，從1994年開始，中國的經濟改革進入到了整體推進階段。這一時期在財稅制度、金融體制、外匯管理體制、企業體制和社會保障體系等方面進行了

---

① 蔡繼明．中國的經濟轉型：從體制改革到制度創新［J］．天津社會科學，2005（4）．

全面的改革。這次改革取得了巨大的成就，使中國經濟最終全面與世界接軌，同時也使國有企業最終走出了困境，確立了中國混合所有制的經濟結構。但是，在企業改制過程中國有資產流失得非常嚴重，收入差距日益拉大，這也說明中國的經濟改革依然存在許多問題急需解決。正因為如此，吳敬璉最終才提出：「改革的兩種前途嚴峻地擺在我們面前：一條是政治文明下的法治的市場經濟道路，一條是權貴私有化的道路，這是希望的春天，也是失望的冬天；我們正在走向天堂，也可能走向另一個方向。」[1]

0.2.2 關於印度經濟轉型與發展的研究

關於印度經濟的研究，在 21 世紀之前其實並不多，但在近幾年，則逐漸成為熱點。現在國際國內對印度的經濟研究主要有如下幾個方面：

一是關於印度經濟的綜合性研究，這方面的著作主要有：殷永林的《獨立以來的印度經濟》（雲南大學出版社，2001年版）、文富德的《印度經濟發展：經驗與教訓》（四川大學出版社，1994年版）與《印度經濟：發展、改革與前景》（巴蜀書社，2003年版）等。當然，在這方面，最有代表性的還是 1994 年四川大學南亞研究所翻譯出版的《印度經濟》（魯達爾·達特、桑達拉姆著）。這部著作既全面地分析了獨立以來印度經濟的發展歷程，又分農業、工業、第三產業等部門詳細地闡述了印度各部門經濟的發展概況。不過這部著作原稿完稿時間是 1992 年，當時的印度全面的經濟改革才剛剛開始，作者雖然也對拉奧政府的經濟改革政策進行了介紹，並且談了自己對這次全面改革的看法，但是，畢竟改革剛剛啟動，不可能看到什麼

---

[1] 吳敬璉. 當代中國經濟改革 [M]. 上海：上海遠東出版社，2004.

後果，所以對於印度經濟轉型的研究來說，當時的觀點參考價值不是很大。另一部相對比較綜合研究印度經濟的外文著作是印度著名學者，1998 年諾貝爾經濟學獎的獲得者阿瑪蒂亞·森（Amartya Sen）和讓·德雷茲（Jean Dreze）合著的《印度：經濟增長與社會機會》（India: Economic Development and Social Opportunity，牛津大學出版社，1995 年版）。這一著作除了總結印度的經濟發展成就之外，還具體研究了基礎教育、社會的不平等以及婦女的地位問題對於印度經濟發展的影響。

二是對於印度經濟某一個方面的研究。這方面的中文著作主要有：趙明歧的《印度之路——印度工業化道路探析》（學林出版社，2005 年 8 月版），這部著作從印度工業化戰略的形成與變遷、印度工業化體制的類型與特徵、印度工業化的歷程及其績效等方面全面分析了印度的工業化道路。認為印度獨立後的工業化道路是在強調自力更生的前提下，以優先發展重工業和基礎工業為中心，通過實行進口替代戰略和採用混合經濟體制的計劃手段，來謀求經濟的快速增長和建立較為完善的自主型工業體系，進而實現工業化和解決社會公正，真正成為一個「有聲有色」的現代化大國。文富德、陳繼東編著的《世界貿易組織與印度經濟發展》（巴蜀書社，2003 年 4 月版）則主要研究了印度的對外經濟關係狀況，特別是世界貿易組織與印度的農業、工業、服務業發展的關係，並探討世界貿易組織的各個諸邊協定，如《與貿易相關的知識產權協定》、《與貿易有關的投資措施協定》對印度經濟發展的影響問題。其中指出，印度充分利用了世界貿易組織帶來的機遇，加速了國內經濟改革的進程，同時充分利用了世界貿易組織給予發展中國家的一些特殊待遇，如過渡期、例外條款等，增強了國民經濟在世界市場上的競爭力。另外，印度經濟發展中一直立足於擴大內需，而不是一味地依賴國際市場，從而熨平了國際經濟的波動對本國

的影響，這些都為發展中國家處理國際經濟關係提供了經驗。但是由於印度的法律對於工人保護過度，在全面融入世界經濟後，印度公營企業的競爭力劣勢也表露無遺，這也是發展中國家必須汲取的一個重要教訓。在對外經濟關係方面，陳繼東主編的另一部著作《當代印度對外經濟關係研究》（巴蜀書社，2005年9月版）也做了類似的分析。其他專門研究印度的某一個方面的問題的著作還有黃思駿的《印度土地制度研究》（中國社會科學出版社，1998年版）、林良光主編的《印度政治制度研究》（北京大學出版社，1995年版）、劉小雪著的《發展中國家的新興產業優勢：以印度軟件產業的發展為例》（世界知識出版社，2006年版）等。在外文著作中，這方面的著作主要有：羅米德、尼魯（Rohmetra, Neelu）著的《印度商業銀行的人力資源發展》（Human resource development in commercia banks in India. 奧爾德肖特，漢普君出版社；布魯克菲爾德．阿代蓋特出版社，1998）。昌德，吉安（Chand, Gyan）著的《印度的金融體系》（The financial system of India. 紐約：勞特利奇出版社，2000）；拉沃，地婆訶羅（Rao, T. Divakara）著的《印度經濟中的稅收制度》（Tax burden in Indian economy. 新德里：標準出版社，1984）等。他們對印度的金融制度、財稅制度等進行了專門研究。

三是關於20世紀90年代初拉奧政府經濟改革以來印度的經濟研究，這是印度經濟研究的重中之重。關於這方面的著作和論文都非常多，主要有：孫培均、張敏秋、於海蓮著的《印度：從「半管制」走向市場化》（武漢大學出版社，1994年11月版）、張淑蘭編著的《印度拉奧政府經濟改革研究》（新華出版社，2003年9月）、楊冬雲著的《印度經濟改革與發展的制度分析》（經濟科學出版社，2006年3月）等。這方面的論文更是數不勝數，如劉小雪的《印度經濟轉型、產業政策變遷及對

軟件產業發展的影響》(《南亞研究》, 2004 年第 2 期); 馬常娥的《印度經濟的轉型及其對中國的啟迪》(《世界經濟與政治論壇》, 2002 年第 3 期); 斯蒂芬雷斯尼克、何立芳的《印度的轉型與發展》(《國外理論動態》, 2007 年第 6 期); 孔令岩的《印度經濟崛起動因分析的啟示》(《經濟師》, 2006 年第 3 期) 等。在國外的文獻中, 也有大量研究拉奧政府經濟改革方面的著作, 著名的有: 魯達爾·達特、桑達拉姆合著的《印度經濟改革》(1996 年版)、維賈伊·喬希和李特合(Vijay Joshi 和 Lo-MoDoLittle)著的《印度經濟改革: 1991—2001》(India's Economic Reforms 1991—2001. 牛津, 克拉蘭教出版社, 1996)、魯達爾·達特(Ruddar Datt)著的《關於印度經濟改革的一種批評》(Economic Reforms in India——A Critque. 聖昌德出版公司, 1997 年版), 克魯格、安妮·奧(Krueger, Anne O.)著的《印度經濟與印度經濟改革》(Economic policy reforms and the Indian economy. 芝加哥大學出版社, 2002 年版), 巴格瓦蒂、賈格迪什、卡洛米利斯(Bhagwati, Jagdish N., Calomiris, Charles, W.)著的《印度持續增長的奇跡》(Sustaining India's growth miracle. 紐約: 哥倫比亞大學商學院, 2008)等。相關的論文也不少, 如摩特·聖·阿魯瓦利亞(Montek S. Ahluwalia)的《1991 年以來的印度經濟改革, 畢業了嗎?》(Economic Reforms in India Since 1991, Has Gradualism Worked? 經濟展望, 2002 年第 16 卷第 3 期); 高拉夫·達特和馬丁·拉瓦里昂(Gaurav Datt and Martin Ravallion)的《印度經濟增長把貧窮甩在身後了嗎?》(Is India's Economic Growth Leaving the Poor Behind? 經濟展望, 2002 年第 16 卷第 3 期); 迪薩卡·羅伊(Tirthankar Roy)的《重新定義印度歷史與現代經濟的關係》(Economic History and Modern India: Redefining the Link, 經濟展望, 2002 年第 16 卷第 3 期); 尼克·賀登(Nick Hordern)的《印度經濟改革減少了貧困但加

劇了不平等》（India reform reduces poverty but growth uneven，澳大利亞金融評論，2007年）；維克拉姆·肯哈（Vikram Khann）的《印度需要其改革的成果惠及大眾：這是農村人口城市化後的要求》（India needs to spread benefits of its reform; This requires managing flow of people from rural to urban areas，新加坡商業時報，2008年11月25日）等。

在這些研究中，普遍都把1991年拉奧政府的經濟改革當做印度經濟轉型的起點，如孫培均、張敏秋、於海蓮著的《印度：從「半管制」走向市場化》指出，拉奧政府1991年7月初開始的改革措施「大多否定了已推行了幾十年之久的半管制型經濟體制和方針政策，把印度推向市場導向和外向型經濟的道路。」張淑蘭編著的《印度拉奧政府經濟改革研究》也認為20世紀80年代英迪拉·甘地政府的改革是「偷偷摸摸」的改革，而到了90年代，「拉奧政府利用國內經濟危機的混亂時機，勇敢地邁出了印度經濟改革實質性的、決定性的一步，實行了大張旗鼓的『自由化』、『市場化』、『全球化』的經濟改革，開始了印度經濟發展模式的巨大轉換。拉奧改革成了印度現代經濟發展中新的里程碑。」但也有少數學者用更廣泛的轉型概念，從更長的歷史時期來考察印度的經濟轉型。如馬常娥的《印度經濟的轉型及其對中國的啟迪》就提出，印度從獨立以來一直在進行經濟轉型，印度的經濟轉型可以分為三個階段：第一階段是從獨立後至1965年為止，其基本特徵是充分利用國家政權的力量、自主發展經濟。第二階段是從1966—1989年，其基本特徵是部分實施《關貿總協定》（GATT）的締約要求，謀求在有條件的對外開放中實施較快的經濟發展。第三階段從20世紀90年代開始的經濟改革，其基本特徵是逐步取消貿易保護，全面實施對外開放，力爭融入世界經濟體系，以實現較快的經濟發展。當然，即便是馬常娥的這種觀點，其實仍然是把1991年開始的拉奧政

府的經濟改革當做一個新時期的起點。至於這場改革的原因，一般認為是為了擺脫20世紀90年代初印度的經濟危機而採取的行動。如維賈伊·喬希（Vijay Joshi）和李特（L. M. D. Little）合著的《印度經濟改革：1991—2001》（India's Economic Reforms 1991—2001）指出，90年代初拉奧政府上臺之初，印度經濟就面臨了嚴重的經濟危機。這些危機包括：1991年1月印度的國際收支赤字達到上100億美元之巨，而印度的外匯儲備下降到18億美元左右，只夠維持兩週的進口。印度政府的國際信用度已經非常之低，幾乎不再可能借到商業貸款，通貨膨脹率達到13%。在這樣的空前危機下，拉奧政府只好採取果斷措施，向世界銀行和國際貨幣基金組織求援，同時接受世界銀行和國際貨幣基金組織的條件，對國內經濟體制進行大規模的改革。當然也正因為如此，很多學者認為印度的這次改革是迫於國際貨幣基金組織的壓力，故而在改革之初印度國內學術界中還出現了大量反對改革的聲音。如魯達爾·達特、桑達拉姆著的《印度經濟》中就認為，「新工業政策也許可以吸引外國投資和鼓勵國內投資，但是它是否能隨著生產的提高而使得就業的擴大是值得懷疑的。其次為外國資本提供過多的自由將最終影響我們的經濟主權，並把國家進一步推向債務的陷阱，這是一種令人悲觀的預兆，但似乎也給我們發出了警告。」當然也有很多的學者認為是危機與機遇並存。如拜勒斯在《印度的國家、發展計劃和自由化》一書中就認為拉奧政府經濟改革的原因是危機與條件的共同作用，正是靠著危機與條件，拉奧政府才得以將「偷偷摸摸」的改革轉變為決定性的改革行動。中國學者張淑蘭在《印度拉奧政府經濟改革研究》一書中，更是明確認為拉奧政府經濟改革並非完全屈服於外部的壓力，而是「印度獨立以來政治經濟發展的必然結果。」

對於這場改革的目標，普遍認為就是三個方面：克服當時

緊急的國際收支危機，實現國家經濟局勢的穩定；擺脫長期緩慢的經濟增長率，實現經濟的持續高速增長；把增長與公正聯結起來，給予改革以「人的面孔」。① 至於改革的內容，首先是穩定宏觀經濟的政策，主要採取的是抑制通貨膨脹和減少財政赤字的一些措施；其次是促進經濟增長的政策，這就是通常所說的「自由化、私有化、市場化和全球化」。大多數研究拉奧政府的經濟改革政策時，往往偏重於研究這方面的政策。而且，幾乎每一部研究印度經濟改革的著作，對這方面的政策往往都有詳細的研究。這些政策主要包括：首先改變原有的半管制的工業體制，轉向自由化；對金融體制的改革以及改革外貿體制，實現經濟的全球化等。再次是促進社會公正的政策，包括增加教育衛生事業的投資和一些掃貧和扶貧的措施。對於這些改革的內容，很多人覺得這和「華盛頓共識」如出一轍，並以此認為拉奧是完全屈服於國際壓力，甚至以此上升到拉奧出賣國家利益的高度。對此印度經濟學家 C. 拉曼諾哈爾雷迪提出了明確的不同意見，認為把印度經濟改革等同於「華盛頓共識」太簡單化，雖然兩者有大體上的一致，但還是有明顯的不同。這種不同主要體現在如下幾個方面：

（1）經濟改革政策在 1991—1993 年間猛然啓動多項之後，由於各種國內阻力，改革速度慢了下來，如減少財政赤字、降低進口關稅和對國內生產的補貼等的過程時起時伏；

（2）政府必須面對公眾輿論的批評以及選民的要求做出反應而宣布種種新的福利計劃，這些計劃如果根據「華盛頓共識」的精神看來有民粹主義的傾向；

（3）有很多項目政府都宣布要實施的，但由於種種原因都

---

① 張淑蘭. 印度拉奧政府經濟改革研究［M］. 北京：新華出版社，2003.

未能兌現，如工業領域的就業保障和許可外資進入保險領域；

（4）自由化進程非常緩慢，公營企業比重仍然很大。①

對於拉奧政府經濟改革的成就，在穩定宏觀經濟局勢和促進經濟增長方面，一般都持肯定的態度。如維賈伊·喬希和李特合著的《印度經濟改革1991—2001》中就指出，有理由認為，印度所採取的經濟穩定政策取得了成功，雖然通貨膨脹率的記錄不是很如人意，但是財政收支平衡方面的成績是非常明顯的，這一成績好於很多正在進行經濟結構調整的國家。至於有關經濟增長的成就，更是被許多學者津津樂道。如張淑蘭在《印度拉奧政府經濟改革研究》一書中就明確指出「拉奧政府不僅迅速地扭轉了1989年以來增長率連續下跌的局面，恢復了國內經濟水準，而且在執政的後期，使印度的國內生產總值增長率超過了以往的速度。」巴格瓦蒂、賈格迪升、卡洛半利斯、查爾斯著的《印度持續增長的奇跡》更是認為，自拉奧政府以來的經濟改革創造了印度經濟持續高速增長的奇跡。但是在實現社會公正這一點上，則有很多學者提出異議，認為拉奧政府在這方面實際上並不成功，並認為這是導致拉奧1996年大選失敗的一個重要原因。楊冬雲著的《印度經濟改革與發展的制度分析》就指出：「在經濟改革過程中，印度政府是在盡量注意保證經濟發展和社會公平的同時促進發展，但取得的成效不大」。從1996年的選舉結果的分析來看，「印度人民對改革的結果並不滿意，其中最大的不滿是改革期間對貧困現狀的改善不力，社會福利發展緩慢，大多數人沒有從經濟改革中得到好處。」維克拉姆·肯哈《印度需要其改革的成果惠及大眾：這是農村人口城市社會的要求》一文中也提出，拉奧政府以來的經濟改革的受益者

---

① C. 拉曼諾哈爾雷迪. 印度、「華盛頓共識」與東亞危機 [J]. 國外社會科學, 2001 (4).

主要是大都市居民，偏遠的農村地區依然貧困。

四是對於拉奧以後的政府主要是瓦杰帕伊政府與曼·辛格政府的經濟改革政策研究。

對於拉奧以後的印度政府經濟改革的研究，現在還不是很多，有的也主要是對兩屆較長的政府，即瓦杰帕伊政府與曼·辛格政府政府的經濟改革的研究。但即便對這兩屆政府的研究，中國國內也暫時還沒有專著，只在少數論著中有所涉及，如楊冬雲著的《印度經濟改革與發展的制度分析》中，對瓦杰帕伊政府的經濟改革政策還是有了一定的研究。當然，這方面的論文，近幾年還是出現了一些，其中最有代表性的是四川大學南亞研究所的文富德教授的三篇論文，即《印度瓦杰帕伊政府加速經濟改革》（《國際經濟評論》2001年第11期）、《從瓦杰帕伊政府大選失敗看印度經濟改革的幾點教訓》（《南亞研究季刊》，2005年第2期）、《印度曼·辛格政府堅持謹慎經濟改革》（《南亞研究》2007年第1期）。在這些論著與論文中，主要研究了如下幾個方面的問題：

首先，明確指出，1998年上臺的瓦杰帕伊政府（印度人民黨政府）在上臺之後，並沒有真正按著競選時承諾的國產化、限制外資和有限度的全球化等背離原來改革方向的主張；相反是基本上遵循拉奧政府的改革路線，甚至是加速改革。至於瓦杰帕伊政府為什麼採取加速改革措施的原因，文富德在《印度瓦杰帕伊政府加速經濟改革》一文中進行了全面的分析，認為主要有如下幾個方面的原因：

（1）拉奧政府經濟改革成效顯著。拉奧政府經濟改革以來，印度連續5年保持了較高的經濟增長速度，這使印度國內反對改革的聲音小了，支持改革的要求更強烈了，為順應民意，瓦杰帕伊政府必須堅持改革。

（2）瓦杰帕伊政府的聯合性質也決定了必須進行改革。瓦

杰帕伊政府中，雖然人民黨是第一大黨，但它並沒有達到單獨組閣所需的席位，它是聯合12個意識形態不同、社會階層利益不同的政黨組成的政府，這樣的情況決定了該政府的脆弱性，為了維持執政地位，也不敢輕易放棄前幾屆政府已經進行的成效顯著的經濟改革。

（3）消除國際社會經濟制裁影響的需要。由於該政府上臺之後，連續進行核試驗，受到了國際社會的制裁，為了消除這種制裁的影響，阻止經濟大幅度下滑，也不得不加速改革。

（4）擺脫20世紀90年代亞洲金融危機影響的需要。瓦杰帕伊政府上臺之時，正是亞洲金融危機蔓延之時，為了擺脫亞洲金融危機對印度經濟發展的不利影響，也必須加速經濟改革。

（5）滿足世界貿易組織有關規定的要求。印度作為世界貿易組織的創始國，迫於世界貿易組織的壓力，也必須加速改革。

由此看出，瓦杰帕伊政府加速經濟改革並不完全是自願的，受國內外各種因素的壓力影響較大。

其次是關於瓦杰帕伊政府在經濟一片大好形勢下大選失敗的原因研究。對於這一點，文富德的《從瓦杰帕伊政府大選失敗看印度經濟改革的幾點教訓》一文作了比較詳盡的分析，認為原因主要是如下幾個方面：

（1）改革忽視弱勢群體的利益。他認為印度經濟改革的受益者只有城市中產階級的一小部分，廣大民眾的就業與福利卻被嚴重忽視，尤其是數量龐大的低收入群體並沒有真正得到經濟改革的實惠，有的甚至成為經濟改革的犧牲品。

（2）忽視落後地區發展。從改革以來，包括拉奧政府改革以來，印度各地區之間社會經濟發展中的差距不是在縮小，而是在擴大。

（3）忽視農村發展。經濟改革過程中，政府投資大量流向城市地區，而農村的發展卻非常緩慢。

（4）忽視傳統產業發展。瓦杰帕伊的人民黨政府推行的經濟改革，把重點放在支持信息技術為主的高新技術產業的發展，而傳統的產業發展緩慢。

所有這些，都造成了一個結果，那就是改革的受益者只是少數人，大多數印度人沒有明顯的受益，這其實同樣也是原來拉奧政府1996年大選失利的原因。

最後是關於曼·辛格政府經濟改革的研究，由於這屆政府時間還不長，有關的研究還比較少，現在國內尚沒有出現這方面的專著，論文也僅見文富德的《印度曼·辛格政府堅持謹慎經濟改革》一篇。在這篇論文中，文富德指出，曼·辛格政府吸取了前兩屆政府的教訓，經濟改革具有人性化色彩，更加謹慎，在繼續經濟改革的同時注意實行諸多緩解社會經濟矛盾的政策措施。

0.2.3 關於中印經濟轉型與發展模式比較的研究

幾乎所有有關印度經濟的著作都會涉及中印經濟的比較，專門研究中印經濟比較的專著近年來也開始大量出現，但把1991年以來印度經濟改革的經濟發展情況與中國進行比較的著作暫時還不多。目前關於中印經濟比較的專著主要有：陳峰君著《東亞與印度——亞洲兩種現代化模式》（經濟科學出版社，2000年版）；《龍與象：21世紀中印崛起的比較》，王德華、吳揚主編（上海社會科學院出版社，2003年版）等。國外專門研究中印經濟比較的專著也較多，如：印度社科研究委員會主編的《印中經濟發展比較》（Economic development of India and China. New Delhi: Lancer International, in association with Indian Council of Social Science Research, 1988. 新德里：印度社科研究協會；蘭瑟．國際，1988年）；斯瓦密·薩伯拉曼尼安著的《中印經濟增長比較》（新德里：維卡斯出版肯限公司出版，1989

年）；賽斯·勞倫斯著的《中印銀行：改革的比較》（紐約：帕爾格雷夫·麥克米倫，2004年版）；瑪態尼·皮亞著的《印度、中國和全球化》（紐約：帕爾格雷夫·麥克米倫出版社，2007年版）等。而有關中印經濟比較研究的論文，在近幾年來，隨著印度經濟的高速發展，可以說日益增多。這些文章主要有：樹靜的《中印基尼系數比較及影響》（《財經界》，2007年第8期）；石良平的《龍象命題：中印兩種增長模式之比較》（《中國統計》，2007年第1期）；趙建軍的《當代中印經濟改革比較》（《四川大學學報》（哲學社會科學版）2007年第1期）；李磊、趙旭、張嵋喆、王君的《中印第三產業發展的比較分析》（《經濟縱橫》，2007年第6期）；趙建軍的《當代中印經濟改革比較及兩國經濟發展模式成因分析》（《湖南廣播電視大學學報》，2006年第3期）；華民的《中印經濟發展模式的比較：相似的原理與不同的方法》（《復旦學報》（社會科學版）2006年第6期）；於海蓮、杜振華的《中印經濟競爭力的比較分析》（《世界經濟與政治》，2004年第6期）；《中印經濟發展的優勢比較》（《社會科學論壇》（學術研究卷），2005年第7期）；田小偉、張瀟化的《中印兩國經濟發展模式的比較》（《山西煤炭管理幹部學院學報》，2006年第4期）；李文華的《中印利用FDI的比較及經濟效應分析》（《科技情報開發與經濟》，2007年第15期）；權衡的《中印經濟增長模式之比較》（《黨政幹部文摘》，2006年第11期）；鄭利的《中印經濟優勢分析》（《合作經濟與科技》，2006年第1期）；狄承鋒的《中印20世紀90年代以來發展道路比較》（《北京師範大學學報》（社會科學版）2006年第3期）；唐朱昌、楊特的《試論政府在經濟轉型和改革中的作用——中、俄、印三國之比較分析》（《世界經濟研究》，2007年第3期）；馬致遠、趙嬌的《中國與印度外貿比較研究》（《河南商業高等專科學校學報》，2006年第1期）；吳晨瑜的

《中國與印度直接利用外資的比較研究》（《科學技術與工程》，2006年第16期）；唐以今的《中國與印度利用外資之比較研究》（《現代財經》2005年第5期）；李天華、李良明的《中國與印度「趕超戰略」之比較》（《湖北行政學院學報》，2006年第3期）；江勇、王磊的《中國印度經濟發展比較》（《山西財經大學學報》2005年第2期）；任世紅的《20世紀末期中印經濟發展績效及成因之比較》（《湖北社會主義學院學報》2006年第6期）等。國外有關中印經濟比較方面的論文也不少，如巴里·博斯沃斯和蘇珊·柯林斯的《對中印經濟增長的一種解釋》（《經濟展望》，2008年第1期第22卷）；史蒂夫·哈姆的《對印度來說什麼是好的》；《西方為抗衡中國影響而向印度出售民主》（《商業周刊》，2007年12月24日）；黃亞生、塔倫·罕娜的《印度能越過中國嗎？》（《外交政策》，2003年7、8月期）等。

在這些論著和論文中，既有對於中印經濟發展模式的綜合性比較，也有中印經濟發展的某一個方面的比較。既有對於中印經濟的起點比較，也有對於中印經濟的發展績效比較。

對於比較的起點，一般而言，都是把20世紀70年代末80年代初作為兩國經濟發展的起點（當然也有把50年代開始作為比較起點，或以中國的70年代末和印度的90年代初分別作為各自起點的）。根據這一起點，很多學者指出，兩國在經濟改革之初確實有很多相似之處，例如趙建軍在《當代中印經濟改革比較》一文中就指出，兩國的經濟改革背景有如下相似之處：①改革前都實行高度集中的計劃經濟。中國是在公有制基礎上，實行中央高度集中的指令性計劃經濟，印度則是在公私混合經濟基礎上，建立經濟計劃組織機構，政府對經濟進行調控；②改革前兩國都走優先發展重工業的工業化道路；③改革前兩國都嚴格限制私營經濟，大力發展公營經濟，其中中國是完全

取消了私營經濟，印度則是嚴格限制私營經濟的發展；④改革前兩國都堅持自力更生，實行進口替代發展戰略。

但兩者也有一些明顯的不同之處，如華民在《中印經濟發展模式的比較：相似的原理與不同的方法》一文中就指出，兩國的初始條件也存在明顯的差異。中國的初始條件是：有數量龐大的過剩勞動力，但沒有真正意義上的企業，也沒有真正的企業家，並且還是一個典型的城鄉分割的二元經濟結構國家。這樣的初始條件使當時中國的經濟具有如下特徵：第一，勞動幾乎可以無限供給；第二，內需因為過剩勞動和農村居民數量龐大而嚴重不足；第三，中國城鄉居民雖有很高的儲蓄傾向，但是由於企業和企業家的高度稀缺而不能把國內的儲蓄有效地轉化為生產性資本來增加國民財富和居民收入。印度的初始條件則是：有比中國更好的企業制度和比中國更好的金融體系，但是勞動力的素質不高，基礎設施非常糟糕，並且因為過早地推行西方式民主而導致政府效率非常低下。

對於兩國經濟改革後的發展模式，一般認為有相似的地方，但也有明顯的差異。相似的地方主要體現在：

（1）都推行以市場為取向的改革。中國經濟自1978年以來就開始逐步向市場經濟轉化，在1992年中共十四大上就明確提出了中國經濟體制改革的目標是建立社會主義市場經濟體制，自此中國就完全走上了市場經濟之路。印度則自1991年經濟改革開始就加快了市場化的步伐。

（2）都鼓勵私營經濟的發展。中國在對國有企業改革之前，就大力發展非公有制經濟，使私營經濟從無到有，從小到大。印度則自改革開始就取消了對私營經濟的很多限制，鼓勵私營經濟參與很多原來由國有壟斷的行業。

（3）都實行對外開放。中國在1978年後完全改變了以往對外資的態度，徹底地融入了全球經濟之中；印度也從1991年開

始積極鼓勵外國私人投資，全面融入世界經濟。①

　　對於兩者的差異，一般學者都認為，兩國明顯的不同在於主要驅動產業的不同，中國是由製造業帶動工業化的經濟發展道路，而印度則是以軟件業為龍頭、服務業驅動的現代化發展道路。② 也有很多學者更詳細地分析兩國經濟改革與發展過程中的差異。如權衡的《「世界加工廠」與「世界辦公室」——中印經濟增長模式比較》一文中就詳細地闡述了中印經濟增長模式中的六大差異：第一，印度式經濟增長中政府直接推動的因素比較少，更多的是「自然而然」的增長，而中國經濟增長中則有顯著的「政府推動」的特點；第二，印度式增長是一種主要依靠企業家精神的充滿活力的具有本土特色的私營企業成長為主導的增長，而中國經濟長時期以來主要依靠國有經濟為主導，經濟增長的微觀基礎缺乏活力和競爭力；第三，印度式增長是一種內資經濟和內需拉動為主導的增長模式，而不是依靠外商直接投資為主導的發展模式，而中國式經濟增長是以投資驅動和外資依賴型的經濟增長，容易造成投資過熱和經濟增長的不穩定；第四，印度式增長是一種以產出效率較高的集約式增長方式，經濟增長質量比較高，而中國經濟增長是一種粗放型的高投入和低效率的增長，經濟增長的方式急需轉變；第五，印度式增長是一種依賴於良好的金融環境和證券市場、法制環境等支持的增長，特別是比較發達的金融體制為私營企業發展提供了重要的支持，而中國的金融環境效率則極為低下；第六，印度式增長是一種以 IT 行業（信息技術產業）高速增長為引導並產生較大的世界影響，具有較強的研發能力和自主創新能力

---

① 尹倩. 中國模式與印度模式之比較 [J]. 理論與現代化，2006（4）.
② 狄承鋒. 中印20世紀90年代以來發展道路比較 [J]. 北京師範大學學報（社會科學版），2006（3）.

的經濟增長，而中國經濟增長過程中急需提高自主創新能力。當然這樣的一種分析明顯有抬高印度貶低中國之嫌，有一定的學者對這樣一種分析持有明顯的相反的意見，例如華民在《中印經濟發展模式的比較：相似的原理與不同的方法》就認為：是由於印度糟糕的基礎設施、較差的勞動力素質以及較好的精英教育再加上英國殖民統治留下的語言遺產使印度無法採取大力發展製造業以及大力吸引外資的道路，而只好採取大力發展軟件業的道路。並且華民教授認為，不能因為印度主要從事軟件業就認為印度在國際生產分工的產業鏈中就高於中國，也不能因為印度「軟實力」上的相對優勢就認為印度的經濟潛力就一定強於中國。實際上在當前的國際分工，中國和印度都處於產業鏈的底端，中國處於國際製造業的底端，印度處於國際軟件業的底端。另外，中國的製造業由於具有較長的產業鏈和更大的溢出效應，從而可以創造更多的就業機會，帶來更為公平的經濟增長；相反，印度的軟件業由於產業鏈相當短，並且其產業的溢出效應也比較小，因此，印度的軟件生產只創造了有限的就業機會，由此導致了「軟件新貴」和普通勞動者之間收入分配上的巨大鴻溝。而陳繼東和陳家澤的《中國與印度經濟發展模式及其轉型之比較》（《南亞研究季刊》，2005年第2期）則主要從制度創新的層面分析了兩者的差異，認為中印兩國在發展模式上有如下差異：第一，土地制度的不同決定的農村生產關係差異。印度雖然廢除了柴明達爾制，但絕大多數農民仍然以租佃形式附著在土地上；中國則由於在20世紀70年代末就開始了以「家庭聯產承包制」為核心的農村生產關係的制度創新，使中國農業逐漸產生出了大量的「產出剩餘」，進而使數量龐大的剩餘農村勞動力得以遊離出土地的依附，這是中國在全球獨創的「鄉鎮企業」這一「低成本工業化」得以發軔、發展並在中國大獲成功的原因。第二，農業剩餘勞動力向非農產業

轉化的路徑創新差異。印度的重工業優先戰略延續的時間長於中國,在改革之初由於國際債務和財政赤字已經達到極限,所以首要考慮的是解決債務和穩定經濟局面的問題,故而並沒有過多地考慮農業剩餘勞動力的轉移問題。而中國由於建立了大量的「鄉鎮企業」,從而走出了一條獨特的「離土不離鄉」的轉化道路,這是一個重要的制度創新。第三,基於不同體制創新基礎上的經濟發展戰略差異。中國從改革之初就非常重視體制改革,後來的社會主義市場經濟的定位和出口導向戰略也非常清楚,在體制改革層面出現了很多創新,事實上並沒有受到制度和意識形態的束縛。而印度在體制創新的力度上則遠不如中國。其在工業上的「國有、國營情結」似乎遠遠超出比其更正宗的、由社會主義計劃經濟幾十年歷練出來的中國。儘管90年代初拉奧政府開始了較大力度的工業領域的改革,但是,以價格形成機制為核心的資源配置方式的力度遠遠不及中國。這些創新力度的差異,正是中印兩國發展水準差距的重要原因,中國之所以走在印度前面關鍵在兩個字:創新。

　　對於兩國經濟發展中各自優勢的比較也是比較的重要內容,在這方面,一般學者都認為,兩者各有優勢。如鄭利的《中印經濟優勢分析》一文中就詳細的分析了兩國經濟的優勢。他認為,和印度相比,中國的經濟優勢主要表現在:①中國經濟決策的效率相對更高,在宏觀上的競爭力明顯比印度要強,經濟穩定、快速發展有一定的保障;②中國經濟開放程度更高,融入世界的程度更大,為經濟的進一步發展奠定了基礎。③中國的基礎設施建設遠遠好於印度,更有利於長遠發展。而和中國相比,印度也有自身的優勢。這主要表現在:①印度的法律法規比中國更加完備;②印度的私營企業競爭力更強,資本與金融市場更加成熟,使印度經濟植根於更加堅實的基礎之上;③印度的科技競爭力更強大,人才優勢比較明顯。

近幾年來，由於對印度經濟研究的重視，對於兩國經濟中某一方面的比較的文章也日益增多。比較多的有對於兩國利用外資、外貿、農業、工業等的比較。如唐以今的《中國與印度利用外資之比較研究》一文中就對中印兩國利用外資方面進行了比較詳細的比較，認為兩國在利用外資有不同的特點：第一，中國的外商直接投資（FDI）的流入量遠遠多於印度。2003年印度FDI的流入量只有中國的8%，截至2003年，印度所吸引到的FDI存量也只有中國的6%。第二，FDI流入的產業結構不同。在中國FDI更多地流向硬件製造部門，而在印度，FDI更多流向軟件部門，流向離岸服務業。至於兩國利用外資量及結構差距較大的原因，文中認為主要有三個方面：其一，兩國的總體引資環境差距較大，中國的引資環境總體上好於印度。其二，兩國的經濟發展戰略與政策側重點不同，中國積極推行開放型戰略，對FDI提供比本國企業更優惠的政策，特別是對出口導向型FDI的特殊待遇更加明顯。而印度長期奉行的是進口替代戰略，並沒有對出口導向型FDI提供特殊的鼓勵措施。其三，中國的海外華人網比印度的海外印人網更廣泛。中國海外華人眾多，而且很多與國內企業有家族關係，他們有興趣也有能力投資於中國大陸，而印度的海外僑胞遠遠少於中國，而且多數為職業性集團，也很少與國內有家族關係網，所以他們也沒有多少興趣投資於印度，這也是印度FDI流量少於中國的一個重要原因。

對於兩國經濟發展的潛力的研究，也是比較的重要內容。在這方面的研究主要見於近幾年的有關學者發表的論文中，一般側重從硬環境和軟環境兩個方面去分析。其中有兩種基本的觀點，一種是認為雖然中國當前的經濟實力強於印度，中國當前經濟發展的硬環境（主要為基礎設施）強於印度，但印度在以經濟政治制度為核心的軟環境明顯強於中國，這些制度對於

經濟發展具有持久的作用，所以印度比中國經濟發展更具備潛力。美國麻省理工學院華裔副教授黃亞生與在哈佛大學任教的印度裔教授塔倫・罕娜聯合發表的論文《印度能越過中國嗎?》(Can India Exceed China? Foreign Policy July／August, 2003) 中認為，印度依靠的是有機增長，即各方面協調發展的道路，更具可持續性，並將使印度未來迎頭趕上、甚至可能超過中國。而黃亞生副教授的另一篇文章《經濟增長中的軟硬基礎設施比較：中國應不應該向印度學習?》(《世界經濟與政治》2005 年第 1 期) 一文中更是明確認為，儘管中國在硬件基礎設施上明顯優於印度，但是，以軟件基礎設施為衡量標準的話，則印度在一些關鍵層面都優於中國，如私有產權保護、私人企業融資及公司治理的有效性。而這些領域是促進經濟增長最關鍵的領域，是經濟長期發展的動力，如果中國不能在這些領域有所改善的話，印度經濟的發展模式比中國更具潛力，印度最終將超過中國，當然，如果中國以後的改革能使中國在這些領域有所改善的話，印度將很難超過中國。另一種觀點則認為，硬環境對於經濟的發展具有更為重要的作用，中國的發展模式比印度更具潛力。如復旦大學世界經濟研究所的華民教授在他的《中印經濟發展模式的比較：相似的原理與不同的方法》(《復旦學報》(社會科學版)，2006 年第 6 期) 中就認為，在構成發展中國家經濟增長的各種制約因素中，最為重要的並不是制度、技術和金融體制等軟性因素，恰好是人們通常都認為並不重要的基礎設施。因為基礎設施是剛性的，並且是不可能從外部世界獲得的，但是技術卻是可以引進的，而制度則是可以借鑑的，它們都可以借助於由「干中學」而產生的學習效應來加以改進或改革。所以中國走在前面是必然的，中國模式比印度模式更具備發展的潛力。當然，也有一些折中的觀點，認為印度可以在發展速度上趕上中國，但經濟規模和經濟發展水準上不可能趕上

中國。如四川大學南亞研究所的文富德教授在他的《印度經濟增長速度有可能趕上中國》(《南亞研究季刊》2004年第4期)中就認為，和中國相比，印度經濟發展中具有如下幾個方面的優勢：①私營企業實力較強，印度擁有像塔塔集團、印度信息系統技術公司、維普羅公司等實力強勁，具有全球競爭力的私營企業，而中國至今仍缺乏真正具備全球競爭力的私營企業。②金融系統比較健全。印度的銀行系統比較健康，呆帳、壞帳率很低，而中國銀行系統的呆帳、壞帳率較高。另外，印度的證券市場也比中國成熟。③印度的軟件技術優勢明顯。④印度的國際化人才較多。由於印度官方語言為英語，其高等教育又與國際接軌，所以在國際化人才上多於中國。由於這些優勢，文富德教授認為印度的發展後勁比中國更足，印度未來增長速度上趕上中國是完全有可能的，但是總體水準上超過中國卻並不現實。

應該肯定，以往對於中印兩國經濟轉型與發展模式以及兩者的比較研究都取得了豐碩的成果，但是，以往的研究也存在兩個方面的明顯不足：其一，以往的研究往往都只是側重於政策的比較，而很少從轉型經濟學和發展經濟學的一般理論出發進行研究，從而使這些研究成果缺乏了一種必要的理論深度；其二，以往的研究往往喜歡側重於某一個方面進行比較，而真正將經濟轉型與經濟發展模式結合起來進行比較的研究並不多，從而使這些研究的成果都顯得相對片面。故而，本人認為，為了使這種研究能夠真正深入，當前非常有必要從轉型經濟學和發展經濟學的一般理論出發，將經濟轉型與經濟發展模式進行全面的結合，對於中印兩國的經濟轉型與發展模式進行全面而又深度的比較。

0.3 研究的思路結構和方法

0.3.1 研究的思路結構

本書嘗試從轉型經濟學和發展經濟學的一般理論出發，以經濟發展的階段作為思考的邏輯起點，將20世紀70年代末以來中印兩國經濟的發展階段界定為美國著名經濟學家沃爾特‧惠特曼‧羅斯托所說的經濟起飛階段，並認為中印兩國的經濟發展在這一階段都經歷了三個主要的既相互聯繫有相對獨立的過程，即經濟體制的轉型、經濟結構的轉化和產業結構的升級以及對外經濟關係的轉變。然後分別從20世紀90年代以來興起的轉型經濟學、以「劉易斯—費景漢—拉尼斯」模型為代表的二元經濟結構轉化理論以及國際經濟學的一般理論出發，分別比較中印經濟體制的轉型、經濟結構的轉化和對外經濟關係的轉變，並適當分析影響兩國經濟發展的非經濟因素，最終得出兩國經濟發展模式各自的優劣和潛力，並由此分析中印經濟轉型與發展模式對其他發展中國家經濟發展的啟示。整個研究可以分為導論和七章。

導論部分主要介紹本書的背景和研究的目的，概述與本書相關的研究文獻以及本書選題研究的基本思路、主要觀點和有待進一步研究的問題。

第一章：與中印經濟轉型與發展比較相關的一般經濟學理論。本部分首先概述羅斯托的經濟發展階段理論，分析發展中國家經濟起飛的基本前提條件。然後分別分析「劉易斯—費景漢—拉尼斯」的二元經濟結構轉化理論、經濟轉型理論和國際貿易與國際投資方面的基本理論，由此得出一個完整的發展中

國家經濟起飛理論模型，從而為中印兩國經濟轉型與發展模式的比較提供基本的理論平臺。

第二章：中印經濟起飛的前提條件比較。該部分主要分析中印經濟起飛前至20世紀70年代末80年代初的經濟狀況，從兩國的資源禀賦、改革前的經濟體制和經濟水準三個方面比較，思考兩國經濟起飛前基礎的優劣。

第三章：中印經濟體制的轉型比較。該部分主要從轉型經濟學的基本理論出發，比較中印兩國經濟體制轉型的基本理念、基本方式和基本過程。其中將所有制改革作為兩國經濟轉型比較最為重要的內容。通過比較兩國經濟體制轉型中各方面的異同分析兩國經濟轉型過程的成敗和轉型後基本經濟制度的優劣，思考兩國經濟起飛中的基本制度差異。

第四章：中印經濟結構的轉化與產業結構的升級比較。該部分從二元經濟結構轉化的基本理論——由劉易斯創立，經費景漢和拉尼斯發展而成的二元經濟結構轉化模型出發，通過分別比較中印兩國主導產業和農業發展道路的差異，分析兩國經濟結構轉化的成績和不足及其原因。本部分也會適當分析兩國近幾年來有關政策的轉變以及兩國經濟結構轉化和產業結構升級的前景。

第五章：中印對外經濟關係的轉變比較。該部分主要從對外經濟戰略和國際貿易與國際投資對發展中國家經濟影響的基本理論出發，分別比較兩國對外經濟戰略、外貿和外資政策的演變，通過比較基本政策的差異分析兩國對外經濟成就差異的原因，並分析這種差異對於兩國經濟長遠發展的影響。

第六章：影響中印經濟發展的非經濟因素比較。該部分分析的是影響中印兩國經濟發展的非經濟因素，其中主要包括政治因素、文化因素和國際環境因素。通過這些非經濟因素的比較進一步思考兩國經濟起飛路徑和成就的差異。

第七章：中印經濟發展的績效、潛力及其對發展中國家經濟發展的啟示。該部分首先通過統計數據全面比較兩國經濟發展的成就，並總結兩國經濟轉型與發展的模式，然後再回到一般的經濟發展理論探討兩國經濟發展模式的優劣和潛力，最後由此分析中印經濟起飛階段的轉型與發展模式對其他發展中國家經濟發展的啟示。

0.3.2 研究方法

以辯證唯物主義和歷史唯物主義為指導，運用馬克思主義的歷史與邏輯、理論與實際相結合的方法，輔之以必要的數據分析，運用適當的經濟學理論模型分析現實的經濟問題。

0.4 主要觀點、創新點及有待進一步研究的問題

本書的主要觀點：中印自20世紀70年代末以來經濟發展的過程總體上是一個經濟起飛的過程，這一過程中存在著三個既相互聯繫又相對獨立的過程，即經濟體制的轉型、經濟結構的轉化和產業結構的升級以及對外經濟關係政策的轉變。在這三個過程中印兩國既有相似之處，也存在明顯的差異。

在經濟體制的轉型過程中，雖然兩國都把建立多種所有制共同發展、競爭有序的市場經濟作為轉型的目標，且都採取了漸進式轉型的方式，但是中國的轉型是主動探索的過程，而印度卻受到了一定的國際壓力；中國始終堅持公有制經濟的主體地位，而印度卻從一開始就放棄了公有制的制高點地位；中國採取了大量的帶有過渡性特徵的「雙軌制」政策，而印度卻並沒有這樣的政策。另外，在經濟轉型的核心內容——所有制改

革上，兩者也存在明顯的差異。總的來說，中國的公有制改革更為成功，而印度對非公有制經濟的放鬆更為徹底。

在經濟結構的轉化上，以製造業為主導產業的中國對於這種轉化的拉力明顯大於以軟件業為主導產業的印度，但在這種轉化的推力上，中印兩國都存在問題。中國由於農業實行家庭聯產承包責任制，存在一個工業化與糧食安全的兩難；印度則由於基礎教育的之後，使很大一部分人口並不具備進入現代部門的基本素質，所以兩國的推力實際上都不足。不過，中國總體的轉化效果明顯好於印度。

在對外經濟關係的轉變上，中國不僅全方位開放的時間更早，而且對外開放更為徹底。從而使中國無論是對外貿易還是引進外資在規模上都遠遠高於印度。大規模的出口貿易和外商直接投資很好地解決了中國經濟起飛初期資金和市場雙缺乏的問題，為中國經濟的迅速起飛創造了良好的條件。但是對外需的過度依賴也使中國經濟長期面臨一個內需不足的問題，對於外商直接投資過多的優惠政策也在一定程度上影響了民族企業特別是民營企業的發展。而印度對外開放中始終注重對國內企業的保護，外資的引進並沒有影響國內企業特別是私營企業的發展。另外，印度對外貿易雖然規模上遠不及中國，但質量上高於中國。總的來說，中國全方位的對外開放較好地拉動了經濟的增長，而印度的對外開放則為技術水準的提高起到了更大的作用。

在影響經濟發展的非經濟因素中，本書認為，中國政府的效率明顯高於印度，所以中國政府在起飛時期對於經濟發展的推動力明顯強於印度。但印度的司法更為獨立，這更有利於在經濟達到成熟水準後維護良好、公正的經濟秩序。中國傳統文化更為積極，當前已經基本上不會對經濟的發展造成消極的影響，但印度傳統文化相對消極，特別是其根深蒂固的種姓制度

至今仍對印度的發展造成了極大的不利影響。而在國際環境方面，兩國各有千秋，但印度所處的國際環境總體上好於中國。

在近二十多年來的經濟起飛過程中，中國經濟發展的績效明顯好於印度，但對兩種經濟模式的優劣則不能簡單下結論。既不能因為中國前面三十來年的成就明顯高於印度就認為中國模式明顯優於印度，也不能因為某些學者所認為的印度軟環境好於中國就認為印度比中國更具潛力。兩種模式其實各有千秋，但對於處於起飛階段的經濟體來說，中國模式更有利於推動經濟的發展。

本書的主要創新點：

（1）在經濟轉型中，印度在放鬆私營經濟的管制上更為徹底，無論在理論上還是在實踐中都基本上掃除了私營經濟發展的一切障礙，而中國無論在理論上還是實踐中都還存在私營經濟發展的障礙。但另一方面，中國的公有制改革比印度更為成功，中國基本上將國有企業改造成了具有競爭力的市場主體，但印度並沒有做到，這是中國經濟轉型更為成功的關鍵所在。

（2）在二元經濟結構的轉化中，中國農村實行家庭聯產承包責任制下存在工業化與糧食安全的兩難，而印度並不存在這一問題。印度在二元經濟結構的轉化成就上不如中國不是制度原因，而是因為主導產業的就業吸納能力和農村的人口素質。

（3）中國的外貿和外商投資在解決就業以及擴大有效需求上遠強於印度，而印度的外貿和外資在解決資金以及提高技術上相對強於中國。

（4）在兩國經濟發展的軟環境上，中印各有千秋。相對而言，中國的制度更具效率，印度則更重視公正。如現有制度環境不變，中國的制度在趕超期更能促進經濟的發展，印度的制度在進入成熟期後能更好地維護良好的市場秩序。

中印經濟的比較是一個很大的課題，不可能在一本書中全

部研究清楚，做完這一研究之後，仍有很多問題有待於進一步研究。這些問題主要有：

（1）本次全球性的金融危機對兩國經濟發展影響的比較。這次全球性的金融危機對於全球經濟都產生了重大的影響，那麼它對中印兩國經濟發展的影響到底有何不同？本書的後期寫作中雖然也思考了這一問題，但一方面由於本書大部分內容成文於金融危機全面爆發前，另一方面是現在還得不到太多相關的統計數據，特別是印度2008—2009年度的經濟統計數據，所以這方面的研究很不深入。但這個問題確實是一個非常重要的問題，待兩國近期的統計數據完全出抬後，可以專門研究。

（2）有關兩國的一些具體的經濟制度，如金融體制、財稅制度、分配體制等問題的比較。由於本書主要是從中印經濟起飛階段的三個基本過程出發進行比較，而對於其具體的經濟制度，包括金融體制、財稅體制等雖也有一定的涉及，但並不深入，如從全面比較兩國經濟模式出發，這些方面也完全可以作為比較的重要內容。故而這些問題也是有待進一步研究的問題。

1 與中印經濟轉型與發展比較相關的一般經濟學理論

要對中印兩個國家的經濟發展狀況進行比較，首先得找到比較的平臺，也就是何種理論最適合分析近二十多年來兩國的經濟發展狀況。當然，要找到這樣的理論，首先得從這一段時期內兩國的經濟發展的特點，特別是兩者的共同特點出發。

不需要進行什麼深入的分析，我們就可以得出近二十多年來兩國的經濟存在下列共同的方面：

首先，中印兩國都屬於發展中國家，都是從相當落後的狀態起步迅速發展，如今都取得了相當大的成就。20世紀80年代初兩國的人均GDP都在200美元左右，屬於世界上最貧困的國家之列，如今中國人均GDP已經超過2,000美元，進入了中等收入國家行列，印度人均也已經接近1,000美元，在不久的將來將擺脫低收入國家的身分。這樣的一個過程很明顯是落後的發展中國家經濟起飛的過程，最能解釋這一過程的理論應該是沃爾特·惠特曼·羅斯托的經濟增長階段理論。

再者，兩國經濟在量上迅速增長的同時，在質上又經歷了三個基本的轉變過程，這就是經濟體制的轉型、經濟結構與產業結構的轉化升級和對外經濟關係的轉變。第一，從經濟體制來說，在進行全面的經濟改革前，中印總體上都屬於計劃經濟體制：中國是高度集中的社會主義計劃經濟；印度是半管制的

計劃經濟體制，並曾被認為是除了社會主義國家外計劃性最強的國家。① 但中國從 1978 年中共十一屆三中全會實行改革開放後，就逐漸向市場經濟轉型，1992 年中共十四大上，更是非常明確地提出了向市場經濟轉型的目標，由此徹底地走上了市場經濟之路。印度從 1991 年拉奧政府的全面經濟改革開始，就提出了「自由化、市場化、全球化、私有化」的經濟改革理念，由此也開始向市場經濟轉型。這樣的一個過程很明顯可以用經濟轉型的理論來解釋。第二，從經濟結構來說，中印兩國都存在典型的二元經濟結構，經濟發展過程中都存在這種二元經濟結構向一元經濟結構的轉化過程，這一過程雖然至今都尚未徹底完成，但都取得了很大的成績。最適合解釋這一過程的理論應該是以美國著名經濟學家威廉・A. 劉易斯為代表提出的二元經濟結構轉化理論。第三，從對外經濟關係來說，中印兩國曾經都相對封閉，對於外貿和外資都進行了嚴格的控制，但在全面改革後，都轉向了對外開放。對於這種對外經濟關係政策的轉變過程的分析，最適合的自然是國際經濟學的相關理論。故而，總的來說，從這三個基本的質上的轉變過程來說，所需要的理論工具自然就應該是經濟轉型理論、二元經濟結構轉化理論和國際經濟學理論。

---

① 趙建軍. 當代中印經濟改革比較 [J]. 四川大學學報（哲學社會科學版），2007（1）.

1.1 羅斯托的經濟增長階段理論[①]

　　1960年沃爾特·惠特曼·羅斯托出版了《經濟增長階段：非共產黨宣言》一書，提出了自己非常有特色的發展經濟學理論。他吸收了德國歷史學派和經濟發展階段劃分法、熊彼特的創新學說和凱恩斯的宏觀經濟分析理論，從世界經濟發展歷史的角度，把人類社會劃分為五個階段：傳統社會階段、起飛前提階段、起飛階段、走向成熟階段和大眾高消費階段。1971年，他在《政治與增長階段》一書中，他又增加了第六個階段即追求生活質量的階段。在這些階段中，他認為起飛階段是最關鍵的階段，這是人類社會的一次突變，它要求在較短的時間內突破不發達經濟的停滯狀態，實現工業化、生產方式的劇烈變革。羅斯托提出起飛要求達到一定的臨界水準，也就是擺脫了以下兩種困境的水準：

　　一是擺脫了納克斯所說的「貧困的惡性循環」之困境。納克斯認為，發展中國家由於經濟落後、資本稀缺、收入低下，形成了兩個「惡性循環」。從供給方面看：收入低——儲蓄率低——資本缺乏——勞動生產率低——收入低；從需求方面看：收入低——居民購買力低——市場需求不旺——投資引誘小——投入生產的資本少——勞動生產率低——收入低。

　　二是擺脫了萊賓斯坦所說的「類穩定均衡論」或「低水準

---

　　① 有關羅斯托理論的論述參考了郭熙保主編的《發展經濟學經典論著選》，中國經濟出版社，1998年版第88～104頁以及於同申主編的《發展經濟學——新世紀經濟發展的理論與政策》，中國人民大學出版社2002年版第27～30頁的有關內容。

均衡陷阱」的困境。萊賓斯坦認為，在發展中國家，即使收入有所增加，但任何導致人均收入上升的刺激都必然會促使人口增長，人口的過快增長又最終使人均收入降低到僅能勉強糊口的水準，即回到「類穩定均衡」或「低水準均衡」。

根據擺脫臨界水準的分析，要求起飛的前提就要求有效的投資率和儲蓄率從大約占國民收入的5%提高到10%以上，國民收入的增長率明顯超過人口的增長率。由此，羅斯托認為經濟的起飛必須具備以下三個條件：

（1）生產性投資占國民收入（或國民生產淨值）的比例從大約5%或以下上升到10%以上；

（2）一個或更多的重要製造部門以高的增長速度發展；

（3）一個政治、社會和制度結構的存在或迅速出現。這種結構能夠利用現代部門擴展的衝力和起飛的潛在外部經濟效應，促進增長持續進行。

根據起飛的這三個條件，影響經濟起飛的因素主要有如下幾個方面：

其一是可貸資金的供給，這是生產性投資提高的來源。他認為，可貸資金主要來自兩種途徑：一是控制收入流動的轉移，包括收入分配的改變和資本輸入；二是迅速擴張的特殊部門利潤的再投資。

其二是企業家的來源。對於企業家的形成，羅斯托也提出了三個條件：①有利於利潤最大化活動的宗教或其他價值觀；②新精英階層必須感到自己可以否定由他們所處物欲較少的傳統社會所建立的通往名望和地位的常規道路；③傳統社會必須有充分的靈活性，允許它的成員尋求物質進步作為代替遵從傳統習慣的另一條道路。

其三是起飛階段的主導部門。羅斯托根據在起飛階段的作用和產生的方式，將經濟部門分成以下三種類型：

（1）主要增長部門。在這些部門，創新或新近發現有利可圖的資源或迄今未開發的資源的開發利用所提供的機遇，產生一個高增長率並把這種擴張力量擴散到經濟中其他部門。

（2）互補性增長部門。這些部門的迅速進步是對主要增長部門進步的直接反應或是為了滿足其需求而出現的。

（3）派生增長部門。這些部門的進步與實際總收入、人口、工業生產的增長或其他的一些變化不大的總量變量保持的關係。

羅斯托認為，主導部門至關重要，這是經濟發展的一個發動機。而主導部門的確定必須考慮以下幾個基本點：①對於為產出迅速增長打基礎的部門生產的產品，必須有擴大的有效需求；②必須把新的生產函數和生產能力的擴大引入這些部門；③社會必須能夠產生在這些關鍵部門發動起飛最初所需要的資本；④主導部門必須是這樣的部門，即它們的擴張和技術變革能引起其他部門對於增加生產能力的一系列要求，並誘導出新的生產函數的潛力。

綜合羅斯托的這些論述，我們大致可以得出影響發展中國家經濟起飛的一些基本的因素，這包括：①有利於經濟起飛的社會政治、經濟制度的出現；②生產性資金的來源；③企業家的來源；④起飛時的最初資本即基礎設施的狀況；⑤主導部門的出現；⑥主導部門產品的有效需求的狀況。

應該說，羅斯托的經濟增長階段理論是一種對於發展中國家經濟極其具有解釋力的理論，戰後很多發展中國家經濟的發展過程大體上都可以從中得到解釋。而對照中印兩國近二十多年的發展來說，更可以明顯地看出兩國都處於羅斯托所講的經濟起飛階段，以經濟起飛模型來分析兩國經濟的發展是非常適合的。當然，從20世紀80年代後中印兩國的經濟發展歷程來看，這一理論對於分析中印兩國經濟的發展也存在一定的不足：

其一，對於有利於經濟起飛的社會政治、經濟制度如何才

能出現以及這樣一種制度如何推進經濟的起飛缺乏深入的論述；

其二，忽略了經濟起飛中的勞動力因素；

其三，對於對外經濟關係對於經濟起飛時期的影響，分析也不夠深入。

所以，在運用羅斯托經濟增長理論的同時，仍需要運用經濟轉型理論、二元經濟結構轉化理論和國際經濟學理論等相關理論工具。

1.2 經濟轉型理論

在運用經濟轉型的理論時，我們首先必須界定經濟轉型的基本概念。一般認為，所謂經濟轉型，就是一種大規模的制度變遷過程或者說是經濟體制模式的轉換。① 當前國內學者在使用這一概念時，有三種基本的理解：第一種理解是從傳統的社會主義計劃經濟向市場經濟轉換；第二種理解是在包括了第一種含義外，還包括那些過去實行廣泛管制的經濟向自由市場經濟轉型；第三種理解是在前兩種的基礎上還包括所有發展中國家促進經濟市場化，實現經濟發展的過程。在這些理解中，筆者認為，第一種理解過於狹窄，第三種理解過於寬泛，第二種理解最適合解釋中印兩國的經濟轉型問題，所以在本書中取第二種理解。即本書中所講的經濟轉型，不僅包括通常所講的傳統的社會主義計劃經濟向市場經濟的轉換，而且還包括像印度這樣過去實行高度管制的經濟向自由市場經濟的轉型。

關於轉型經濟理論的範式，主要有如下幾種：

---

① 熱若爾羅蘭對經濟轉型的定義，見郭慶學《轉型經濟理論發展述評》，《甘肅農業》2006 年第 9 期。

（1）主流經濟學的激進主義轉型範式。該範式依據的是新古典經濟理論，其要點體現在「華盛頓共識」之中。根據該範式，向市場經濟轉型的核心在於「管住貨幣，放開價格」，實行以宏觀經濟穩定化、國有企業私有化和價格自由化為核心的「休克療法」。

（2）演進主義的漸進轉型理論。該理論的核心思想可概括為：知識和信息是有限的和主觀的，並以分散的狀態為個人所擁有，因此想通過大規模的社會變革必然會帶來社會的災難。所以，經濟轉型只能通過漸進式改革，通過社會不斷的累積、加工信息，逐步地演進。

（3）新制度經濟學轉型理論。該理論把企業制度、產權制度以及國家法律制度和意識形態等制度現象納入經濟學分析的框架之內。把經濟轉型理解成一種經濟制度改革的過程，而這一過程實質就是在一定條件下通過成本收益分析尋求成本最小的最優改革途徑。

（4）新凱恩斯主義的轉型理論。該理論的代表人物是斯蒂格利茨，他在其著名著作《社會主義向何處去——經濟體制轉型的理論與證據》一書中提出，在決定選擇哪種市場經濟模式時，一定要牢記實際的市場經濟是如何運行的，而不要去記住毫不相干的完全競爭範式。在經濟轉型中，競爭遠比私有化重要得多。由於信息的不完全，私有經濟和公有經濟一樣都會出現激勵問題，因此，建立一種集中與分散、公有因素和私有因素相結合的混合體制才是現代市場經濟的正確選擇。

（5）市場社會主義理論。該理論是實現社會主義與市場經濟的結合為目標的理論和主張。該理論認為，社會主義國家經濟的轉型實質就是實現社會主義與市場機制的結合。能否在理論和實踐中解決社會主義與市場機制的結合問題，是決定經濟體制改革的前途和命運的關鍵所在。

（6）比較主義理論。這是20世紀90年代前轉型經濟學的主流。該理論從不同經濟體制中總結出若干基本的經濟體制模式，在此基礎上進行比較，做出最優選擇，指導改革的實踐。

在中國以往的有關經濟轉型的研究中，用得比較多的是主流經濟學的激進主義轉型範式和演進主義的漸進轉型理論。主流經濟學的激進主義的要點是「華盛頓共識」。「華盛頓共識」是由英國著名經濟學家、美國國際經濟研究所（IIE）高級研究員約翰·威廉姆森（John Williamson）於1989年總結出來的。當初針對拉美國家和撒哈拉以南非洲的經濟衰退問題，坐鎮在華盛頓的世界銀行、國際貨幣基金組織和其他的國際經濟機構想用一套結構調整的計劃來幫助這些國家走出困境，於是提出了一系列的有關國民經濟結構調整的政策，約翰·威廉姆森把這些政策概括為「華盛頓共識」，並總結出了十項主要政策，①包括：

（1）財政紀律。必須適度地控制財政赤字，防止惡性通貨膨脹。

（2）調整公共支出順序。政府支出要合理安排順序，將那些價值不大的政府轉移支付以及公開補助項目資金轉移到諸如教育和醫療等公共基礎設施建設上來。

（3）稅收改革。構建一個更為合理的稅收體制，擴大稅基，適當降低稅率。

（4）實現利率自由化。

（5）採用更具競爭力的匯率。

（6）貿易自由化。

（7）外國直接投資的自由化。

---

① 約翰·威廉姆森．「華盛頓共識」與金融改革［J/OL］．［2006－03－08］http：//finance.sina.com.cn.

（8）私有化。

（9）放鬆管制。這主要涉及清除市場的進入和退出壁壘。

（10）財產權。主張賦予某些非正規部門在合理的價格下取得財產權的權利。

這十大內容可以概括為三個方面：①市場化，即價格完全放開，由市場來決定，統一匯率；②私有化，即全面、大規模和快速地實行私有化，保護私有產權，放鬆對市場准入的管制，消除阻礙外來直接投資的障礙；③穩定宏觀經濟，即擴大稅基、強化政府的財政紀律，消除財政赤字，增加政府在高回報領域的公共投資，貿易自由化，維持宏觀經濟的穩定。

根據這一種範式進行的研究，一般認為蘇聯、東歐在劇變之後，都根據這一共識，採取了薩克斯等人設計的「休克療法」進行了激進轉型，在轉型的初期這些國家經濟上都出現了嚴重下滑。

演進主義的漸進轉型理論事實上是和主流經濟學的激進主義轉型範式對立統一的理論，這主要是用來分析中國、越南等國家經濟轉型上採用的一種理論範式。認為這些國家在經濟轉軌過程中並沒有採納「華盛頓共識」，而是採取了逐步改革的方式，在穩定國內宏觀經濟與政治局面的基礎上，先從價格領域入手，採用雙軌制，後來逐漸實行統一的價格，最後才轉入所有制的改革。而在所有制的改革中，也沒有採用簡單的私有化，主要是提高企業的競爭力。

這兩種理論範式雖然在觀點上幾乎截然對立，卻相得益彰，兩者結合實際上形成了一套完整的經濟轉型理論分析範式，即把經濟轉型分為激進轉型和漸進轉型兩種基本類型：激進轉型者遵循「華盛頓共識」，採用「休克療法」；漸進轉型者沒有採用「華盛頓共識」，而是在保持宏觀經濟政治局面穩定的基礎上，逐步改革，摸著石頭過河。儘管有這麼多的區別，但是這

兩種理論範式在轉型的目標，或者說轉型的基本內容上是一致的，這就是市場化，差別只在於速度問題。

但是，這樣的一種分析的範式從20世紀90年代後期起就開始受到了挑戰，首先是新凱恩斯主義學派的美國著名經濟學家斯蒂格利茨運用信息經濟學的方法重新思考了經濟轉型的目標問題。斯蒂格利茨在其名著《社會主義向何處去——經濟體制轉型的理論與證據》中提出了一種新的經濟轉型理論，即以體制轉型與經濟持續穩定增長相統一為核心的轉型理論。在這一著作中，他首先運用信息經濟學的範式，強調轉型經濟國家必須在理論上破除關於「市場和市場社會主義」的六個神話，即①資本主義制度中的經濟關係主要由價格調整；②轉型國家的國有企業總會自動追求社會目標；③市場經濟不能有計劃，而沒有計劃，就無法實現有效資源配置；④集中化與分散化存在絕對的區別；⑤正確的產權界定能保證效率，至於如何確定產權並不重要；⑥在市場與國有企業之間不存在第三條道路。在破除了這六個神話後，斯蒂格利茨認為，社會主義國家經濟轉型的目標不應是新古典主義的市場經濟模式，理想的市場應該是分權、競爭和試驗的市場，其中競爭是首要的目標。所以轉型國家「政策的首要目標是確保競爭」，而不是私有化。他反對絕對的私有化，而認為「競爭遠比私有化重要得多」。而經濟轉型的主要內容，也不應該是私有化，而應該是體制轉型與經濟持續穩定增長相統一。其中主要涉及兩點內容，其一是追求金融穩定，其二是設計適當的社會保障體系。對於政府在轉型經濟中的作用，他認為，政府至少在六大方面責無旁貸：第一，促進教育；第二，促進技術改善和保護技術專利；第三，支持金融部門；第四，投資基礎設施建設；第五，防止環境惡化；第六，建立和維護社會保障體系。關於轉型的順序安排問題，他建議，首先應放開價格建立以市場為基礎的刺激；其次，在

進行產權改革和私有化之前先進行市場改革，即強化市場競爭並對金融體制進行改革；最後，必須在上述這兩個轉型步驟完成之後進行民營化改革。在轉型的速度上，他贊成漸進式改革。這主要有兩個理由：第一是強調政府在改革中要承諾不輕易扭轉改革方向，第二是強調學習，認為「在從計劃經濟轉向市場經濟過程中，個人和組織都要學習……而漸進過渡則可能有助於這種學習過程，因為：①它避免了『信息超載』問題；②漸進過渡避免了組織遭到破壞而引起的信息損失問題。」[1]

而另一方面，對於經濟轉型中必然有的私有化進程，匈牙利的著名經濟學家科爾奈也做出了與激進、漸進這種基於速度的不同的總結，他認為，「休克療法」與「漸進主義」這種以速度作為區分轉軌的類型，甚至衡量改革成功與否的主要標準其實並不正確，事實上，經濟轉型成功與失敗的原因往往不在於速度，而在於採取的轉型戰略。他認為，計劃經濟國家向市場經濟的轉型有兩種基本的戰略。戰略 A 被稱為有機發展戰略，戰略 B 被稱為加速國有企業私有化戰略。戰略 A 的主要任務是創造有利條件使私人部門由下而上的生長；戰略 B 的主要任務是盡可能快速地消滅國有制。兩者的主要特徵如表 1-1 所示：

表 1-1　　科爾奈兩種轉型戰略的主要特徵[2]

戰略 A	戰略 B
1. 最重要的任務在於創造有利條件，使私人部門得以由下而上的生長起來	1. 最重要的任務在於通過國有企業的私有化，盡可能快地消滅國有制

---

[1] 根據斯蒂格利茨的《社會主義向何處去——經濟體制轉型的理論與證據》．長春：吉林人民出版社，1999 年版中有關內容整理。

[2] 轉引自吳敬璉．當代中國經濟改革 [M]．上海：上海遠東出版社，2004：34．

表1-1(續)

戰略 A	戰略 B
2. 以出售為基本手段，使大多數國有企業轉為民營	2. 私有化的主要手段是採用認股權證等形式的無償分配
3. 必須防止國有財產以任何形式無償分配	3. 更偏好於形成分散的所有權結構
4. 必須優先考慮能夠產生核心所有者的企業出售方案	4. 不強調私有企業自下而上的發展和提升新生私有部門的地位
5. 硬化對企業的預算約束，強化金融紀律，確保市場經濟的有效運行	5. 認為國有企業的私有化會自動硬化預算約束，因而沒有提出這方面的要求

　　根據這一種劃分標準，那麼，中國與絕大多數東歐國家屬於戰略 A 類型，而獨聯體國家絕大多數屬於戰略 B 類型。從轉型的效果來看，總的來說，戰略 A 是比較成功的，一般都是在轉型過程中經濟基本穩定持續增長，或經歷短期小幅的衰退後基本穩定持續增長。而採取戰略 B 類型的國家，則往往經歷了較長時期的衰退過程。

　　以這些經濟轉型的理論來分析中印兩國的經濟轉型過程，我們可以看出，中印兩國都屬於漸進式轉型，在經濟轉型過程中主要也是強調競爭的作用，而在私有化的戰略上，兩國都明顯傾向於戰略 A 類型，但是，兩國轉型的程度，具體方式上有著明顯的區別。但不管怎樣，中印的經濟轉型都是為了創造一個有利於經濟起飛的社會政治、經濟制度。所以可以說經濟轉型也可以作為中印經濟起飛理論的一個重要的組成部分，這一理論可以說彌補了羅斯托經濟起飛理論的一個重要不足，即解釋了有利於經濟起飛的社會政治、經濟制度如何出現以及這樣一種制度如何推進經濟的起飛。

1.3 二元經濟結構轉化理論[①]

有關二元經濟結構的轉化理論中，最有代表性的理論是以威廉·A.劉易斯為代表的二元經濟結構轉化與經濟發展模型理論，這一理論以1954年，美國著名經濟學家威廉·A.劉易斯在《曼徹斯特學報》上發表的題為《勞動無限供給下的經濟發展》的著名論文為起點，經過戴爾·喬根森、費景漢和古斯塔夫·拉尼斯的發展而最終形成。

在這一模型中，劉易斯首先提出，在發展中國家一般存在著性質完全不同的兩個經濟部門，即「資本主義」部門和「生存」部門。資本主義部門是使用再生資本並由於這種使用而向資本家支付報酬的經濟部門，也就是一般所講的現代部門。生存部門是不使用再生資本的經濟部門，這個部門一般就是傳統的農業部門。這個部門的人均產量比現代部門低，因為它的產品不是用資本生產出來的。在這一基礎上，劉易斯做出了如下假定：

（1）資本主義部門不斷地吸收生存部門的剩餘勞動力而得以發展；

（2）生存部門即農業部門只使用勞動和土地作為生產要素，工業部門只使用勞動和資本；

（3）土地是個常數；

---

① 該部分理論的論述參考了郭熙保．發展經濟學經典論著選［M］．北京：中國經濟出版社，1998：122－196；於同申，發展經濟學——新世紀經濟發展的理論與政策［M］．北京：中國人民大學出版社，2002：33－37．

（4）人口或勞動力已知；

（5）農業部門存在過多的勞動力，也就是說，把農業部門其他生產要素全投入生產的時候，農業勞動力的邊際生產率低於最低生存水準，農業工資保持生存工資水準，即維持勞動力最低生存水準；

（6）生產技術一定且不變。

在這些假定條件下，傳統的農業部門邊際生產率為零甚至為負數，勞動者在最低工資水準上提供勞動，因而存在無限勞動供給。資本主義部門所提供的工資只要與農業部門的工資能夠形成一個一定的差額（這個差額大致為30%左右），這個差額能夠彌補城鎮與鄉村之間的生活費用的差距以及一定的轉變生活方式的心理成本，就能夠誘使農業部門的剩餘勞動力向城市的資本主義部門轉移。同時，由於農業部門勞動的邊際生產率等於零，甚至為負數，農業中剩餘勞動力的轉移不會引起農業部門產值的下降，相反會增加農業部門的剩餘，這種增加的剩餘足以支撐轉移到現代部門後的勞動力的消費，所以只要資本主義部門的利潤能夠成為新的投資，就能夠促成更多的農業部門的剩餘勞動力向城市現代部門的轉移，經濟自然就可能獲得發展。當現代部門將農村的剩餘勞動力吸收完畢，農業部門中勞動的邊際生產率就將提高，並逐漸與工業達到一致，這時經濟中的二元結構也就消失了。但是，在劉易斯模型中，假定了生產技術不變這一前提，特別是假定了農業部門的勞動生產率不變這一前提，所以與現實存在明顯的差距。

劉易斯二元經濟結構模型為分析發展中國家的經濟發展提供了一個全新的思路，其對落後國家經濟的基本特徵的分析應該說是基本符合實際的，相比羅斯托的理論而言，應該說更加符合發展中國家的現實，也更具備操作性，所以成為了後來發展經濟學的一個經典模型。當然，其假設中也確實存在一定的

問題，這些問題的存在事實上也為該理論的繼續發展和完善提供的空間。正是針對這些缺陷，美國耶魯大學經濟學教授費景漢（John C. H. Fei）和古斯塔夫·拉尼斯（Gustav Ranis）對劉易斯二元經濟模型進行了發展和完善，提出了一個動態的二元經濟結構模型。在他們1964年合著的《勞動剩餘經濟的發展：理論與政策》一書中，他們首先指出劉易斯的二元經濟結構模型有兩個缺點：第一，不重視農業在促進工業增長方面的重要性；第二，忽視農業生產率提高而出現剩餘產品是農業勞動力向工業流動的先決條件。他們還認為，劉易斯在低估農業部門重要性的同時，也未看到人口增長和資本密度對剩餘勞動力吸收過程的實際影響。有鑒於此，費景漢和拉尼斯指出，要實現劉易斯描述的那種轉換機制，農業部門必須同工業一樣保持增長，「任何試圖加速工業化的國家，如果忽略了農業部門的先行或者至少是同時進行的革命，都會發現難以前行。」[①]

費景漢和拉尼斯認為，兩個部門中相對固定的或緩慢傾斜的實際工資的存在，應當導致勞動密集型技術的選擇。而且更重要的是，導致二元經濟中農業與非農業部門在一定時期內使用技術的變化。一旦在一般均衡的情況下給定了兩種工資時，農業勞動向工業的再配置——與農業剩餘的產生同時出現——就是靜態均衡增長的一部分，這需要在動態的背景下進行探討。所謂兩個部門間非熟練勞動力的工資差距，部分是用來誘使農業勞動者克服其對土地和家庭的留戀，部分是用來支付運輸費用，部分是由於工業工資水準受各種制度因素的影響，如最低工資立法、工會壓力等。這些因素在農業部門通常不存在這樣，二元經濟中發展問題的核心，就變為農業部門是否有能力提供

---

① 張秀生. 中國農村經濟改革與發展[M]. 武漢：武漢大學出版社，2005：43.

足夠多的剩餘供非農業的生產性投資之用。問題的另一面是，非農業部門得到的由這種農業剩餘加上工業利潤投資所供應的資金，是否增長得足夠快，去吸收再分配的勞動力。經過一段時間以後，必定會在兩個部門中的資本累積（主要配置到非農業部門）和技術之間形成一種平衡的狀況，而且這種平衡增長必須以快於人口和勞動力增長速度進行。

建立在這一思路的基礎上，費景漢和拉尼斯提出，發展中國家的經濟發展可以分為三個階段：

第一階段與劉易斯模型沒有區別。在這一階段，經濟中存在著隱蔽性失業，即相當一部分勞動的邊際生產率為零或接近於零，因而勞動力是無限供給的。當隱蔽性失業的勞動力向工業部門轉移時，農業的總產量不受任何影響，會出現農業剩餘，它正可以滿足轉移到工業部門的勞動力對糧食的需求。因此，農業部門的人均收入沒有改變，工業部門的工資也保持不變。當這部分勞動力轉移完畢，經濟發展就進入第二階段。

第二階段，工業部門所吸收的勞動力是那些邊際生產率大於零但低於農業部門平均產量的剩餘勞動力。由於這一部分勞動力的邊際生產率大於零，當他們轉移出去以後，農業總產量就會下降，而剩下的農業勞動力仍按以前水準消費，所以，提供給工業部門的農產品就不足以按平均消費水準來供應工業部門的勞動力。這樣，經濟中開始出現農產品特別是糧食的短缺，工農業之間的貿易條件變得有利於農業部門，工業部門的工資水準開始上升。

第三階段，當農業中全部剩餘勞動力被吸收到工業部門就業以後，經濟就進入了第三階段，在這一階段，經濟已進入商業化過程，農業開始資本主義化，農業和工業中的工資水準都由勞動力的邊際生產率來決定。

在這個過程中，第一階段向第二階段過渡是一個轉折點，

或稱為短缺點。而第二階段向第三階段過渡是商業化點。關鍵的問題是如何把隱蔽性失業人口全部轉移到工業中去。困難在於第二階段，隨著勞動力的轉移，農業總產量下降，糧食短缺，工資上漲，工業貿易條件惡化，工業勞動供給曲線逐漸陡峭，勞動力的轉移受到阻礙，工業部門的擴張有可能在全部剩餘勞動力被吸收完畢之前就停止。要解決這一問題，必須在工業部門擴張的同時，努力提高農業勞動生產率，使農業發展與工業發展同步進行，這樣才能在勞動力轉移的同時，不減少農業中剩餘產品，從而使工資水準保持不變，經濟發展從第二階段順利地過渡到第三階段。另外，他們還指出，人口的增長與二元結構的轉化有著非常重大的關係，如果人口的增長率超過工業所能吸收的剩餘勞動力的增長率，這樣的國家就會陷入「馬爾薩斯陷阱」，轉折點就遙遙無期，二元結構的轉化也就永遠無法完成。所以，要實現二元結構的轉化，投資上所做出的最小努力就是使工業所能吸納的剩餘勞動力的增長率超過人口的增長率。

從費景漢—拉尼斯觀點中可以概括出三個要點：

（1）農業增長同工業增長一樣重要；

（2）農業和工業應當平衡地增長；

（3）吸收勞動的速度必須高於人口增長速度以擺脫馬爾薩斯陷阱。

應該說，這種結構變動模型在基本上是符合發展中國家的實際的，而且可以說彌補了羅斯托經濟起飛理論的一個重大不足，這就是充分考慮了經濟起飛過程中的勞動力因素，從而使經濟起飛理論更加完整。對於分析中印兩國的發展而言，這一理論模型應該說更具有解釋力，因為改革之前，無論從就業人口還是從經濟比重來看，這兩個國家都是典型的農業國，這兩國經濟的發展本身就是一個由農業國向工業國的轉變過程，二

元經濟結構向一元經濟結構的轉化是這兩個國家經濟起飛過程中的一個極為重要的任務。所以，將這一理論模型與羅斯托的經濟起飛理論相結合，把這一理論模型作為整個中印經濟起飛理論模型的一個重要組成部分應該說極為合適的。

1.4 國際經濟學的相關理論

國際經濟學的基本理論總體上可以分為國際貿易理論和國際投資理論。

國際貿易理論中，既有主張自由貿易的理論，也有鼓吹貿易保護的理論。

主張自由貿易的理論中，比較有代表性的理論主要有李嘉圖的比較優勢理論、赫克歇爾和俄林的要素稟賦理論和克魯格曼的規模經濟理論。

英國著名經濟學家李嘉圖在其名著《政治經濟學及賦稅原理》中提出了著名的比較優勢理論。① 在這一名著中，李嘉圖首先提出了以下前提：①參加貿易的只有兩個國家；②進行貿易的商品只有兩種；③勞動是唯一的生產要素；④兩國的資源稟賦既定，並按同一固定比例的要素組合進行生產；⑤資源充分利用；⑥不存在技術進步；⑦消費者偏好既定；⑧生產要素市場和產品市場是完全競爭市場；⑨生產要素只能在國內流動，不能在國際間流動；⑩假設運輸成本為零，也不存在任何貿易

---

① 有關李嘉圖比較優勢理論的論述參考了《政治經濟學與賦稅原理》，[英] 大衛·李嘉圖著，周潔譯，華夏出版社，2005年版；《國際經濟學》第五版，[美] 保羅·克魯格曼，茅瑞斯·奧伯斯法爾德著，海聞，蔡榮，郭海秋等譯，中國人民大學出版社，2002年版；於同申主編的《發展經濟學——新世紀經濟發展的理論與政策》，中國人民大學出版社2002年版的相關內容。

障礙。

在這些前提下，李嘉圖認為，如果一個國家在本國生產一種產品的機會成本（用其他產品來衡量）低於在其他國家生產該產品的機會成本的話，則這個國家在生產該種產品上就擁有比較優勢。而在完全自由的貿易體制下，各國必然將其資本和勞動用於對本國最有利的方面。也即說，任何國家都會生產並出口各自具有比較優勢的產品和勞務，通過貿易後，各國的福利水準都會得到提高，也就是說，貿易的結果是雙方都受益。

李嘉圖的理論可以說是後來自由貿易理論的一個最基礎性的理論，但他假設的前提條件過於苛刻，與現實還是有很大的差距，所以後來有很多的經濟學家對該理論進行了很多的修正和發展，形成了一些新的理論。對李嘉圖理論進行修正的理論中，最著名的是20世紀初瑞典著名經濟學家赫克歇爾和俄林提出的要素稟賦理論。[1] 該理論被稱為是H－O模型。該理論對李嘉圖的理論的前提條件進行了一定的修正，認為生產要素不是一種，而是兩種即資本和勞動，而各種產品所需要的生產要素的比例不同，各個國家生產要素的稟賦也是不同的，有的國家資本相對富裕，勞動相對稀缺，有的國家勞動相對豐富，資本相對稀缺。在這樣的前提條件下，各個國家應利用自己相對豐富的資源進行生產和出口，從而使雙方都從貿易中受益。

要素稟賦理論是一種更為現實的比較優勢理論，對於很多國家貿易的產生有很強的解釋力。不過這種理論在第二次世界大戰之後也遇到了挑戰，它可以很好地解釋發達國家和發展中

---

[1] 有關要素稟賦理論的論述參考了《國際經濟學》第五版，[美] 保羅‧克魯格曼、茅瑞斯‧奧伯斯法爾德著，海聞、蔡榮、郭海秋等譯，中國人民大學出版社，2002年版；於同申主編的《發展經濟學——新世紀經濟發展的理論與政策》，中國人民大學出版社2002年版的相關內容。

國家之間的貿易，因為發達國家相對資本豐富，發展中國家相對勞動豐富，兩者之間的貿易應該說對雙方都是有利的，但卻很難解釋發達國家之間和發展中國家之間的貿易。為了對這些問題進行解釋，第二次世界大戰後，很多的經濟學家對國際貿易進行了新的研究，形成了很多現代國際貿易理論，在現代國際貿易理論中，最著名的是保羅·克魯格曼提出的規模經濟理論。

克魯格曼認為，在具有規模經濟的行業中，一國能生產的產品種類和其生產規模都受到該國市場規模的限制。但通過國與國之間的貿易，就能形成一個一體化的世界市場，該世界市場比任何單個國家的國內市場都要大。各國也因此從限制中解脫出來，在一個比貿易前要窄的範圍內從事某些產品的大規模專業化生產；同時通過從別國購買自己不生產的某些產品來擴大消費者可獲取的商品種類。因此，即使國與國之間沒有技術上的差別，貿易仍為互利性的生產提供了機會。[1] 克魯格曼的理論很好地解釋了第二次世界大戰後發展水準相近的國家之間行業內的貿易，該理論與比較優勢理論相結合，使主張自由貿易的理論更加完整，也更具有解釋力。

主張貿易保護的理論中，主要是由德國經濟學家李斯特和美國經濟學家漢密爾頓等人提出的幼稚工業論和第二次世界大戰後以阿根廷著名經濟學家普羅維什為代表提出的「中心—外圍」理論。

幼稚工業論認為，一國應選擇某些具有比較優勢和發展前途的幼稚產業，給予適當的、暫時的關稅保護，待這些幼稚工業發展到一定程度，成本逐步下降，可以與外國產品競爭時，

---

[1] [美]保羅·克魯格曼、茅瑞斯·奧伯斯法爾德. 國際經濟學 [M]. 5版. 海聞、蔡榮、郭海秋，等，譯. 北京：中國人民大學出版社，2002：125.

再取消保護。如果新興工業發展初期國家不予以保護，落後的幼稚工業無力與強大的外國資本競爭，民族工業體系將無法建立起來。

「中心—外圍」理論則認為，世界經濟體系是由作為「中心」的發達國家和作為「外圍」的發展中國家組成的，而國際貿易對於主要生產初級產品的發展中國家和主要生產製成品的發達國家是不同的。貿易的結果是發展中國家貿易條件不斷惡化，並使「外圍」的發展中國家長久地依附於「中心」的發達國家。為了擺脫這種依附，發展中國家只有走自主工業化道路，對國內工業進行貿易保護。

以上的兩種理論導致了發展中國家的兩種不同的對外貿易戰略，即進口替代戰略和出口導向戰略。進口替代戰略主要建立在貿易保護理論的基礎上，主張對貿易進行適當的保護，並運用農業中的收益發展過去依靠進口來滿足國內需要的部分工業品的生產，建立自身的工業體系。出口導向戰略則主要建立在自由貿易理論的基礎上，主張發展中國家應充分發揮自身的比較優勢，大力發展自身具有比較優勢的產品（一般為勞動密集型）的出口，以增強自身的經濟實力。

當然，不管哪種國際貿易理論，都沒有絕對地反對發展中國家進行對外貿易，而且普遍都認為對外貿易對於發展中國家的經濟發展具有重要作用，這些作用主要有：

（1）調劑市場餘缺。發展中國家可以通過對進出口量的調節，使國民經濟達到平衡。在一定時候，通過擴大出口，極大地擴大了國內優勢產業的市場需求，從而可以引領整個經濟的起飛。

（2）乘數作用。即對外貿易的增加將一輪一輪地引起與該貿易直接或間接相關的國內其他部門的反應，對國民收入產生乘數作用，使國民收入成倍增加。當然，由於這種作用，國內

產品的總需求迅速提高，國內企業可以迅速擴大生產規模，從而也可以大大增加就業。

（3）引進先進技術和管理。發展中國家不僅可以進出口商品和服務，而且還可以通過進出口貿易引進先進的技術和管理，從而促進國內經濟的持續穩定增長。

當然，對外貿易也會對發展中國家帶來一些負面的影響，如一些發展中國家外貿依存度太大，也會削弱一些經濟的自主性，並易受國際經濟環境的衝擊，當發達國家經濟蕭條時，也可能將這種蕭條傳導給發展中國家。

國際投資理論非常豐富，但對於分析發展中國家外資政策來說，比較實用的還是錢納里和斯特勞特提出的「兩缺口模型」理論。[1]

「兩缺口模型」理論是美國經濟學家錢納里和斯特勞特在1966年發表的論文《外援與經濟發展》中提出的。該理論認為：當發展中國家實現其經濟發展的目標所需資源的數量與國內最大有效供給之間存在缺口時，引進外部資源是彌補這些缺口的必要條件。其推導過程可以表述為 $Y = C + I + X - M$。其中 Y 為總收入，C 為總消費，I 為總投資，X 和 M 個代表出口總值和進口總值。上式移項後為 $Y - C - I = X - M$。另以 S 代表總儲蓄，則有 $Y - C = S$，所以 $S - I = X - M$，即 $I - S = M - X$。左邊的「$I - S$」表示投資與儲蓄之差，稱為儲蓄缺口；而右邊的「$M - X$」表示出口與進口之差，即外匯缺口，左右兩端必須平衡。如果投資大於儲蓄，則國內儲蓄出現缺口，這個缺口要靠出口大於進口來平衡。在一既定的核算階段，儲蓄缺口應與外匯缺

---

[1] 關於「兩缺口模型」理論的論述參考了於同申主編的《發展經濟學——新世紀經濟發展的理論與政策》，中國人民大學出版社2002年2月的相關內容。

口相等。

然而，在兩缺口模型中的四個變量的獨立變動中，它們各自計劃的數量也是獨自決定的，所以模型中的平衡是事後平衡。根據模型，調整兩缺口以使之平衡有兩種方式：第一種是一種消極的調整方法，分兩種情況：第一種情況是當儲蓄缺口大於外匯缺口，可以採用減少國內投資或者增加國內儲蓄的方法使兩個缺口得到平衡。但增加儲蓄短期內難以做到，降低投資則會減緩經濟發展。第二種情況是當外匯缺口大於儲蓄缺口時，可以採用減少進口或者增加出口的辦法使兩個缺口平衡，但增加出口在短期內同樣難以做到，減少進口則會影響經濟的發展。第二種方法是一種積極的調整方法，即引進外資條件下的調整方式。如果兩個缺口不具有互補性，就不宜消極地採用壓縮投資或削減進口的方法，以免對經濟增長帶來不利的影響。而應當積極採用引進外資的方法，使兩個缺口在促進經濟發展的情況下得到平衡。引進外資以平衡兩個缺口模型具有雙重效果：第一，可以減輕外匯不足的壓力。第二，可以增加國內投資，減輕國內儲蓄不足的壓力。基於第二種方法的優點，其對發展中國家資金不足問題具有較強的借鑑意義。

在錢納里和斯特勞特分析的基礎上，後來的一些經濟學家對該理論對其進行了一些補充提出了一些「三缺口」和「四缺口」等分析模型。「三缺口」分析模型認為，發展中國家不僅資本稀缺，而且還存在技術、管理和企業家的缺乏問題，從發展中國家的長遠發展來看，技術、管理和企業家的缺乏才是最重要的約束，這一缺口也應該利用外部資源來填補，所以發展中國家在引進外資的同時應該引進國外先進的技術、管理知識和人才。「四缺口」模型則認為發展中國家還存在稅收缺口，這一缺口也可以通過引進外資，然後向外資企業徵稅，並從金融上積極參與外資企業的經營，用籌措到的資金來彌補稅收的缺口。

總的來說，這些理論都認為引進外資對於發展中國家具有非常重要的作用，可以解決發展中國家資金不足的問題，同時還可以引進國外先進的技術、管理和人才。當然，也不能對外資過度地依賴，因為任何國家的經濟實力的增強最終都必須依靠國內企業的發展。

　　現在的世界是一個開放的世界，任何國家的發展都不能單靠自己一個國家，因此，國際經濟學的這些相關理論也應該是發展中國家經濟發展理論非常重要的組成部分。由於中印兩國在經濟轉型之時對外經濟關係戰略也發生了重大的轉變，所以這些國際經濟學的理論也完全應該作為比較兩國經濟發展模式的重要理論工具。

2　中印經濟起飛的前提條件比較

　　中印經濟真正進入快車道，或者說經濟的真正起飛，都是20世紀70年代末之後的事情，在起飛之時都出現了一次經濟體制的大改革。中國的起飛起源於1978年中國共產黨十一屆三中全會之後的改革開放。印度也在20世紀80年開始了較大的經濟改革，經濟也由此開始了較快的發展，真正的經濟起飛則是在1991年拉奧政府進行大規模市場化改革之後。當然在此之前，中印經濟也都有了一定的發展，可以說都在一定程度上為經濟的起飛創造了一定的條件。如果根據羅斯托的經濟增長階段理論，我們大致可以認為，中華人民共和國成立之前的中國和獨立之前的印度，都屬於傳統社會階段，而中華人民共和國成立之後到改革開放之前的中國與獨立之後到大規模市場化改革之前的印度，都屬於起飛前提階段。此後的兩國則都開始進入了經濟起飛階段。

　　任何國家的經濟起飛都需要一定的前提條件，經濟起飛的前提階段創造的各種條件對於一個國家的經濟起飛的影響雖然不一定是決定性的，但絕對是不能忽略的。這些起飛的前提條件主要可以三大方面：資源狀況、經濟體制和經濟水準。

2.1 中印兩國的資源禀賦比較

一個國家的資源可以分為自然資源和人力資源兩大類,兩者都對於現代國家的發展具有一定的影響。

在自然資源中,對於經濟發展影響最大的應該主要是土地資源、水資源和礦產資源。

從土地資源來看,中印兩國雖有一定的共同之處,但還是存在明顯的差別。共同之處在於兩國都是大國,國土總面積都居世界前列,中國國土總面積為960萬平方千米,僅次於俄羅斯和加拿大,居世界第三位;印度國土面積近298萬平方千米,居世界第7位。當然如果從總面積來看,中國遠遠超過印度,但是,在對於經濟發展的影響來看,地形以及由此導致的有效利用面積特別是其中的耕地面積與農用地面積的大小比總面積的大小更為重要。從這些方面來看,雙方則互有千秋。從地形來看,中國是以高原和山地為主:國土面積中,山地約占33%,高原約占26%,盆地約占19%,平原約占12%,丘陵約占10%。[①]而印度則是以平原和低地為主:國土面積中,平原約占43%,高度在300米~900米之間的臺地和緩丘約占28%,丘陵約占18%,山地約占11%。[②]眾所周知,最有利於人類生存和發展的是平原,所以,印度的地形結構明顯較中國優越。而且這樣的一種地形結構的差別也導致了國土總面積遠遠低於中國

---

① 國家統計局.1989年中國統計年鑒//孫培鈞.中印經濟發展比較研究[M].北京:經濟管理出版社,2007:2.
② 印度教育文化和社會福利部.印度國情報告//孫培鈞.中印經濟發展比較研究[M].北京:經濟管理出版社,2007:2.

的印度卻在對國民經濟影響最大的土地方面的指標——耕地面積上卻超過了中國。關於中國的耕地面積，20世紀80年代統計為1億公頃左右，①但在90年代後期的農業普查中，這一數據又有所增加，現在的數據為1.22億公頃，②考慮到這近20年中因為工業化的原因中國的耕地面積應該有所減少，20世紀80年代應該比現在稍多，所以估計在1.3公頃~1.4公頃左右。而據印度農業部的統計資料，1986—1987年度的土地使用結構中，淨播種面積為1.4億公頃，復種面積為0.37公頃，另外還有休耕地0.26公頃，③所以總耕地面積超過中國。再考慮到中國人口多於印度，所以從20世紀80年代以來一直到現在，印度的人均耕地面積都明顯多於中國。根據世界銀行統計，1979—1981年的人均耕地面積中國為0.10公頃，印度為0.24公頃；1999—2001年中國為0.11公頃，印度為0.16公頃。④這些數據中，1979—1981年的中國數據明顯用的是原來的數據，與實際有一定差距，但估計也就在0.14公頃~0.15公頃左右，還是明顯低於印度。

　　但是，如果從整個農用地（含耕地、長期作物用地以及草地）的情況來看，情況又有所不同，因為中國的草原面積達2.6

---

　　①　國家統計局：《1989年中國統計年鑒》，第6頁，轉引自孫培鈞主編《中印經濟發展比較研究》，經濟管理出版社，2007年版第2頁。
　　②　《中國統計年鑒2009年》，見中華人民共和國統計局網站。
　　③　印度政府農業部：《印度農業概要》，1990年，第23頁，轉印自魯達爾·達特，桑達拉姆著：《印度經濟》，中譯本（上），雷啓淮，李佳昌，譯，成都：四川大學出版社，1994年版，第154頁。
　　④　《2004年世界發展指標》，中國財政經濟出版社（為世界銀行出版），2005年版，第120頁。

億公頃，① 遠多於印度的 0.12 億公頃。② 所以，中國的農用地總面積遠遠多於印度，甚至人均都明顯高於印度。另外中國的森林面積也明顯高於印度。20 世紀 80 年代中國的森林面積為 1.25 億公頃，印度僅為 0.67 億公頃。③ 故而，綜合來看，兩國的國土資源互有優劣，不能簡單的說哪國具有絕對的優勢，關鍵在於兩國的利用效果。不過，兩國的人均耕地和人均農用地面積都明顯低於世界平均水準，而糧食是整個人類生存和發展的基礎，人均農用地特別是耕地面積的大小對於一個國家發展戰略的影響極大，對於中國、印度這樣立足於自力更生解決糧食問題的大國來說更是如此，所以，無論是中國還是印度在採取經濟發展的戰略時事實上都受到這一因素的約束，如何解決這一問題是兩國經濟能否真正取得成功的重要因素。

對經濟發展具有較大影響的另外兩種自然資源是水資源和礦產資源，這兩個方面，中國還是佔有一定的優勢。從水資源來看，中國年降水總量達 60,000 億立方米，印度僅為 39,300 億立方米，④ 在可用於發電的水能資源中，印度與中國的差距更大，印度能夠用來裝機發電的水能資源只有 8,983 萬千瓦，每年可發電 4,722 億度，而中國可裝機發電的水能資源達 37,900

---

① 《2006 年中國國土資源公報》，見中華人民共和國國土資源部網站。
② 印度政府農業部：《印度農業概要》，1990 年，第 23 頁，轉印自魯達爾·達特，桑達拉姆著：《印度經濟》，中譯本（上），成都：四川大學出版社，1994 年版，第 154 頁。
③ 孫培鈞. 中印經濟發展比較研究 [M]. 北京：經濟管理出版社，2007：2。
④ 印度計劃委員會：《第七個五年計劃，1985—1990》，新德里，第 1 卷，第 11 頁，轉引自孫培鈞主編《中印經濟發展比較研究》，經濟管理出版社，2007 年版第 3 頁。

萬千瓦，每年可發電19,000億度。① 從礦產資源來看，中國總體上也強於印度。在三種主要的動力資源，煤、石油、天然氣中，中國的儲量都比印度豐富。但是由於後來兩國經濟的高速發展，兩國的動力資源，特別是石油和天然氣方面，都遇到了極大的困境。在金屬礦方面，中國的儲量也明顯較印度佔有一定優勢。特別是有色金屬，中國的多種有色金屬都居世界前列甚至首位，如鎢的儲量為世界其他各國儲量總和的3倍多，稀土礦的儲量為其他各國總和的4倍，銻的儲量占世界的44%，銅、錫、鉛、鉬等也居世界首位。② 印度則大多數的有色金屬都比較稀缺，在這方面和中國有明顯的差距，不過在黑金屬方面，情況還是有所不同。儘管印度儲量同樣不如中國，但品位高，利於開發。如鐵礦石，1988年中國保有儲量達到497.3億噸，居世界第三位，但貧礦太多，大部分品位在50%以下。③ 而印度鐵礦石儘管儲量僅為175.7億噸，遠低於中國，但是富礦較多，品位大都在60%～70%，④ 利於開發。當然，水資源和礦產資源的狀況對一個國家的發展雖然具有一定的影響，但與土地資源比起來，其影響要小得多，所以中國在這方面的優勢並不能說在經濟發展中起到多大的作用。總的來說，兩國都屬於自然資源總量豐富而人均不足的國家，兩國的自然資源狀況對於兩國的經濟發展都有著一定的制約，其中對於印度的制約應該

---

① 孫培鈞. 中印經濟發展比較研究［M］. 北京：經濟管理出版社，2007：2.

② 涂光熾，等. 中國資源和資源的合理利用［M］. 北京：知識出版社，1980：11-13.

③ 國家統計局.1989年中國統計年鑒//孫培鈞. 中印經濟發展比較研究［M］. 北京：經濟管理出版社，2007：4.

④ S.K.薩奇德瓦.1989年印度年鑒//孫培鈞. 中印經濟發展比較研究［M］. 北京：經濟管理出版社，2007：4.

比中國更大一些，但這並沒有對兩國經濟的發展造成決定性的影響。

從人力資源來說，對於經濟的發展而言，主要是人口的總數以及年齡結構。從總數而言，這兩個國家都是人口大國。20世紀70年代末改革之初，中國人口就已經接近10億，並在1982年正式超過10億，達到10.17億。[1] 印度在1981年也達到了6.58億。[2] 另外，兩者都屬於比較年輕的年齡結構。中國1982年的人口年齡結構為：0～14歲人口約占33.6%，15～64歲占61.5%，65歲以上占4.9%，[3] 明顯屬於比較年輕的年齡結構。而印度則更年輕，1981年0～14歲占39.5%，15～60歲占54.1%，60歲以上占6.4%。[4] 可以看出，對於經濟發展所需要的勞動力資源來說，兩國都是很豐富的。當然，從這樣的年齡結構中，我們也可以看出，在兩國經濟起飛之初，中國的勞動力資源更具優勢。而如果考慮到兩國在基礎教育上的差異所導致的人口素質的差異，中國的優勢則更為明顯。因為中國的基礎教育狀況明顯好於印度，在國民識字率上，中國一直遠遠高於印度（見表2-1）。

---

[1] 國家統計局. 中國統計摘要2003 [M]. 北京：中國統計出版社，2003：38.

[2] 魯達爾·達特，桑達拉姆. 印度經濟（上）. 雷啓淮，李佳昌，譯. 成都：四川大學出版社，1994年版，第87頁；

[3] 國家統計局：《中國統計摘要2003》，中國統計出版社，2003年版，第38頁。

[4] 魯達爾·達特，KPM桑達拉姆. 印度經濟中譯本. 雷啓淮，李佳昌，譯. 成都：四川大學出版社，1994年版，第98頁。

表 2-1　　　　　中印兩國識字率的對比

單位:%

	1981-1982年的識字率				1990-1992年的識字率			
	成人 （15歲以上）		青少年 （15-19歲）		成人 （15歲以上）		青少年 （15-19歲）	
	女性	男性	女性	男性	女性	男性	女性	男性
印度	26	55	43	66	39	64	52	74
中國	51	79	85	96	68	87	92	97

資料來源：印度數據見1981年和1991年的人口普查資料，中國數據1982年和1990年的人口普查資料。轉引自［印度］阿瑪蒂亞·森，讓·德雷茲著《印度：經濟發展與社會機會》，社會科學出版社，2006年版，第74頁。

當然，如果動態地看待兩國的人力資源，則可以發覺，隨著時間的推移，中國這方面的優勢應該呈逐漸縮小趨勢。首先是由於中國實行計劃生育政策，而印度並沒有實行類似的政策，所以20世紀80年代以來印度的人口增長率明顯高於中國，使兩國人口總量差距明顯縮小。80年代初印度人口只相當於中國的2/3左右，而當前印度人口已經超過了11億，中國人口為13億左右，兩者的相對差距甚至絕對差距都有所縮小。另外，最為重要的是印度人口的年齡結構比中國更為年輕，再加上新生人口明顯多於中國，所以當目前中國開始出現人口老齡化問題的時候，印度還是一個年輕型的國家。如果印度能在基礎教育方面有較大地進步的話，經過一定時間後，印度的人力資源則完全有可能由劣勢轉化為優勢。

2.2　改革前兩國的經濟體制比較

改革前的中國和印度總體來說都屬於計劃經濟體制，但兩

者存在明顯的差別。

　　首先，中國基本上是單一的公有制，而印度實行的是多種經濟成分並存的混合經濟體制。在新中國建立初的新民主主義時期，中國本來也是一種多種所有制並存的局面，當時存在著六種基本的經濟成分，即國有經濟、合作社經濟、個體經濟、私人資本主義經濟、國家資本主義經濟和外資經濟。[①] 但是從1953年開始，經過三年左右時間的社會主義改造，個體農業、個體手工業和資本主義工商業基本消失，外資企業或主動撤離中國，或被中國政府徵收，到1956年，幾乎就成了公有制一統天下的局面。在當年中國的整個國民經濟中，國有經濟[②]所占比重為32.2%，集體所有制經濟所占比重為53.4%，公私合營經濟占7.3%（這類經濟成分後來基本都通過和平贖買的方式轉化為國有經濟），私營經濟僅占0.1%，個體經濟占7.1%。公有制（含國有經濟、集體所有制經濟和公私合營經濟）所占比重達到93%。而在工業中，這一比重甚至高達98.8%，[③] 這一狀況基本上維持到20世紀70年代末期改革開放之前。但是，印度在1947年獨立後，在明確宣布建立社會主義類型社會，實行計劃經濟的同時，又在凱恩斯主義的指導下，提出了公營經濟與私營經濟並存的混合經濟體制。印度不僅宣布讓公、私營經濟共同存在，而且還明確劃分了兩者的經營領域。在1948年通過的《工業政策決議》中，就將兩者的經營領域作了詳細的劃分。當時將印度工業分為四大部類：[④]

---

① 新中國成立之初事實上絕大多數外資企業並沒有撤離中國。參見龔松柏《新民主主義時期新中國對外經濟關係》，見全國優秀碩士論文網。
② 即國有經濟。——編者註
③ 蘇星.新中國經濟史[M].北京：中共中央黨校出版社，1999：249.
④ 魯達爾·達特、KPM桑達拉姆.印度經濟（上）.雷啓淮.李德昌，譯[M].成都：四川大學出版社，1994：272.

第一部類包括：武器生產、原子能的生產和控制以及鐵路運輸的所有權和營運。這一部類完全由中央政府控制。

第二部類包括：煤炭、鋼鐵、飛機製造、造船、電報、電話和收音機以外的無線電器材以及礦物油等。這些部門的新企業只能由國家承擔。

第三部類由那些中央政府感到有必要進行計劃和調節的基本的、重要的工業部門組成。其中包括鹽、汽車、拖拉機、(牽引車) 電氣工程、重型機械、機床、重化工業品、化肥、電化學工業、有色金屬、橡膠、電力和工業酒精、棉毛紡織、水泥、制糖、造紙和新聞紙、空運和海運、採礦以及與國防有關的工業。這類部門中私人可以參與，但國家必須起主導和控製作用。

第四部類包括所有上述企業以外的工業領域，這些領域向私營、個體和合作企業開放。

當然，後來基本上構成改革前印度工業政策基礎的應該是1956年的《工業政策決議》，這部被稱為「以《印度憲法》為政治藍本而制定的一部經濟憲法」① 中，對公私經營的領域作了更為明確的界定，其中將工業部門分為三大部類：②

A 類是完全由政府負責的工業部門。基本上包括了 1948 年分類中的第一部類和第二部類。

B 類是那些逐步由國家所有並且通常由國家建立新企業的部門，基本上相當於 1948 年分類中的第三部類，這一類中私營企業可望成為國家力量的補充。

C 類是所有餘下的工業部門，都留給私營部門。但國家還是要通過許可證的方式對它們的生產和分佈進行管理。

---

① 魯達爾·達特，桑達拉姆.印度經濟（上）[M].雷啓淮，李德昌，譯.成都：四川大學出版社，1994：276.
② 魯達爾·達特，桑達拉姆.印度經濟（上）[M].雷啓淮，李德昌，譯.成都：四川大學出版社，1994：274.

後來的政策基本上是在1956年《工業政策決議》的基礎上微調，混合經濟的形式則一直保留下來。另外，印度的農業基本上屬於私人部門。所以，在印度的經濟總量中，私營經濟一直佔有較大的比重（見表2-2）。

表2-2 印度私營部門在國內淨產值中的份額

單位：%

年份	農業	工業	運輸、通信和貿易	金融和不動產	社會和個人服務	總計
1960—1961	98.9	93.1	79.7	88.8	79.2	89.3
1970—1971	98.5	86.2	81.1	74.9	58.3	85
1982—1983	97.2	70.5	82.2	44.6	55.5	75.9

資料來源：《有關印度經濟的基本統計》，第2卷，1985年8月，轉引自魯達爾·達特，桑達拉姆.印度經濟，中譯本（上），雷啓淮，李佳昌，譯.成都：四川大學出版社，1994年版，第372頁。

其次，中國對物價進行了全面的管制，而印度卻主要是依靠市場調節來決定物價。改革前，中國基本上不存在真正意義上的市場，工業物資採取的是計劃分配、統一調撥的管理體制。具體的做法是根據物資的性質和產需特點分為三大類：第一類為國家統一分配物資，這是一些關係到國計民生的物資，由國家計委負責分配；第二類為國務院各部門統一分配物資，這一類是較統配物資次要的、面向全國的生產資料以及專業性較強的中間產品，由工業主管部在全國範圍內統一分配；第三類為地方管理物資，是除第一類和第二類以外的其他生產資料，這一類一部分由地方計劃或物資部門平衡分配，一部分通過商業渠道流向市場。而在生產資料的需求上，基本上都是由各企業向計委或主管部門申請，計委和主管部門根據這些申請做計劃統一調配，所以事實上基本不存在生產資料市場。消費品雖然

進入市場，但由於商業網點也基本上是國有，其價格還是由各級物價管理部門統一定價，所以也不可能反應市場需求。農產品則採取統購統銷政策，價格也基本上是統一管理，所以，改革之前，中國基本上不存在市場調節的領域，對物價實行了全面的計劃管制。但是印度雖也對部分物價進行了一定的管制，但由於私營部門一直佔有很大的比重，絕大多數物價基本還是上由市場調節，只有在物價上漲過快或急遽下降時採取諸如增加供給、減少信貸、赤字財政等財政、貨幣政策等手段來調節物價。

再次，兩者都採取優先發展重工業的趕超型發展戰略，但中國更為突出。中印兩國在制定自身的發展戰略時，都明顯受到了蘇聯的影響，所以都不約而同地實行了優先發展重工業的戰略。中國的這一戰略從「一五」計劃（1953—1957年）起就已經非常明確，這一時期工業發展是以蘇聯援建的156個項目為核心，而這156個項目全部是重工業項目，這一時期重工業投資占工業總投資的88.8%，[1] 在其後的三年「大躍進」時期（1958—1960年）更是進一步強調發展重工業，重工業投資高達工業投資的89%[2]。後來雖曾在在1962—1966年經濟調整中有所改變，但「文化大革命」之後又重新回到了優先發展重工業的軌道。這樣做的結果是造成了國民經濟的嚴重失調。從1952年到1978年，中國的基本建設投資中，重工業占51.3%，輕工業占5.9%，農業占11.4%。從而使1978年中國農輕重的

---

[1] 董輔礽.中華人民共和國經濟史（上）[M].北京：經濟科學出版社，1999：300.

[2] 孫培鈞.中印經濟發展比較研究[M].北京：經濟管理出版社，2007：79.

比例變為27.8：31.1：41.1。① 印度則是在第二個五年計劃（1956—1961年），其設計師 P. C. 馬哈拉諾比斯教授就明確提出了優先發展重工業的戰略。當時的印度總理尼赫魯更是明確地說：「如果我們要工業化，頭等重要的事情就是我們必須有製造機器的重工業。」② 在印度的「二五」和「三五」計劃期間，印度政府對工礦業的投資中，80%用於發展重工業。③ 但是，由於長期忽視輕工業和農業的發展，導致了糧食和農產品的嚴重不足，從1966年起，印度調整了發展戰略，推行綠色革命，加強農業生產。不過即便如此，印度優先發展重工業的戰略並沒有真正放棄，在20世紀70年代後政府列出的核心工業中，仍然主要是鋼鐵、非鐵金屬、機械、石油化工等重工業。當然，由於印度較早實行了調整，所以印度改革之前產業結構並沒有出現像中國一樣的嚴重失調狀況。

再者，兩者都曾經對農村土地經營制度進行了改革，但中國更為徹底。中國的農村土地經營制度改革在改革開放之前已經進行了兩次，第一次改革就是一般所說的「土改」。這種改革事實上在新中國成立前的革命時期就一直在解放區進行，新中國成立之後就開始在全國推行。這次總的來說是一次以「耕者有其田」為宗旨的變革，其內容是將封建地主土地所有制轉變為農民的土地所有制，其基本的方式是沒收封建地主的土地按人頭平分給農民，在這場改革過程中，農民既獲得了土地的使

---

① 董輔礽. 中華人民共和國經濟史（下）[M]. 北京：經濟科學出版社，1999：8。

② 1960年8月22日尼赫魯就《第三個五年計劃的大綱草案》在議會上的發言。轉引自魯達爾·達特，桑達拉姆著：《印度經濟》，中譯本（上），雷啓淮，李佳昌，譯. 成都：四川大學出版社，1994年版，第252頁。

③ 巫寧耕，等. 戰後發展中國家經濟（分論）[M]. 北京：北京大學出版社，1988：26. 趙鳴歧. 印度之路——印度工業化道路探析 [M]. 北京：學林出版社，2005：157.

用權也獲得了土地的所有權。土地改革運動從本質上講並沒有改變農村土地的私有制，只是私有的主體由地主變為農民。

當然，在這一變革基本完成後甚至在這一變革進行的同時，以互助組、合作社等形式的土地使用權公有的變革就已經開始進行。

第二次變革發生在社會主義改造時期，是一次由兩權私有向兩權公有的一次變革。根據當時領導人的基本認識，農業現代化的道路總的來說是合作化和機械化，其中合作化是機械化的前提。所以，從 1953 年過渡時期總路線提出開始，農村的合作化運動就迅速走向高潮，通過互助組、初級社、高級社等形式，經過 3 年左右的時間，基本上完成了農業的合作化。到 1956 年 12 月底，全國農村中各種合作社達到 76 萬個，入社農戶達到 11,783 萬戶，占全國農戶總數的 96.3%。[①] 1958 年以後，中國又開始了人民公社化運動，最終實現了農村土地的集體佔有、集體經營。

應該說，中國的土地制度改革是非常徹底的，在改革之後，不僅封建地主的土地所有制徹底消滅，而且個體農民的土地私有制也不復存在。

印度在獨立後也進行了一次較大規模的農村土地經營制度改革。在殖民地時代，印度的農村土地制度總的來說是一種帶有封建剝削性質的租佃制度，在國家和直接耕種土地的農民之間，存在一個中間人階層，這個中間人靠負責向租佃土地的農民徵稅而成為實際上的土地所有者，直接耕種土地的農民由於在國家之下又加上了中間人的剝削而承受著巨大的壓力，經常要用收成的一半左右用於交付土地稅。這種土地制度具體來說

---

① 國家統計局. 中國國民經濟建設和人民生活 [M]. 北京：統計出版社，1958：184.

大體上可以分為三類，即柴明達爾、馬哈爾瓦爾和萊特瓦爾。其中，柴明達爾制是最主要的土地制度，這種土地制度的特點是英國政府在農村培養一個專門負責徵收土地稅的階層，即柴明達爾，由每個柴明達爾負責在其管轄的區域內徵收土地稅。這些柴明達爾由於具有永久或長期徵收土地稅的權力而成為事實上農村的在外地主，這種在外地主殘酷的剝削實際耕種者，而實際耕種者——農民由於柴明達爾這種中間人的存在而大大加重了稅收負擔。馬哈爾瓦爾制稍有不同，在這一制度中，村社土地歸公社成員聯合佔有，村社成員共同負責土地稅，由村長負責徵收，村長在徵收過程中提取5%的佣金。但後來村長也有向柴明達爾即中間人轉化的傾向。萊特瓦爾制則是一種土地由個體佔有，由佔有者直接向國家交付土地稅的制度。在這一制度下，萊特只要交付評定的土地稅，就享有永久的租佃權，也能夠將土地轉租，這樣一來，通過轉租之後，這些萊特又有向中間人轉化的傾向。所以，事實上馬哈爾瓦爾和萊特瓦爾制都具有與柴明達爾制類似的特徵。這種帶有明顯封建剝削性質的土地制度對於印度農業的發展、對於直接耕種土地的農民生活水準的提高是一個巨大的障礙。

獨立之後，印度政府也迅速地進行了土地制度的改革。印度土地制度改革的目標是提供租佃保障、固定租金和授予土地所有權等。具體措施主要有：

（1）廢除中間人剝削制度，使實際耕種者直接和國家聯繫，同時給予中間人以適當的補償。這一措施從1948年開始就頒布實施，但在實施過程中基本上把中間人等同於柴明達爾，對於其他形式的中間人基本上沒有觸及。

（2）固定租金、保障租期、授予佃戶一定的土地所有權。在廢除中間人之後，為了切實減輕實際耕種者的負擔，印度政府又明確地規定租金不應超過社會公正的標準。後來各邦基本

上都通過了固定租金的法令，一般規定租金不得超過總收成的1/4或1/5。同時，為了防止大規模地驅逐佃戶的行為，又立法規定中間人在以自耕的名義收回土地重新佔有時，必須保障原來佃戶最低面積的租佃權。也就是說，在任何情況下，佃戶都不能交出持有的最低面積。這種最低面積事實上就成為了佃戶擁有所有權的土地。

（3）規定土地持有的最高限額。為了保障無地、少地的農村勞動者最基本的土地需求，印度政府認為，「重新分配土地顯得絕對必要」。① 但印度重新分配土地的方式和中國不一樣，不是將所有土地收歸國有或集體所有，再重新分配，而是規定土地所有者持有土地的最高限額，將大土地者超出最高限額的土地收歸公有，再重新分配給無地、少地的農村勞動者。

當然，儘管印度政府對於土地制度的改革曾經充滿雷鳴般的熱情，但實際執行的力度非常有限，很多的政策實際執行過程中大打折扣，特別是土地最高限額政策，由於大土地擁有者的抵制和多種干擾，實際上實行這一政策後真正獲得的能夠分配給無地、少地農民的土地極少。所以印度的土地制度改革實際上是一次極不徹底的改革。

從兩個國家的土地制度改革可以看出，中國的土地制度改革是比較徹底的，從一開始就徹底地廢除了封建土地所有制，後來更確立了社會主義的土地公有制度；而印度卻從沒有改變土地私有的性質，甚至封建土地所有制也沒有真正廢除，在其土地改革之後，原有的地主階級並沒有消滅，只是他們佔有的土地受到最高限額的限制而有所減少。

---

① 印度帕內爾委員會關於土地改革的報告，第99頁。轉引自《印度經濟》下冊，（印）魯達爾·達特，桑達拉姆著，雷啓淮、李德昌、文富德、戴永紅等譯，四川大學出版社1994年12月，第63頁。

最後，兩國都在自力更生的宗旨下實行了進口替代戰略，對於對外經濟關係進行了的限制，但中國更為嚴格。

由於中印兩國都曾經受到過帝國主義的侵略與壓迫，所以對於自力更生都非常重視。而為了實現自力更生，兩國都選擇了優先發展重工業的戰略。為了配合這一戰略，在對外經濟關係上都實行了進口替代戰略，所以兩國都沒有根據比較優勢原則全面地融入世界經濟，而是進行了嚴格的限制。

改革前，中國的對外經濟政策大致可以分為四個時期。

第一個時期是1949年10月—1952年，也就是國民經濟恢復時期。該時期曾經實行了比較開放的政策，不僅在外貿政策上相對比較寬鬆，沒有建立起高度集中的外貿管理體制，公、私營企業都可參與外貿經營，同時重視發展與所有國家的貿易往來，而且還允許舊中國遺留下來的外資企業繼續存在。儘管該時期並沒有真正實行全面開放的政策，特別是沒有主動地吸引外商直接投資，也沒有新建立外商獨資企業，但是事實上是一種比較開放的局面。

第二個時期是1953—1958年，這是社會主義改造和「一五」計劃時期。這時總體上實行的是對社會主義陣營開放的政策。在開始實行社會主義改造後，中國開始全面地處理外國的在華企業，在通過多種形式的處理後，最終使外商獨資企業在中國基本消失，在和資本主義國家的經濟關係上基本上只存在貿易往來，但是在和社會主義國家的經濟關係上，卻出現了較為全面發展的局面，不僅貿易往來急遽擴大，而且還主動引進了大量的資金和技術，甚至還建立了一定的合資企業。可以說，除了不允許他們來華建立獨資企業外，基本上都是開放的。但是，在社會主義改造完成之時，也建立了國有外貿公司集中經營的外貿管理體制。在外貿政策上，實施了鼓勵出口、限制進口的政策。

第三個時期是 1959—1971 年，這一時期實行了封閉的對外關係政策。由於中蘇關係的惡化，中國與社會主義國家良好的經濟合作局面不復存在，而與西方國家的關係又長期未能好轉，所以這一時期實行了明顯的封閉政策。這一時期，中國和社會主義國家原來建立的各家合資企業，除了中波輪船公司外，基本已經消失。中國的對外經濟聯繫基本上只存在貿易往來。而且，在國有外貿公司集中經營的外貿管理體制下，對貿易往來也進行了嚴格的限制。

第四時期是 1972—1978 年，這一時期中央領導人也開始意識到封閉政策的危險，於是開始主動地改善國際關係，而同時，西方國家也為了遏制蘇聯的需要，主動地改善和中國的關係。這種政治上的改善為經濟關係的改善創造了良好的條件，於是中國開始促進與西方國家的貿易往來，從西方國家進口了多套大型工礦設備，這一時期總的來說採取了進口替代的戰略。

全面的經濟改革前，印度也沒有真正採取全面開放的政策，對於對外經濟關係進行了很大的限制。這種限制主要體現在，在外商投資上，雖然印度從未禁止外商在印投資，但實行種種限制。明確規定外商只能投資印度允許私營企業經營的部門，並只允許外商與印度投資者合營，且對外商所持股份進行最高額限制。1958 年規定外商可持有 51.1%～73.9% 的股權，1974 年的《外匯管理法》又規定一般不得超過 40%，只有國家計劃優先發展的項目、面向出口的工業以及尖端技術領域才可持有 51%～74%。[①] 在外貿政策上，印度雖然沒有和中國一樣實行國有外貿公司集中經營的體制，允許私營企業經營外貿。但是，為了實行進口替代戰略，明顯採取了限制進口、鼓勵出口的政

---

① 孫培鈞. 中印經濟發展比較研究 [M]. 北京：經濟管理出版社，2007：214.

策。這些政策主要包括：①取消非必需品進口或者將其保持在最低限度；②對各種進口進行複雜限制；③自由進口機器設備和其他發展物品以支持重工業為基礎的經濟增長；④對進口替代採取鼓勵政策。① 當然，改革前，印度在對外經濟關係上的限制遠不及中國嚴格。

綜合以上來看，改革前中印兩國在制度層面都存在嚴重的問題，中國基本上是高度集中的計劃經濟體制，市場因素極少，印度雖然由於實行混合經濟而存在一定的市場調節成分，但也是一種半管制的計劃經濟。當然，僅從經濟體制的層面來說，改革前的印度明顯優於中國，經濟本身的活力也應該好於中國；但另一方面，由於中國實行了徹底的土地改革，經濟中基本上消除了封建主義的成分，而印度的土地制度改革則極不徹底，使其經濟中還存在很大的封建主義因素，所以在後來的經濟發展中事實上也存在一個明顯不如中國的地方。

2.3　起飛前兩國經濟水準比較

中印兩國在經濟轉型的時間起點上，存在明顯的不一致性，中國雖然在1992年才明確提出以建立社會主義市場經濟為目標，但事實上1978年中共十一屆三中全會後就已經開始了全面的經濟轉型，所以其時間起點應該就是20世紀70年代末。而印度經濟的真正轉型卻是在1991年拉奧政府開啟全面改革之後，其時間起點自然就應該是20世紀90年代初。如果從轉型的時間起點上來比較兩國的經濟水準，明顯存在不合理性。但是，對於兩國的經

---

① （印）魯達爾·達特，桑達拉姆. 印度經濟 [M]. 雷戶淮，李德昌，文富德，載求紅，等，譯. 成都：四川大學出版社，1994：518.

濟起飛的起點上來說，兩國又存在基本一致性，因為引領兩國經濟起飛的產業——中國的製造業和印度的軟件業，都是在20世紀80年代開始發軔的。所以，為了便於比較，這裡把兩國的經濟起飛的時間起點都定為20世紀70年代末80年代初。

以這一時間點來比較兩國的經濟發展水準，可以發現，中印經濟起飛時總體水準基本相當，但又各具優勢。

首先，兩國的經濟總量和人均產值基本相當，但中國的主要工農業產品的產值大部分高於印度，而印度的服務業發展水準領先於中國。

從兩國的經濟總量來看，按市場匯率計算，20世紀80年代初中國GDP明顯高於印度，按人均計算也略高於印度。但是，按購買力平價計算，印度則兩個方面都略高於中國（見表2-3）。

表2-3　1980年中印兩國的GDP和人均GDP

	按市場匯率計算		按購買力平價計算	
	GDP（億美元）	人均GDP（美元）	GDP（億美元）	人均GDP（美元）
中國	3,015	305	4,144	420
印度	1,755	260	4,343	634

資料來源：王洛林，李向陽.2005—2006年：世界經濟形勢分析與預測[M]．北京：社會科學文獻出版社，2006：261-262．王洛林，餘永定．2003—2004年：世界經濟形勢分析與預測[M]．北京：社會科學文獻出版社，2004：276-277．兩國人均購買力平價數據計算所得。

這種市場匯率計算的數據與按購買力平價計算的數據在一定程度上的背離，這應該主要是匯率原因，由於當時中國實行的是統制外貿政策，匯率曾長時期高估，故在比較中印兩國的經濟水準時，購買力平價應該說更為真實地反應了兩國的狀況。當然，按購買力平價計算的印度經濟水準高於中國也不能說印度相對於

中國存在多大的優勢。實際上，從產值的角度上來說，當時的中國大多數農工業產品的產值都明顯高於印度（見表2-4，2-5）。

表2-4　1980年中印主要兩國主要農業產品產量

單位：萬噸

	糧食			棉花	蔗糖	油料	黃麻
	糧食總產量	稻谷	小麥				
中國	32,056	13,693	5,384	270.7	2,281	521.8	54.9
印度	13,000	3,500	1,100	117.1	15,400	900	136

資料來源：中國統計局. 中國統計摘要2003［M］. 北京：中國統計出版社，2003：117；（印）魯達爾·達特，桑達拉姆. 印度經濟（下冊）［M］. 成都：四川大學出版社1994年版，第174、176頁；印度政府：《關於印度經濟的基本統計（1950—1951年度至1980—1981年度）》，第32頁。

表2-5　1980年中印兩國工業產品的產量

	成品鋼材（萬噸）	水泥（萬噸）	煤（億噸）	原油（萬噸）	發電量（億度）	棉布（億米）
中國	2,716	7,986	6.2	10,595	3,006	134.7
印度	682	1,860	1.19	1,050	1,292	11.2

資料來源：中國統計局編：《中國統計摘要2003》，中國統計出版社，2003年版，第127~128頁；《印度經濟》上冊，（印）魯達爾·達特，桑達拉姆著，中譯本，四川大學出版社1994年版，第490頁；《印度經濟》下冊，第262、294頁；印度的發電量數據見Economic Survey 2006—2007，table124，http://indiabudget.nic.in。

從以上的對比來看，中國在工業方面與印度相比已經在起飛之時就占據了明顯的優勢，在重要工業產品方面已經明顯超過印度。在農業產品方面，糧食產量和印度相比也有明顯的優勢，只是一些經濟作物上有所遜色。另外，儘管印度從20世紀60年代中期就已經開始實行綠色革命，但是在種子的改良以及

化肥的使用方面中國明顯走在印度前面,所以該時期中國的糧食單產量明顯高於印度。20世紀80年代初,中國糧食單產量與發達國家相比已經沒有太大的劣勢,穀物單產量達到每公頃3,027千克,而印度僅為1,324千克。①

其次,印度的產業結構和就業結構都明顯優於中國。

當時中印GDP總體相當但中國的主要工農業產品產值上的具有明顯的優勢,這其中最主要的原因是兩者產業結構上存在巨大的差異。中國由於長期以來一直忽略服務業的發展,所以服務業發展水準一直很低,所以中國的三大產業的比重一直存在工業比重畸高,服務業比重極低的情況。1980年中國三大產業的比重為:31.1:48.5:21.4。② 而印度的服務業卻獲得了較為正常的發展,三大產業的比重明顯比中國要合理一些。1980年三大產業的比重為:38:26:36③。相應地,兩國的就業結構也存在明顯的差異(見表2-6)。

表2-6　　1980年中印兩國的就業結構比較　　單位:%

產業類別	中國	印度
第一產業	74	70
第二產業	14	13
第三產業	12	17

資料來源:世界銀行:《世界發展報告(1988)》,中國財經出版社,北京,1988年,第282頁。

---

① 世界銀行.2004年世界發展指標.北京:中國財政經濟出版社,2005:124-125.

② 中國統計局.中國統計摘要2003 [M].北京:中國統計出版社,2003:19.

③ 世界銀行.世界發展報告(1988) [M].北京:中國財經出版社,1988:282.

從產業結構和就業結構來看，中國就明顯不如印度。正是由於這個原因，儘管印度絕大多數的工農業產品的產值與中國存在很大的差距，但是，印度的工農業從業人口的人均產出卻並不比中國有多大的差距。其中印度的農業人均產出當時甚至還高於中國，1980年中印兩國單位農業勞動力的產出分別為161美元和269美元，① 印度具有明顯的優勢。另外，由於印度的農業人口比例略低於中國，所以印度的城市化水準也略高於中國。1980年中國的城市化率為19.39%，② 而1981年印度城市化率為23.7%。③

最後，印度的經濟開放度高於中國，但中國的對外貿易量大於印度。

由於中國改革前禁止外商投資，也禁止國內企業對外投資，再加上曾長時期受到西方國家的禁運，20世紀60年代後又與蘇聯關係惡化，所以改革前中國與外界的經濟聯繫比較少，除了20世紀50年代曾得到過蘇聯和東歐國家的援助以及在20世紀六七十年代曾利用過極少量商業貸款引進了一些日本和西歐的技術外，長時期曾基本上只有貿易往來。而印度雖然也沒有真正對外開放，對於外商投資與對外貿易也進行了一定的限制，但畢竟對於各種經濟交往的方式都沒有採取禁止的做法，再加上印度改革前與兩大陣營都具有良好的關係。所以改革前印度經濟的開放度明顯高於中國，與外界的經濟往來明顯較中國密

---

① 世界銀行.2004年世界發展指標 [M].北京：中國財政經濟出版社，2005：124-125.

② 中國統計年鑑2004//曹驥贇.印度城市化進程對中國的啟示 [J].延邊大學學報（社會科學版），2006（2）.

③ 1981年印度人口普查數據，轉引自《印度經濟》上冊 [M].（印）魯達爾·達特，桑達拉姆著，中譯本，成都：四川大學出版社1994年版，第101頁.

切。印度一直吸引了一定的外商直接投資，70年代在印度的跨國企業就曾達到540多家。① 另外，印度還曾從美國、蘇聯、日本、聯邦德國、英國等國家以及世界銀行、國際開發協會、亞洲發展銀行等國際組織獲得過大量的援助。但儘管如此，由於中國主要工農業產品的產量明顯高於印度，再加上中國一直奉行鼓勵出口的政策，所以，改革前中國的對外貿易特別是出口量明顯高於印度（見表2-7）。

表2-7　　　改革前中國和印度的進出口額　　單位：億美元

年份	進口額		出口額	
	中國	印度	中國	印度
1970	23.3	29.1	22.6	20.3
1975	74.9	67.7	72.6	43.6
1980	195.5	148.6	182.7	85.9

資料來源：《1989年中國統計年鑒》，國際貨幣基金組織：國際結算銀行統計。孫培鈞主編《中印經濟發展比較研究》，經濟管理出版社，2007年版第231頁。

從以上的比較可以看出，20世紀70年代末80年代初中印經濟起飛之初，兩國總體上在同一水準之上，差異只是在產業結構方面：中國在實物生產上較印度有一定的優勢，而印度的服務業發展優於中國；中國的產業結構畸形化比較嚴重，而印度則相對正常。另外，印度經濟發展面臨的國際環境好於中國。當然這些差異都沒有給後來兩國的經濟起飛帶來決定性的影響，真正造成後來兩國經濟發展水準差距的，主要還是改革之後的政策和戰略。

---

① 孫培鈞.中印經濟發展比較研究［M］.北京：經濟管理出版社，2007：215.

3　中印經濟體制的轉型比較

20世紀80年代中印經濟發展加速，首要的原因在於兩者都進行了一場深刻的經濟改革，這種改革本質都是一種經濟的轉型。通過這次轉型，中國由高度集中的計劃經濟體制徹底地轉向市場經濟體制，印度也從半管制的計劃經濟體制轉向市場經濟體制，從而為兩國經濟的起飛提供了良好的制度環境。應該說，兩國的經濟轉型有很多相同之處，但是也存在明顯的差異。

3.1　中印經濟轉型的基本理念比較

中印經濟轉型的基本理念存在很多的相同或相似之處。

（1）兩國經濟轉型的根本動因都是為了擺脫經濟發展非常緩慢的狀況，增強經濟的活力，實現經濟的快速增長。

誠如前面所述，中國在改革開放前是高度集中的計劃經濟體制，實行單一的公有制，對生產、消費等進行了全面的管制。印度雖然實行的是混合所有制經濟，但是在建立社會主義類型社會的目標下，整個社會的生產也是處於半管制狀態，特別是對於非公有制企業的生產經營進行了很大的限制，所以，導致兩個國家的經濟都缺乏活力，經濟增長都非常緩慢。印度從50年代初到70年代末30年間，年均經濟增長率僅為3.5%，扣除

人口增長因素，人均國民收入增長僅為1.1%，① 被稱為「印度教徒經濟增長率」。中國儘管從統計數據來看似乎不錯，但從整個經濟總量的變化特別是人民的實際生活水準的提高來看，增長緩慢也是不爭的事實。正因為如此，增強經濟活力，加快經濟增長就成了兩者經濟體制轉型共同的根本動因。中國在改革開放之初就提出經濟改革的基本任務是「建立起具有中國特色的、充滿生機和活力的社會主義經濟體制，促進社會生產力的發展，」② 1992年十四大上正式確立「經濟體制改革的目標是建立社會主義市場經濟體制」時，也明確提出是為了「利於進一步解放和發展生產力」。③ 而90年代印度改革之初，拉奧政府就明確提出：政府的關鍵經濟目標是恢復持續的高增長。④ 而拉奧政府經濟改革方案的主要設計者，當時的財政部長曼·辛格也提出：「政府應該把創造財富放在至高無上的重要地位。」⑤

（2）都強調經濟的自由化，建立多種所有制共同發展、競爭有序的市場經濟體制是兩者共同的目標。

如前所述，在轉型之前，中國實行的是高度集中的計劃經濟體制，政府直接管理企業，同時在所有制結構方面，除了極少數的個體企業外，幾乎不存在非公有制經濟成分，基本上是公有制一統天下的局面。印度雖實行的是混合所有制經濟，但

---

① 孫培均，張敏秋，於海蓮．印度：從半管制走向市場化［M］．武漢：武漢大學出版社，1994：10.

② 《中共中央關於經濟體制改革的決定》，1984年10月中國共產黨十二屆三中全會通過。

③ 《加快改革開放和現代化建設步伐 奪取有中國特色社會主義事業的更大勝利》，江澤民同志在中國共產黨第十四次全國代表大會上的報告，1992年10月12日。

④ 張淑蘭．印度拉奧政府經濟改革研究［M］．北京：新華出版社，2003：51.

⑤ Manmohan. Singh, Reforms Vital for Unity, Hindu, October 22, 1994。

是對私營企業進行了嚴格的控制。而在轉型之後，中國首先就把「政企分開」作為經濟體制改革的一個重要目標，明確提出「今後各級政府部門原則上不再直接經營管理企業」，① 以逐步實現經濟的自由化。同時，幾乎是重建了非公有制經濟，並一再提高其地位，由「公有制經濟的必要的、有益的補充」② 到「中國社會主義市場經濟的重要組成部分」③ 和「促進中國社會生產力發展的重要力量。」④ 至於經濟體制改革的目標模式，在確立社會主義市場經濟的基本目標同時，就提出了要「堅持以公有制為主體、多種經濟成分共同發展的方針」，「國家要為各種所有制經濟平等參與市場競爭創造條件」，「形成統一、開放、競爭、有序的大市場」。⑤ 後來也一再強調這一點。如中共十六屆三中全會上通過的《中共中央關於完善社會主義市場經濟體制若干問題的決定》中仍然強調，要「完善公有制為主體、多種所有制經濟共同發展的基本經濟制度」，「建設統一開放競爭有序的現代市場體系」。⑥至於印度的經濟轉型，由於本身就受到了新自由主義的影響，又存在一定的國際壓力，減少政府對私人經濟活動的管制以及政府對經濟活動的直接干預，實現經濟

---

① 《中共中央關於經濟體制改革的決定》，1984年10月中國共產黨十二屆三中全會通過。
② 《全面開創社會主義現代化建設的新局面》，胡耀邦在中國共產黨第十二次全國代表大會上的報告，1982年9月8日。
③ 《高舉鄧小平理論偉大旗幟，把建設有中國特色社會主義事業全面推向二十一世紀》，江澤民在中國共產黨第十五次全國代表大會上的報告，1997年9月12日。
④ 《中共中央關於完善社會主義市場經濟體制若干問題的決定》，2003年10月14日中國共產黨第十六屆中央委員會第三次全體會議通過。
⑤ 《中共中央關於建立社會主義市場經濟體制若干問題的決定》，中國共產黨第十四屆中央委員會第三次全體會議1993年11月14日通過。
⑥ 《中共中央關於完善社會主義市場經濟體制若干問題的決定》，2003年10月14日中國共產黨第十六屆中央委員會第三次全體會議通過。

的自由化更是改革最為重要的內容。為此，拉奧明確提出，經濟改革就是為了結束「監督機制」，官僚的繁文縟節和其他控制制度的「瓶頸」。① 在所有制結構方面，在堅持原有的混合所有制的基礎上，放鬆對私營經濟的種種限制，擴大私營企業的經營領域，同時還強調，市場機制和效益取向原則同樣適用於公營企業。認為印度的公營企業「享受國家的惠顧時間太長了」，到了它迎接國內外挑戰、保證資源的有效利用的時候了。② 通過這些措施，創造一個公營企業與私營企業自由、平等競爭的環境，最終使印度在混合所有制的基礎上建立一個各種經濟成分共同發展、平等競爭的市場經濟體制。

（3）都強調對外開放，通過參與全球競爭來提高經濟的實力是兩者的共同理念。

據前所述，轉型前中印兩國都在自力更生的方針指引下對於對外經濟交往進行了很大的限制，對外開放程度都很低，但是在經濟轉型伊始，兩國都把對外開放作為經濟改革最重要的內容之一。中國在中共十一屆三中全會上就提出了要「在自力更生的基礎上積極發展同世界各國平等互利的經濟合作」，③ 在中共十二大上更是明確提出，「實行對外開放，按照平等互利的原則擴大對外經濟技術交流，是中國堅定不移的戰略方針。」④ 而在正式確立向市場經濟轉型之後，不僅進一步堅定實行對外開放的方針，而且還明確提出了通過在國際競爭中發揮自身的比較優勢來增強經濟實力的經濟發展理念。如在中共十四屆三

---

① PM defends entry of MNCs, from Financial Express, July 14, 1994.
② No Protection Domestic Industy, Says Manmohan Singh, from financial Express, July 14, 1994.
③ 中國共產黨十一屆三中全會公報。
④ 《全面開創社會主義現代化建設的新局面》，胡耀邦在中國共產黨第十二次全國代表大會上的報告，1982年9月8日。

中全會通過的《中共中央關於建立社會主義市場經濟體制若干問題的決定》中，就提出：「堅定不移地實行對外開放政策，加快對外開放步伐，充分利用國際國內兩個市場、兩種資源，優化資源配置。積極參與國際競爭與國際經濟合作，發揮中國經濟的比較優勢，發展開放型經濟」，「不斷提高國際競爭能力」。[①]而印度在20世紀90年代正式開始經濟轉型時，也把融入全球化作為改革的基本目標。為此，印度政府首先改變了長期以來把「自力更生」等同於「自給自足」的理念，認為實行對外開放更有利於實現自力更生的目標。如拉奧政府經濟改革的主要設計者，財政部長曼·辛格就指出，「在當今世界，自力更生並不意味著我們製造所有的東西。它意味著賺取外匯，支持進口的能力」，「我們的新經濟政策就是適應這一目標。我們必須賺取足夠的外匯來滿足所有的需求，停止羞辱性地向發達國家尋求幫助的行為，這就是新經濟政策力求實現的自力更生目標」。[②]在這種認識的基礎上，印度迅速地將實行了幾十年的進口替代戰略轉向出口導向戰略。拉奧明確提出，他的指導思想是「努力把印度從一個管制約束的內向型的經濟轉變為適應市場需要的外向型經濟」。[③] 並認為，印度「融入全球化是不可避免的，國家必須追求適合出口增長和外資投入的政策」。[④]

---

① 《中共中央關於建立社會主義市場經濟體制若干問題的決定》，中國共產黨第十四屆中央委員會第三次全體會議1993年11月14日通過。

② MANMOHAN SINGH. New Economic Policy, Povery and Self—Reliance, form Siddheswar Prasad, edited, New Economic Policy [M]. Mittal Publications, 1993：23.

③ 楊冬方. 印度經濟改革與發展的制度分析 [M]. 北京：經濟科學出版社，2006：62.

④ MANMOHAN SINGH. Globalization and the ESCAP Region, from Denbendra Kumar Das edited, Indian Economic After 50 Years of Independence [J]. Deep and Deep Publications, 1998, 1：40—41.

當然，由於國情不同，兩國經濟轉型理念中也存在一些明顯的不同點：

（1）中國經濟轉型基本上是一個主動探索的過程，而印度的經濟轉型卻在很大程度上是迫於外界壓力的一個被動學習的過程。

中印經濟轉型之前都面臨嚴重的經濟困境，但是導致兩者轉型的直接原因還是存在明顯的差異。中國轉型之前經濟雖然面臨困境，但是經濟困境的存在卻並不是轉型的直接起因，由於當時中國並沒有太多的國際債務，所以中國經濟轉型也並沒有受到什麼國際的壓力。中國經濟轉型的直接起因是一場思想解放運動，正是這場關於真理標準的討論拉開了中國改革開放的序幕，從而也成為中國新時期經濟轉型最直接的起因。當然，也正因為中國最初的經濟改革並不是由於經濟本身的困境，又沒有外界的壓力，所以中國經濟轉型總的來說是主動的，是中國政府自身主動改革的結果，而不是迫於什麼壓力的結果。另外，中國經濟開始轉型時，蘇聯東歐國家的經濟轉型還沒開始，後來成為很多國家經濟轉型指導性理論的「華盛頓共識」也尚未出現，所以中國的經濟轉型更多是自身探索的結果，而非學習或照搬的結果。

印度儘管在20世紀80年代拉吉夫・甘地時代就已經進行了一定的經濟改革，但那種改革基本上還只是在原有體制內的調整，並不帶有轉型的性質。真正的經濟轉型始於20世紀90年代初拉奧政府的經濟改革，而這場大規模的經濟改革的直接起因卻是一場以國際收支危機為核心的經濟危機。

1980年代拉吉夫・甘地的經濟改革本身促進了經濟的增長，

這10年中印度的經濟年均增長率達到5.5%，[1] 超過印度獨立以來的任何一個十年。但是進入90年代之際，經濟卻暴露出了一系列問題。首先是工業生產下降。80年代的工業增長主要依賴的是高檔耐用消費品如汽車、家用電器等產業的增長，但這些產業進口依賴度很高，其零部件大量依賴進口，而1990年由於外匯短缺，政府嚴格限制進口，所以這些工業迅速衰退，進而也導致了整個工業生產的下降。其次是財政赤字不斷擴大，通貨膨脹加劇。由於印度政府長期對公營企業以及農業等進行大量的補貼，印度政府的財政赤字不斷加大。財政赤字占GDP的比重從1980—1981年度的1.6%上升到1990—1991年度的8.4%，政府積欠的內債從1980—1981年度的3,086.4億盧比猛增到1989—1990年度的13319.3億盧比，內債占GDP的比重從35.6%上升到53.2%，而財政赤字上升和工業生產下降的結果，則是通貨膨脹率的居高不下，1991年3月達到12.7%。[2] 最後，也是這場危機的核心，國際收支陷入空前危機。由於印度貿易長期存在赤字，又對外商直接投資進行了嚴格的限制，所以印度的外債日益加重，終於在1991年初爆發了空前的國際收支危機。1991年初，印度的外匯儲備下降到10億美元，[3] 只夠兩週的進口。這種極低的外匯儲備再加上極高的外債，使印度在國際上的舉債信用幾乎喪失殆盡。

面對這樣一場危機，1991年6月剛剛上任的拉奧總理立即採取了果斷措施，向世界銀行和國際貨幣基金組織緊急求援，

---

[1] 孫培均，張敏秋，於海蓮. 印度：從半管制走向市場化 [M]. 武漢：武漢大學出版社，1994：14.

[2] 孫培均，張敏秋，於海蓮. 印度：從半管制走向市場化 [M]. 武漢：武漢大學出版社，1994：16.

[3] VIJAY JOSHI, L・M・D・LITTLE. India's Economic Reforms: 1991—2001 [M]. Oxford: Clarendon Press, 1996: 14.

同時空運46.91噸黃金至倫敦，從英格蘭銀行取得抵押貸款4億美元，以解燃眉之急，並應國際貨幣基金組織的要求，開始進行大幅度的經濟改革。從此使印度從半管制的計劃經濟開始向市場經濟轉型。所以總的來說，從最初的起因而言，印度經濟轉型多少是迫於國際壓力，帶有被動轉型的特徵。同時，當時蘇聯、東歐國家的轉型都已經開始，國際上大體上形成了轉型的通用模式，即「華盛頓共識」，所以印度的經濟轉型更像一個學習的過程。

（2）中國始終強調公有經濟的主體地位，但印度卻在轉型開始就明確取消了公營經濟的制高點地位。

所有制結構的改革是所有國家經濟轉型最重要的內容之一，中印經濟轉型中也都非常重視所有制結構改革的問題。正如前文所述，中國基本上是重建了非公有制經濟，確立了多種所有制共同發展的目標。印度則在堅持原有的混合所有制經濟的基礎上極大地放鬆了對私營經濟的管制。可以說，在提高非公有制經濟的地位這一點上，兩者是共同的，但是在公有制的定位上，兩者的理念還是存在明顯的差別。中國儘管一再提高非公有制經濟的地位，但是公有制經濟的主體地位卻一直沒有改變。在改革之初提出的是，「生產資料公有制是中國經濟的基本制度，決不允許破壞」。[①] 在確立市場經濟的轉型目標之後，依然堅持「必須堅持以公有制為主體、多種經濟成分共同發展的方針」[②]，當前，儘管非公有制已經在國民經濟的發展中佔有非常重要的地位，但是仍把「堅持和完善公有制為主體、多種所有

---

① 《全面開創社會主義現代化建設的新局面》，胡耀邦同志在中國共產黨第十二次全國代表大會上的報告，1982年9月8日。

② 《中共中央關於建立社會主義市場經濟體制若干問題的決定》，中國共產黨第十四屆中央委員會第三次全體會議1993年11月14日通過。

制經濟共同發展的基本經濟制度」① 作為經濟建設的基本綱領。然而，印度在經濟轉型過程中，儘管沒有改變建立社會主義類型社會的提法，也把公有制看成是實現社會主義的手段，卻在改革伊始就明確地取消了曾經一直堅持的公有制的制高點地位。曼·辛格在1991—1992年度財政預算講話中就提出：「我們正在重新考慮所有的問題。我們不再認為公營部門應該控制國民經濟的制高點。」「我們不得不讓私營企業進入公營企業經營的經濟領域，以開始從這些部門回收過去的公營部門投資。」② 因此，可以這樣說，在中國經濟轉型之後，公有制依然具有維護基本社會性質的作用，而不僅僅只是一種經濟發展的形式，但在印度，公有制已經失去了維護社會性質的功能，而僅僅只是一種經濟發展的形式。

（3）中印兩國經濟轉型時都提出在經濟增長的同時要兼顧社會公正，但中國明確提出了讓少部分人、少部分地區先富起來的不平衡發展理念，而印度卻一直強調經濟改革中要具有人的面孔。

在改革之初，兩國都把經濟的增長放在至關重要的地位，但是在如何處理經濟的增長與維護社會公平的關係上，兩者的理念還是存在一定的差別。中國儘管把共同富裕當做社會主義最終追求的目標，但從經濟改革一開始就改變了以往把「共同富裕」等同於「平均富裕」或「同步富裕」的理念。明確提出「允許和鼓勵一部分地區、一部分企業和一部分人依靠勤奮勞動

---

① 《高舉中國特色社會主義偉大旗幟 為奪取全面建設小康社會新勝利而奮鬥》，胡錦濤同志在中國共產黨第十七次全國代表大會上的報告，2007年10月15日。

② YOGENDRA K MALIK, ASHOK KAPUR. India: Fifty Years of Democracy and Development [M]. New Delhi, 1998: 197. 張淑蘭. 印度拉奧政府經濟改革研究 [M]. 北京：新華出版社，2003: 60.

先富起來,」並認為,「鼓勵一部分人先富起來的政策,是符合社會主義發展規律的,是整個社會走向富裕的必由之路。」① 在正式確立社會主義市場經濟的轉型目標時,仍然強調要「建立以按勞分配為主體,效率優先、兼顧公平的收入分配制度,鼓勵一部分地區一部分人先富起來」。② 這樣的一種不平衡發展的理念一直堅持到新世紀,在 2002 年中共十六大報告上,在論述分配制度時,依然堅持「效率優先、兼顧公平」,「鼓勵一部分人通過誠實勞動、合法經營先富起來。」③ 直到近幾年由於社會貧富差距急遽擴大,已經成為嚴重的社會問題時,才開始改變理念。在中共十七大上,才出現了把公平置於更加重要地位的提法,如「初次分配和再分配都要處理好效率和公平的關係,再分配更加注重公平」,「逐步扭轉收入分配差距擴大趨勢」④ 等。但是,印度改革之後,歷屆政府都沒提出類似中國的這種不平衡發展的理念,相反一直強調加快經濟發展的同時一定要重視社會的公平,經濟改革必須具有「人的面孔」。拉奧政府在經濟改革一開始就提出,「印度的經濟改革必須是具有人的面孔的變革計劃,政府沒有權力因為某人的建議而使 1,000 萬人丟掉工作。創造財富是重要的,但更重要的是財富的平等分配,經濟發展長期不平衡會導致社會衝突的加劇,我們的計劃應該

---

① 《中共中央關於經濟體制改革的決定》,1984 年 10 月中國共產黨十二屆三中全會通過。
② 《中共中央關於建立社會主義市場經濟體制若干問題的決定》,中國共產黨第十四屆中央委員會第三次全體會議 1993 年 11 月 14 日通過。
③ 《全面建設小康社會,開創中國特色社會主義事業新局面》,江澤民同志在中國共產黨第十六次全國代表大會上的報告,2002 年 11 月 8 日。
④ 《高舉中國特色社會主義偉大旗幟 為奪取全面建設小康社會新勝利而奮鬥》,胡錦濤同志在中國共產黨第十七次全國代表大會上的報告,2007 年 10 月 15 日。

是共同繁榮。」① 而 1998 年 3 月上臺的瓦杰帕伊政府更是在施政綱領中將原來那種「以生產為導向的增長」改變為「以就業為導向的增長。」強調要「盡全力使國家的發展具有人的面孔, 以消滅貧困為最終目標」, 新政府要「考慮到每一個公民的工作權利, 新政府的主要突擊點是消滅失業。」② 2004 年上臺的曼·辛格政府在其發布的最低綱領中, 同樣提出在保證國民經濟快速增長的同時要「擴大就業隊伍, 使每個家庭有穩定生活來源。」③ 當然, 儘管歷屆印度政府都非常重視公平, 但事實上印度在經濟轉型中同樣出現了嚴重的貧富分化現象。

3.2 中印經濟轉型的方式比較

根據轉型經濟學的一般理論, 經濟轉型可分為激進式轉型和漸進式轉型兩種基本的類型。激進轉型就是以通常所說的「華盛頓共識」為基礎, 認為向市場經濟轉型的核心在於「管住貨幣, 放開價格」, 實行以宏觀經濟穩定化、國有企業私有化和價格自由化為核心的「休克療法」。而漸進轉型則沒有採用「華盛頓共識」, 而是在保持宏觀經濟政治局面穩定的基礎上, 逐步改革,「摸著石頭過河」, 在國有企業的改革上主要採取的是加強競爭而不是激進的私有化。綜觀中印經濟轉型的過程, 可以看出, 兩者總的來說都屬於漸進式轉型, 具有很多共性。

---

① 楊冬方. 印度經濟改革與發展的制度分析 [M]. 北京: 經濟科學出版社, 2006: 62.
② 一之編譯. 印度人民黨領導的施政綱領 [J]. 南亞研究季刊, 1998 (2).
③ 文富德. 印度曼·辛格政府堅持謹慎經濟改革 [J]. 南亞研究, 2007 (1).

（1）兩國在經濟轉型時都沒有採取激進的私有化措施。

根據轉型經濟理論中的激進——漸進分析範式，分析經濟轉型是激進還是漸進，關鍵在於是否遵循「華盛頓共識」，是否採取激進的自由化和私有化政策。其中是否採取激進的私有化政策是區分激進與漸進最重要的標準。之所以將獨聯體各國與東歐國家都歸入激進轉型一類，關鍵也就在於他們在經濟轉型開始後，迅速採取了激進的私有化政策。在轉型之前，這些國家的公有制比重基本上都達到 90% 左右，個別國家甚至是 100%，其中大部分屬於國有經濟。轉型開始後，這些國家迅速地將這些國有企業改制，實行激進的私有化戰略，經過 10 年左右的時間，這些國家的非國有化基本上都超過了 70%。[①] 但中印兩國都沒有採取這樣的轉型方式。中國在走向市場經濟的道路上是先培育原體制外的新市場主體，允許和鼓勵非公有制經濟的發展，造成非公有制經濟和公有制經濟並存與競爭的局面，在這種競爭局面形成後，才開始對公有制經濟特別是國有經濟進行改革。在對國有經濟的改革中，最主要的內容是加強競爭，而不是簡單的私有化。所以在國企改革過程中，真正完全私有化的企業只是少部分，而對大部分企業採取的則是在不改變國有的性質下轉化經營機制，將其改造為真正市場主體，讓其與非國有企業平等競爭。印度雖然是由於國際收支的困境被迫進行的改革，這種改革確實在一定程度上存在國際壓力，所以在轉型初期也大體上接受了「華盛頓共識」，但是，其接受的內容卻主要是自由化和宏觀經濟的穩定政策，而不是私有化。在所有制結構改革方面，印度主要是放鬆對私有經濟的管制，減少公營經濟控制的領域，為兩者創造一個平等競爭的平臺。至於對公營經濟私有化，其做得比中國還要少。

---

① 景維民．轉型經濟學［M］．天津：南開大學出版社，2003：107.

(2) 兩國在經濟轉型過程都沒有出現經濟的嚴重衰退。

以「華盛頓共識」為指導的激進轉型方案，強調迅速的自由化、私有化和宏觀經濟穩定三者的結合，但事實上這三個目標之間本身就存在一定的矛盾。因為要使國民經濟在短期內由不穩定走向穩定本身就需要政府較大程度的干預，這種干預要想迅速奏效，除了採取發達市場經濟國家一般所採取的財政政策、貨幣政策等宏觀調控措施外，還必須在較大程度上採取直接的行政手段。但在採取激進的私有化和自由化以及放開價格等政策時，國家的干預特別是直接的行政干預應該是受到嚴格限制的。所以，事實上，這種激進的轉型方式一開始就面臨著一個兩難問題，即迅速地推進自由化和私有化的轉型就可能導致經濟的不穩定，並由此引發嚴重的衰退，而為了維護宏觀經濟的穩定就必須放棄這種激進的轉型方式。當然，獨聯體和東歐各國基本上都選擇了前者，而其結果也就基本上都出現了宏觀經濟的不穩定和嚴重的經濟衰退。從表3-1可以看出，由於這些國家採取了激進的私有化和自由化的措施，雖然同時又採取了諸如緊縮性的財政、貨幣政策以及本幣貶值等穩定宏觀經濟的措施，但是這些國家的通貨膨脹率事實上長期居高不下，同時又基本上都在開始時出現了嚴重的經濟衰退。

表3-1 幾個轉型國家的經濟增長率和通貨膨脹率

	年份	1990	1991	1992	1993	1994	1995	1996
匈牙利	GDP增長率（％）	-3.5	-11.9	-3.1	-0.6	2.9	1.5	1.3
	通貨膨脹率（％）	29.0	34.2	23.0	22.5	18.8	28.3	23.5

表3-1(續)

年份		1990	1991	1992	1993	1994	1995	1996
波蘭	GDP增長率(%)	-11.6	-7.0	2.6	3.8	6.0	6.8	6.0
	通貨膨脹率(%)	585.8	70.3	43.0	35.3	32.2	27.9	19.9
俄羅斯	GDP增長率(%)	-13.0	-19.0	-12.0	-15.0	-4.2	-1.0	1.8
	通貨膨脹率(%)	——	92.7	1353	896.0	302.0	198.0	47.8
烏克蘭	GDP增長率(%)	——	-11.9	-17.0	-16.8	-23.7	-12.2	-10.0
	通貨膨脹率(%)	——	91.2	1,209.7	4,734.9	891	376.4	80.2
中國	GDP增長率(%)	2.8	9.1	14.2	14.0	13.1	10.9	10.0
	通貨膨脹率(%)	2.1	2.9	5.4	13.0	21.7	14.8	6.1
印度	GDP增長率(%)	5.4	0.8	5.3	6.2	7.8	7.6	7.8
	通貨膨脹率(%)	10.3	13.7	10.1	8.4	12.5	8.1	4.6

資料來源：匈牙利、波蘭、俄羅斯、烏克蘭數據來自IMF, world economic outlook, Growth and Institution, April 2003. http：www.imf.org. 印度數據來自IMF, World Economic Outlook, various issues and RBI Handbook of Statistics for Indian Economic, 2000. 中國數據來自中華人民共和國各年經濟與社會發展統計公報。轉引自景維民主編《轉型經濟學》，南開大學出版社2003年版第232頁。

而採取漸進轉型的中國和印度，則都避免了這一問題。中國儘管也在經濟改革一開始就強調要重視價值規律，強調價格機制的作用，但在放開價格的道路上卻採取了「雙軌制」等過渡性的措施，即計劃內的物資由國家定價，直接調撥，計劃外的物資通

過市場買賣。這種計劃調節和市場調節相結合的做法在改革初期既保護了國有企業的發展，使其能在市場化的改革中平穩過渡，又為非國有經濟的發展創造了基本的經營環境。因而中國在轉型過程中基本上沒有出現經濟衰退現象，財政赤字和通貨膨脹的程度也基本上都控制在可接受的範圍內。印度儘管在轉型之初由於國際的壓力基本上接受了「華盛頓共識」，也採取了類似獨聯體和東歐國家所實施的緊縮的財政和貨幣政策，也進行了盧比的貶值以控制財政赤字和通貨膨脹。但是，其私有化和自由化的進程在度過了改革之初的危機後迅速地慢了下來，同時宣布了各種新的福利計劃，強調改革中「人的面孔」，所以其轉型過程中同樣避免了經濟的嚴重衰退和惡性的通貨膨脹。

（3）兩國經濟轉型過程中都沒有政治體制的急遽變革，都維持了政治局面的穩定。

採取激進轉型的獨聯體和東歐國家在經濟轉型之初都有過一場急遽的政治變革，這一政治變革徹底地摧毀了在這些國家實施了幾十年的政治體制，而與新的市場經濟相適應的政治體制又很難在短期內迅速建立起來，所以這些國家的經濟轉型後較長一段時期都出現了政治的不穩定甚至是混亂的局面。

但是，中印經濟轉型過程中，都不伴隨政治體制的急遽變革。中國儘管在經濟體制變革過程中也強調政治體制的改革，甚至提出「沒有政治體制改革的成功，經濟體制的改革最終也不可能獲得成功」，但是這種政治體制改革決不同於蘇聯和東歐各國的政治變革，中國的政治體制改革不是根本制度的改革，基本的政治制度如人民民主專政、人民代表大會制度、中國共產黨的領導等都沒有發生變化，真正改革的只是政府的職能，由過去的無所不管的全能型政府向有限的服務型政府轉變。而且這些改革也是漸進實施的，在經濟轉型過程中政府的主導地位一直沒有放棄。正因為如此，30來年的改革歷程中，基本上

維護了政治局面的穩定。而在印度在經濟轉型過程之中，雖然有過幾次政府的換屆，但其基本的政治制度如聯邦制、議會制等都沒有改變，整體政治局面也是穩定的，政府也基本上主導了經濟轉型的過程。

當然，雖然兩者皆為漸進式轉型，存在諸多相同或相似之處，但是，由於轉型理念、社會制度、前提條件都存在一定的差異，兩者的經濟轉型方式也還是存在明顯的差別。

（1）中國經濟轉型過程中經歷了一個較長時期體制外先行的增量改革過程，而印度轉型則基本上一開始就實行的就是整體推進方式。

經濟轉型的內容是全面的，但最核心的內容都是所有制結構的改革，其中公有制尤其是國有企業的改革更是重中之重。但是由於體制轉型前中印兩國經濟體制的差異，國有企業（印度稱為「公營企業」）在兩國的地位是不同的。在中國，由於以前實行的是高度集中計劃經濟體制，公有制幾乎就是經濟的全部，國有企業占整個國民經濟的絕大部分。所以可以說，轉型前的中國，國有經濟基本上就是體制內的經濟成分的代表。而在印度，轉型前儘管也強調公營企業的制高點地位，但是私營經濟一直占了大部分。所以對於轉型前印度來說，公營經濟只是體制內經濟的一部分。但在經濟轉型時，兩者的路徑存在明顯的差異。中國雖然開始也試圖直接從國有企業的改革開始，並且也進行過諸如行政性分權和放權讓利的改革，但在20世紀80年代初這種改革效果不佳且在一定程度上造成了經濟的混亂之後，則迅速地轉變方向，國有企業重新回到了計劃經濟的軌道，而把轉型的重點放在了體制之外——非國有經濟。先在體制外創造大量市場性質的經濟主體，進行增量改革，等增量改革達到一定程度，市場運行機制在原有體制之外基本上建立之時，再回過頭來進行原有體制內的國企改革。這種增量改革先

從農村開始，通過包產到戶的方式將農戶改造為市場主體。然後允許和鼓勵個體經濟、私營經濟以及以鄉鎮企業為代表的集體經濟的發展，使市場主體在體制之外大量出現，同時對外開放，使外資企業也大量湧現。到了20世紀90年代，當整個中國經濟開始市場化轉型的時候，體制外的市場經濟事實上已經運行了十多年，按著市場機制運行的非國有經濟也已經占據了半壁江山。而對於印度來說，雖然轉型前受到了一定的管制，但是具備市場主體性質的私營經濟一直存在，因此也就不需要為了創造市場主體而進行增量改革，所以印度的經濟轉型時，基本上一開始就是整體推進，在放鬆對私營經濟的各種管制時，公營企業的改革也就開始。另外，財政體制、金融體制、外貿體制等市場化改革也幾乎是同步進行。

（2）為了維護經濟的穩定，中國經濟轉型過程中實施了眾多差別對待的過渡政策，而印度類似的政策則比中國少得多。

與增量改革相對應，為了維護經濟轉型中宏觀經濟的穩定，中國在轉型時實施了大量的差別對待的過渡性政策。這些政策主要有：①價格雙軌制，這一點前文已經論述，在此不再贅述。②雙重匯率制。這種雙重匯率制首先是1979年開始頒布的官方牌價匯率與內部結算匯率的並存，即在公布了官方牌價之後，在進出口貿易項目另行制定內部的外匯結算匯率。這樣，公布的官方牌價只適用於非貿易外匯的兌換和結算，而內部結算的匯率則按1978年平均出口換匯成本加10%的利潤來計算，從而一定程度上抵消了改革初期由於人民幣高估給進出口平衡帶來的影響。這種制度1981年起正式執行，但在1985年被取消。後來又出現了外匯調劑市場匯率和官方公布匯率並存的雙重匯率制。外匯調劑市場產生的原因是外匯留成制度，基本做法是地方創匯之後，不是全額上繳，而是與中央分成。當然，地方保留的不是外匯，而是外匯額度，地方可以購回屬於自己的外匯額度。這種外匯額度也可

以橫向調劑，互通有無，於是就出現了交易外匯額度的正式市場，這就是外匯調劑市場，一個企業或其他單位或個人需要外匯而自己的外匯額度又不夠時，可以通過外匯調劑市場購買外匯，但外匯調劑市場的匯率往往不同於官方牌價。於是又出現了另外一種雙重匯率制度。這種雙重匯率制直到1994年才正式取消。③試驗區制度。中國很多市場取向的改革開始時都不是在全國全面鋪開，而是選擇某些地區進行試點，試點成功後再向全國推廣。這樣試驗區在中國種類繁多，如經濟特區，改革試驗區，沿海開放城市等。應該說，中國的這些過渡性的政策對於防止經濟轉型中經濟的不穩定有著非常重要的作用，當然有的政策也帶來了一定的消極後果。但是印度的經濟轉型時，雖然也採取過一些類似的過渡性政策，如雙重匯率制，拉奧政府在1992年2月宣布對盧比實行雙重匯率制，即出口商可將出口收入的60%按自由市場的匯率兌換成盧比，其餘必須按官方匯率賣給國家。但這一制度到1994年2月就取消了。從1994年2月開始，印度就實行了經常項目下盧比的可自由兌換。另外，印度也仿效中國，設立了一些經濟特區。但印度從沒有實行價格雙軌制，其試驗區與其他地區的政策差距也遠不及中國。所以，總的來說，印度實行的這種差別對待的這種過渡性政策遠遠少於中國。

（3）中國經濟轉型的力度明顯大於印度。

雖然中印兩國都是漸進式轉型，轉型中都不伴隨社會制度的根本性變革，但是兩者轉型的力度還是明顯不同的。對於中國來說，「改革是中國的第二次革命」，這次轉型在經濟體制領域，基本是一場根本性的質變，計劃調節徹底讓位於市場調節，單一的公有制轉變為多種所有制並存，並開始對外開放。而對於印度而言，儘管這場由拉奧政府開啓的市場化、自由化、私有化、全球化經濟轉型也帶有一定的質變性質。但實際上，印度改革之前本身就存在市場調節的領域，本身就存在作為市場主體的私營經濟，

本身也存在各種各樣的對外經濟交往形式，所以其改革主要是放鬆各種各樣的管制，加大市場調節的範圍，進行更全面的對外開放，所以它的這種轉型本質上還是一次量變，只是這次改革的力度超過了以往各屆政府的任何一次改革而已。

3.3　中印經濟轉型中的所有制改革比較

經濟轉型的最終目的是為經濟運行創造一個新的制度環境，也就是說，經濟轉型的過程實際上也就是一個制度重構的過程，這種制度的重構包括財稅體制、金融體制以及政治制度的改革等內容，但其中最重要的內容還是所有制改革。

經濟轉型中的所有制改革一般包含兩個既有聯繫又有一定區別的內容，其一是所有制結構的調整，其二是國有企業的改革。對於實行激進轉型的獨聯體和東歐各國來說，國有企業的改革基本上就是一個私有化，或稱為非國有化的過程，也就是一個所有制結構調整的過程，因此，這兩個內容基本上是合一的。但是，對於實行漸進轉型的中國和印度來說，這兩個內容雖然有一定的重合之處，但還是存在明顯的區別。

3.3.1　中國的所有制改革

從所有制改革的兩個方面的內容來看，中國的所有制改革大體上可以分為三個階段：

第一階段，1978年中共十一屆三中全會以後至1993年11月中共十四屆三中全會召開前，這是一個以所有制結構調整為主，同時在計劃體制內進行國有企業改革的階段。

正如前文所說，這一段時期中國的經濟改革總的來說是一個增量改革階段，即改革的重點不是在改革體制內的國有經濟，

而是在體制之外非國有經濟，通過允許、鼓勵和支持包括個體企業、私營企業和外資企業等非公有制經濟以及以鄉鎮企業為主的新型集體企業的發展，創造新的經濟增長點。這種增量改革的結果，使中國的所有制結構迅速地多元化。改革之前，中國的所有制結構中，幾乎是公有制「一統天下」，其中集體經濟也主要是在農業和商業領域，工業領域國有企業占絕大部分。而經過十幾年增量改革之後，中國的所有制結構發生了巨大的變化，農業中雖然仍是集體經濟為主，但這種包產到戶後的農戶事實上更接近於個體經濟形式，中國有的經濟學家也將其稱為業主制企業。① 而工業和商業領域，由於個體企業、私營企業、外資企業以及以鄉鎮企業②為主的集體企業的大量湧現，所以其所有制結構也發生了巨大的變化，非國有企業逐漸成為工業和商業的重要組成部分甚至是主體（如表3-2所示）。

表3-2　　各種經濟成分在中國工商業中的比重　　單位：%

年份	1978 工業	1978 商業	1980 工業	1980 商業	1985 工業	1985 商業	1990 工業	1990 商業	1993 工業	1993 商業
國有企業	77.6	54.6	76.0	51.4	64.9	40.4	54.6	39.6	47.0	37.5
集體企業	22.4	43.3	23.5	44.6	32.1	37.2	35.6	31.7	34.0	22.3
其他*	0	2.1	0.5	4.0	3.0	22.4	9.8	28.7	19.0	40.2

＊其他包括私營企業和外資企業。

資料來源：《中國統計年鑑》（各年）；1993年數據根據統計年鑑數據計算所得。

當然，在增量改革的同時，甚至在此之前，國有企業也進

---

① 吳敬璉．當代中國經濟改革［M］．上海：上海遠東出版社，2004：169.

② 鄉鎮企業從經營模式來說更接近於非公有制企業，所以很多經濟學家也把它作為民營經濟的組成部分。吳敬璉．當代中國經濟改革［M］．上海：上海遠東出版社，2004：169.

行了一定的改革。國有企業最早的改革應該是 1958 年開始的行政性分權改革。其具體做法是由中央政府將一部分工業、商業和財政管理的權力下放給地方行政機關，以調動地方政府和企業的積極性。這種下放應該說在一定程度上確實調動了地方政府和企業的積極性，另外也使各地方政府之間也產生了一定的競爭，從而使中國的計劃經濟體制在改革之前就有了一定的縫隙，這些縫隙中也就產生了一定的市場因素。但是，這種改革並沒有從根本上解決什麼問題，企業依然沒有多大的自主權，其調動的主要是地方政府的積極性而非企業的積極性。而這種做法與計劃經濟本身卻存在根本性的矛盾，因為計劃經濟體制要想有效，本身就需要權力的高度集中來保證資源的統一分配，而把權力下放給地方政府之後，中央與地方政府的目標往往存在很大的差異，在沒有市場機制調整經濟結構的情況下，多個地方政府之間事實上處於一種無序競爭狀態，從而必然導致整個經濟的混亂。因此這種改革往往持續不了多久，經濟的混亂就會發生，當然，經濟混亂發生後，權力又只好再次回收。而當權力重新統一於中央時，高度集中計劃經濟管得過死的弊端又會顯現，當然解決這種弊端的方法又是行政性分權。所以，改革開放以前中國經濟基本上處於一種「放——亂——收——死」的循環之中。

由於這種行政性分權的改革並沒有真正地增強企業的活力，而且還不時導致經濟的混亂。在 20 世紀 70 年代末中國正式開始經濟轉型之時，國有企業的改革思路也發生了改變。由原來向地方政府的放權改為直接向企業的放權讓利成為了整個增量改革期間國有企業改革的基本思路。這種向企業的放權讓利主要包括三個基本的內容，即擴大企業自主權、實行企業利潤留成和企業承包制。所謂擴大企業自主權就是放鬆政府行政機構對企業的計劃管理，允許企業管理層自主做出一些過去由政府作

出的經營決策，也就是向企業管理層轉移一部分過去由政府掌握的控制權。所謂利潤留成就是允許國有企業在增產節約的基礎上，保留其利潤的一定部分自主支配，而不必像以前那樣全部上繳國家財政。這種擴大企業自主權和利潤留成的改革從1978年就開始在四川的6家企業試點，1979年7月國務院頒發了《關於擴大國有企業經營管理自主權的若干決定》、《關於國有企業實行利潤留成的規定》和5個相關文件後，這一改革就在全國實行。但這一改革並沒有取得預期的成功，雖然大部分企業改革後表現出了很大的增產增收的積極性，但效率卻並沒有明顯的提高，而且，和原來的行政性分權改革一樣，這一改革也導致了經濟秩序的混亂，並出現了通貨膨脹、財政赤字劇增等問題。於是，20世紀80年代中期之後，國有企業又採取了一種新的改革——企業承包制。企業承包制的形式很多，有上繳利潤定額包干、利潤比例分成、上繳利潤遞增包干、虧損企業減虧包干等，其基本原則是包死基數、保證上交、超收自留、欠收自補。企業承包制雖然在一段時間內曾經取得了很好的效果，但這種改革並沒有真正將國有企業改造成市場主體，其實質還是放權讓利改革的一種特殊形式，只是放權讓利的內容更加明確具體而已。因此，經過一段時間後，放權讓利改革的固有缺陷同樣在承包制中體現出來，同樣導致了經濟的混亂以及通貨膨脹的加劇等；同時，由於企業以及企業的所有職工本身都沒有股權投資，他們也就不可能真正承擔虧損的風險，真正負虧的還是國家，因此，計劃體制內的國有企業的改革沒有也不可能真正獲得成功。這段時間內中國所有制改革真正成功的還是所有制結構的調整，即增量改革。

第二階段，1993年11月中共十四屆三中全會《關於建立社會主義市場經濟體制若干問題的決定》通過後到1997年中共十五大。明確非國有經濟的地位同時進行大型國有企業公司化改

革試點和中小型國有企業改制的階段。

　　經過增量改革階段之後，中國的所有制結構調整已經基本到位，到1992年中國正式宣布向市場經濟體制轉型時，應該說，與市場經濟相適應的所有制結構在中國已經基本形成。因此，對於非國有經濟主體，特別是非公有經濟主體來說，這時的關鍵是進一步明確它們的地位和賦予它們與國有企業平等的競爭權利問題。這一問題應該說經過中共十四屆三中全會和中共十五大之後，也已經基本解決。在中共十四屆三中全會通過的《關於建立社會主義市場經濟體制若干問題的決定》中，首次提出了「就全國來說，公有制在國民經濟中應占主體地位，有的地方、有的產業可以有所差別」，「國家要為各種所有制經濟平等參與市場競爭創造條件」。① 而在中共十五大上，則由於正式提出了「非公有制經濟是中國社會主義市場經濟的重要組成部分。」② 可以說，從此之後，非公有制經濟也已經正式成為了體制內的一部分，其與國有企業的平等競爭的地位在理論上已經基本解決。

　　而國有企業的改革，也徹底地改變了原來那種以放權讓利為主線的思路，將其改造成真正的市場競爭的經濟主體成為了新時期改革的基本方向。至於改革的具體方法，則是用公司制的方式在國有企業中建立現代企業制度。在中共十四屆三中全會通過的《關於建立社會主義市場經濟體制若干問題的決定》中，詳細地闡述了現代企業制度的基本特徵：「一是產權關係明晰，企業中的國有資產所有權屬於國家，企業擁有包括國家在

---

　　① 《中共中央關於建立社會主義市場經濟體制若干問題的決定》，中國共產黨第十四屆中央委員會第三次全體會議1993年11月14日通過。
　　② 《高舉鄧小平理論偉大旗幟，把建設有中國特色社會主義事業全面推向二十一世紀》，江澤民在中國共產黨第十五次全國代表大會上的報告，1997年9月12日。

內的出資者投資形成的全部法人財產權,成為享有民事權利、承擔民事責任的法人實體。二是企業以其全部法人財產,依法自主經營,自負盈虧,照章納稅,對出資者承擔資產保值增值的責任。三是出資者按投入企業的資本額享有所有者的權益,即資產受益、重大決策和選擇管理者等權利。企業破產時,出資者只以投入企業的資本額對企業債務負有限責任。四是企業按照市場需求組織生產經營,以提高勞動生產率和經濟效益為目的,政府不直接干預企業的生產經營活動。企業在市場競爭中優勝劣汰,長期虧損、資不抵債的應依法破產。五是建立科學的企業領導體制和組織管理制度,調節所有者、經營者和職工之間的關係,形成激勵和約束相結合的經營機制。」① 後來一般將其概括成「產權清晰、權責明確、政企分開、管理科學」四個方面。但是這一決定通過之後,對於中國國有企業的改革總的來說採取了「抓大放小」的方針,即對於大型國有企業的改革由政府控制,逐步進行,而對中小型的國有企業,則採取大膽的放開搞活的政策。所以,這一決定通過之後,中國大型國有企業的公司化改革也沒有立即全面展開,而是和以往其他的改革一樣,採取了試點的方式。1994 年 11 月開始,國務院選擇了 100 家大型國有企業進行公司制的試點,不過由於中國這時對於公司制的運作方式還很陌生,同時在改革試點之時也沒有強調股權的多元化,所以這次改革的結果只是使試點企業形式上成為了類似於現代公司的「國有獨資公司」,在後來驗收的時候,幾乎沒有一個試點企業真正達到公司制的標準。而對於中小型國有企業的放開搞活則在 1995 年左右開始大規模的展開。這種放開搞活的基本方式就是改制,即通過產權轉讓、出

---

① 《中共中央關於建立社會主義市場經濟體制若干問題的決定》,中國共產黨第十四屆中央委員會第三次全體會議 1993 年 11 月 14 日通過。

售、股權改組、兼併、租賃等多種方式將中小型國有獨資企業變成民營企業或者混合所有制企業。

　　第三階段，1997年中共十五大以後至今，全面進行大型國有企業改革的階段。

　　在中共十五大以後，在理論上對於所有制結構的轉型應該說已經到位，從所有制結構的調整來說，關鍵只在於其准入的領域問題。這種民營經濟經營領域的擴大與國有企業控制領域的縮小實際上是一個過程的兩面，所以，可以說，從這時開始，中國所有制改革的兩個方面的內容事實上已經開始重合，而改革的重點也正式進入了國有企業特別是大型國有企業本身的改革。

　　應該說，中共十五大為國有企業的改革提供了原則性的指導方針，其中非常重要的是兩條。一種是從戰略上調整國有經濟佈局。「對關係國民經濟命脈的重要行業和關鍵領域，國有經濟必須占支配地位。在其他領域，可以通過資產重組和結構調整，以加強重點，提高國有資產的整體質量。」其二是公有制的實現形式「可以而且應當多樣化。」① 但是這些原則的具體化，以及詳細政策的制定實行，則還是在1999年之後。在1999年召開的中共十五屆四中全會上，通過了《中共中央關於國有企業改革和發展若干重大問題的決定》，在這一決定中，首先進一步明確了國有企業必須控制的具體行業和領域。這主要包括：「涉及國家安全的行業，自然壟斷的行業，提供重要公共產品和服務的行業，以及支柱產業和高新技術產業中的重要骨幹企業。」②

---

　　① 《高舉鄧小平理論偉大旗幟，把建設有中國特色社會主義事業全面推向二十一世紀》，江澤民在中國共產黨第十五次全國代表大會上的報告，1,9,9,7年9月1,2日。

　　② 《中共中央關於國有企業改革和發展若干重大問題的決定》，1999年9月22日中國共產黨第十五屆中央委員會第四次全體會議通過。

其次，明確了非必須由國家壟斷的國有企業改革的基本方向是將其改革成「多元投資主體的公司」，也就是混合所有制的股份制公司。並認為建立能夠在所有者和經營者之間起到有效制衡關係的法人治理結構是公司制的核心。[①] 最後，進一步明確提出了抓大放小、下崗分流、減員增效等很多具體的幫助國有企業擺脫困境的政策。由此大型國有企業的改革也就全面展開，並成了整個中國經濟轉型中的重中之重。

中國大型國有企業的改革從具體的政策層面來說，主要有三個方面：其一是政企職責真正分離。這一改革分兩步進行，第一步是將中央政府所屬的「總公司」、「集團公司」等兼具政企兩方面職能的企業的行政職能移交給國家經貿委的國家局。這一步改革從1998年開始，當時共設立了10個國家局。包括國家國內貿易局、國家煤炭工業局、國家機械工業局、國家冶金工業局、國家石油和化學工業局、國家輕工業局、國家紡織工業局、國家建築材料工業局、國家有色金屬工業局和國家菸草專賣局。經過這一步改革之後，這些「總公司」、「集團公司」就不再具備行政職能。第二步是2001年，將除國家菸草專賣局外的其他九個國家局撤銷，這些行政職能由國家經貿委設置的職能司（廳、局）履行。其二是打破壟斷，形成競爭格局。即改變原來一個行業只成立一家企業的做法，通過分拆改組的方法成立多家企業，形成競爭局面。如電信行業原來只有中國電信一家企業，後來先後成立了中國聯通、中國移動、中國網通等多家企業，基本上形成了競爭的局面。其三是國有企業重組上市，增強企業的競爭力。由於很多的國有企業歷史包袱很重，機構非常臃腫，經過以上兩種改革之後依然可能難以成為真正具有競爭力的企業，為了解決這一問題，又進行了國有企業的

[①] 《中共中央關於國有企業改革和發展若干重大問題的決定》，1999年9月22日中國共產黨第十五屆中央委員會第四次全體會議通過。

重組上市改革。重組上市的方法主要有兩種，一種是先將企業中的非核心資產、不良債權和多餘人員分離出來，採用分拆、退休、介紹再就業等多種方式處理，然後對核心資產進行重組、首發和上市；另一種是將核心資產從原企業中分離出來，進行重組、首發和上市，而將非核心資產、不良債權和多餘人員等歷史負擔保留在原有企業之中。這兩種方法的共同結果是擁有原有核心資產的企業帳面上財務業績良好，具備上市條件，並在市場上有競爭力。

經過多種形式的改革之後，中國的國有企業也終於逐漸擺脫了原有的困境，經濟效益明顯好轉，特別是從2003年以來中國的新一輪經濟增長中，中國的國有企業大都表現出了良好的業績。

3.3.2 印度的所有制改革

印度的所有制改革同樣可以分為所有制結構的調整和國有企業的改革兩個基本的內容，這兩個方面的內容主要體現為三個方面，即放鬆對私營經濟的管制、所有制結構的戰略性調整和公營企業（印度的公營企業包括中央企業和邦屬企業，其性質基本上等同於中國的國有企業）的改革。實際上，在20世紀80年代的英迪拉・甘地和拉吉夫・甘地政府時期，印度所有制改革就已經邁出了一定的步伐，而在20世紀90年代拉奧政府啓動全面經濟改革之後，這三個方面的改革就一直是整個經濟轉型中的重點。

20世紀80年代印度的所有制改革，主要是放鬆對私營經濟的管制。這種放鬆主要體現為三個方面，首先是增加私營企業可參與的經濟領域。從20世紀80年代初英迪拉・甘地政府開始就突破了私營新建企業基本上只能從事輕工業和消費品工業的法規，把一些原來只能由公營部門經營的領域向私營部門開放，

保留給公營部門的領域大大減少。其次是放鬆對私營企業生產能力的限制。20世紀70年代印度曾規定15種工業的自動增長方案，即15種工業的私營經濟部門可在許可證核定的生產能力上每年自動增長5%或5年內增長25%，無須政府另行核准。80年代初將適用自動增長方案的工業領域擴大到34種。1982年又將原許可證核定的生產能力的基數擴大，即一個企業可以從前5個年度挑出生產水準最高的一年的產量再加上它的1/3作為法定生產能力，然後在這個基礎上可以年增加5%或5年增長25%。1985年後拉吉夫·甘地政府又增加了新內容，規定如果達到了再批准的生產能力後仍處於「非經濟規模」，那麼政府將「邀請」企業提出擴大生產的要求，以使企業至少達到「經濟規模」。① 最後是簡化和放寬工業生產許可證。1985年開始，拉吉夫·甘地政府就推出了一些簡化和放寬許可證的改革。如把類似的工業品歸為同一個大類，一個企業如已擁有其中某種工業品的生產許可證，那麼就不必再申請新許可證就可以生產這一大類內的其他任何工業品。在放鬆對私營部門經濟管制的同時，拉吉夫·甘地政府也進行了一定的公營企業的改革。主要為擴大企業自主權以及實施「諒解備忘錄」制度。所謂「諒解備忘錄」制度是指一部分公營企業與中央政府簽訂類似生產承包合同的協議，類似於中國的同時期實行過的企業承包制改革。英迪拉·甘地和拉吉夫·甘地政府的改革雖在一定程度上放鬆了對私營經濟部門的限制，經濟也由此取得了較快的發展速度，但總的來說並沒有改變印度半管制的計劃經濟性質。

　　拉奧政府開啟真正的經濟轉型後，所有制改革自然也就全面展開。這一時期，印度的所有制改革內容主要包括：

---

① 孫培均，張敏秋，於海蓮. 印度：從「半管制」走向市場化 [M]. 武漢：武漢大學出版社，1994：38.

第一，大規模調整所有制結構，大大減少對私營經濟經營領域的限制。

拉奧政府在理論上取消了公有制經濟的制高點地位之後，又對公私營企業的經營經營領域進行了大規模的調整。1991年7月宣布的新工業政策中規定專門保留給公營部門經營的工業減少到8種，1993年3月有進一步減少到6種。這6種工業包括國防軍用品、原子能、煤、礦物油、鐵路運輸以及列在1953年通過的原子能法令中的指定礦物，其他領域全部向私營部門開放。由於一般私營企業對這6種工業既無興趣又無足夠的資本去經營，因此，可以說，這次改革之後，私營部門實際上已經沒有工業禁區了。

第二，大規模減少對私營企業的各種管制和生產能力的限制政策。

拉奧政府在拉吉夫甘地政府簡化和放寬許可證的基礎上，進一步放鬆對私營企業的管制。在1991年7月的新工業政策中，規定除了18種（1993年4月減少為15種）涉及國家安全和戰略、社會穩定和發展、危險的化學品、環境保護和上層消費的產品等項目外，對其他工業項目的生產取消生產許可證制度。[1]同時取消了工業生產能力許可證，規定現有工業可以根據市場的需求來擴大生產規模。另外還修訂了《壟斷和限制性貿易行為法》。印度的《壟斷和限制性貿易行為法》是1970年通過的，其主要目的是為了遏制私人資本的過分集中和膨脹。該法規定，凡企業自身資產連同與其有資本聯繫的企業共同擁有的資產在2億盧比以上者以及資產不少於1,000萬盧比，而且靠自己或同相互連接的企業一起在全印範圍內至少提供1/3的任何產品或

---

[1] 魯達爾·達特，桑達拉姆. 印度經濟 [M]. 中譯本（上），成都：四川大學出版社，1994：311.

服務的企業，都須向中央政府登記接受該法的管束，這些企業進行下列活動時，都需獲得政府的批准：①大幅度擴大生產能力；②擴大現有活動的範圍；③建立相互連接的企業；④同任何企業合併；⑤全部或部分接管其他任何企業。① 1985 年，拉吉夫甘地政府曾經把法定資產標準從 2 億盧比提高到 10 億盧比。拉奧政府上臺後，則直接取消了 10 億資產值的規定，也就是說，對於私人財團擁有多少資產值政府都不再過問。反壟斷的重點改為監督和控制商業上的壟斷行為、限制性行為和其他不正當行為，不再在生產上對大公司企業進行干預。

第三，對公營企業進行大規模的改革。

拉奧政府對公營企業的改革主要包括如下幾個方面：

（1）擴大企業自主權，並引入和深化競爭機制。這方面的改革總的來說上是原來拉吉夫甘地政府改革的延續和深化。拉奧政府繼續在公營企業中推行「諒解備忘錄」制度。據 1993—1994 年度的經濟調查，簽訂「諒解備忘錄」的中央直屬企業 1991—1992 年度為 71 家，1992—1993 年度為 98 家。② 為了進一步擴大企業自主權，從 1992 年開始，政府全面解除了對公營企業的控制，鼓勵企業自主經營，允許企業自由決定投資、生產經營、價格、雇用人員等。政府不能再以任何政治理由干預企業的日常工作，政府的意見由政府在企業董事會中的代表提出，只作為董事會的一種意見，而不是最後的決定或命令。公營企業要外聘 1/3 的行家擔任董事會的成員，要求最大限度地減少政府在董事會中的代表，以求董事會能夠對企業實行專業領導。在擴大企業自主權的同時，引入競爭機制，逐步減少對公營企

---

① 魯達爾·達特，桑達拉姆著：《印度經濟》，中譯本（上），四川大學出版社，1994 年版，第 734 頁。

② 劉嫻. 論印度公營企業的改革 [J]. 南亞研究季刊，1995（2）.

業的財政撥款和補貼，把企業推向市場，讓企業在市場競爭中求生存，求發展，企業資金主要靠向社會發行債券解決。為了減少公營企業的發展障礙，增強公營企業的競爭能力，政府將很多原來專門針對私營企業的政策適用於公營企業。如1992年1月，政府規定今後公營企業的負債產權比由以往的1：1提高到與私營企業一樣的4：1，公營企業的債券同樣也可以進入證券交易所。1992年2月又規定取消對公營企業免稅債券最高利率的限制。在此之前，公營企業發行的免稅債券最高利率不得超過13%，而對私營企業則無此限制，結果一些私營企業往往以高於13%的利率與公營企業爭奪資源，使公營企業在資金市場上處於劣勢地位。① 新的規定取消了這一限制，允許各企業與投資公司自行商議決定債券利率。

（2）整頓病態企業。根據《1985年病態工業公司（特別規定）法》，印度的病態企業指的是在任何一個財政年度結束時虧損等於或超過該企業的全部資本淨值並且在這一財政年度和這之前一個財政年度已出現虧損的工業企業。② 按著這一規定，20世紀80年代末印度的各種病態企業合計超過18萬家。未償還的銀行貸款達到868.4億盧比。③ 印度的病態企業原來大部分都是私營企業，而以往解決病態企業的方法一般都是國有化，即將病態私營企業收歸公營，這樣雖然保證了病態企業中的工人不會因企業倒閉而失業，但是卻極大地增加了公營企業的虧損。所以如何處理病態企業一直是印度政府一個非常頭痛的問題。

---

① （印）《中央政府工商企業運行情況年度報告》，（1991—1992）轉引自劉嫻《論印度公營企業的改革》，《南亞研究季刊》，1995年第2期。
② 魯達爾·達特，桑達拉姆.印度經濟（下）[M].成都：四川大學出版社，1994：361.
③ 魯達爾·達特，桑達拉姆.印度經濟（下）[M].成都：四川大學出版社，1994：363.

從拉吉夫・甘地政府開始，印度就決定不再接收病態私營企業，而拉奧政府上臺之後，不僅不再接收新的病態私營企業，而且對於公營病態企業也採取措施進行整頓。整頓的措施主要有：①將企業交給工人合作社管理。即如病態企業內的工人合作社願意接管企業，政府可以考慮勾銷企業過去的虧損和債務，以優惠價格將企業資產賣給工人合作社。②交「工業和金融復興局」處理。即如工人合作社不願意接管，則交給工業金融復興局，由工業復興局決定制訂復興計劃或宣布停辦。③成立國家復興基金，解決病態企業職工的生活問題。當然，由於如何處理病態企業的職工是一個非常複雜的問題，病態公營企業的整頓並不順利，雖然有很多的企業到工業金融復興局註冊，但直到1994年6月都沒有一家公營病態企業被拍賣，至於工業金融復興局提出的很多復興計劃，也多是紙上談兵，真正付諸實踐的非常少。

（3）對公營企業實行部分私有化。印度公營企業的私有化主要是將公營企業的部分股票出售給工人、私營企業和外資企業，由此將公營企業改組為投資主體多元化的股份制公司，並由此改革企業的生產管理方式。拉奧政府時期，印度公營企業股票的出售分兩輪進行。第一輪是在1991年12月，允許每個公營企業可出售最多占其國有企業註冊資本的20%的股票。這次選擇了31家企業，最終出售的總額占這些企業註冊資本的10%。第二輪是在1992年2月，這次拉奧政府設立了公營企業撤資委員會，確定保留領域的公營企業的股份轉讓目標是49%，其他公營企業股份轉讓的目標是74%。除了採取出售股票的方式之外，公營企業還採取了一些零散的私有化方式。如對前景不確定、又不能吸引外資的公營企業進行貿易出售；對經營虧損的公營企業出售管理；對服務部門實行管理契約；對需要新

技術、資本，同時私營部門也想進入的公營企業實行聯合經營等。① 應該說，儘管拉奧政府採取了多種措施，但實際上真正私有化的步伐並不大。

拉奧政府的改革雖取得了較大的成就，但在一定程度上造成了失業的加劇和農村居民貧困程度的加深，結果在1996年大選中敗北，之後印度政壇經歷了一個短暫的動盪時期。1996年大選中獲勝的瓦杰帕伊人民黨政府在13天後就由於議會中未獲得多數信任票而被迫辭職。後來又經歷了德韋·高達聯合陣線政府和德爾·庫馬爾·古杰拉爾政府的短暫執政，直到1998年3月瓦杰帕伊再次上臺出任總理，組成以人民黨為首的聯合陣線政府，印度政壇才再次穩定下來。而瓦杰帕伊再次上臺之後，基本上繼承了拉奧政府的路線，繼續進行經濟轉型，在所有制改革方面，主要是在公營部門實行了加強戰略性企業、出讓非戰略性企業的政策。對非戰略性企業，不僅同意當時撤資委員會提出的關於43家公營企業的撤資方案，而且向國家計劃委員會提出了更多的撤資企業，並把1999—2000年度的撤資總額比上一年度增加一倍。另外，還提出了激進的私有化計劃，其主要內容有：由政府和一般為私營金融企業或其他私營公司的合夥人，共同組成具有特殊目的的實體；政府在這種實體中的股份應在51%以下。這種實體將負責接管並促進一家公營企業的私有化進程。

2004年，幾乎由於和拉奧政府同樣的原因，瓦杰帕伊政府在經濟形勢一片大好的形勢下在選舉中意外落敗。國大黨重新贏得政權，拉奧政府時代的財政部長曼·辛格出任總理。總的來說，鑑於以往的教訓，曼·辛格政府對經濟改革比較謹慎，

---

① 張淑蘭. 印度拉奧政府經濟改革研究 [M]. 北京：新華出版社，2003：71.

但還是進行了一定的改革。在所有制改革方面主要有：①繼續堅持對公營經濟的改革。曼·辛格政府對此採取的重要措施是：鼓勵公營企業合併，特別是鼓勵公有銀行的合併和認購，認為銀行合併會擴大規模從而增強與國際級銀行的競爭能力。為便於此類併購，印度政府於2005年2月修訂《所得稅法》。根據現行《所得稅法》72A節規定，允許兩家銀行之間的合併可以抵消利潤，而銀行和其他金融機構合併則不允許抵消利潤。另外，曼·辛格政府還堅持從公營部門撤資。2006年初政府以平均每股678.24盧比的價格，出售其在馬魯特商業公司8%的股份，價值約156.76億盧比。政府決定全部退出該商業公司，其在馬魯特汽車公司所剩10.28%的股份將在合適時間出售。①②繼續放鬆對私營經濟的限制。一是鼓勵私營部門建立經濟特區。二是允許私營部門參與基礎設施建設。為加速基礎設施建設，曼·辛格政府允許私營部門對公路、機場等基礎設施領域投資。

3.3.3 中印所有制改革比較

所有制改革總的來說可以看成是經濟轉型中的私有化進程。根據前文所述科爾奈的理論，經濟轉型中的私有化戰略可以分為戰略A和戰略B兩大類。按著這一理論，可以看出，中印的所有制改革都更傾向於戰略A，擁有很多的共同之處。

首先，兩國都把首要的任務放在創造有利條件，使私人部門得以由下而上地生長起來，並使其擁有與公有經濟部門平等競爭的地位。

中國的所有制改革中曾有一個長時期的增量改革過程，這

---

① 文富德. 印度曼·辛格政府堅持謹慎經濟改革 [J]. 南亞研究，2007(1)．

一過程本身就是一個為民營企業創造有利條件的過程，即便在增量改革之後，雖然重點逐步轉向了國有企業的改革，但解除對民營經濟的種種束縛，為民營經濟創造與國有企業平等競爭的經濟環境仍然是經濟改革中重要內容。同樣印度的所有制改革過程也是從放鬆對私營經濟部門的管制開始，對公私經營領域的戰略性調整、取消生產許可證、改革《壟斷和限制性貿易行為法》等都是為私營部門獲得與公營企業平等競爭的地位。

其次，兩國對於國有企業的改革重點都放在增強企業的競爭能力上，而不是簡單的所有權私有化。

經濟轉型中的國有企業改革，一般有兩條基本的思路：一條通過所有權的私有化，盡可能多地減少國有制，如獨聯體和東歐國家；一條則把重點放在增強國有企業的競爭力上。很明顯，中印的所有制改革中國有企業的改革走的都是是第二條道路。雖然中印經濟改革中也對一部分國有企業實行了私有化改制，但是對於大部分的國有企業，特別是對於大型國有企業而言，主要都是增強其競爭能力。

最後，兩國在增強國有企業的競爭能力的方式上，存在很大的一致之處，都把擴大企業的經營自主權、硬化企業的預算約束和股權的多樣化作為基本的方式。

國有企業之所以經濟效益差，競爭能力弱，其主要原因一般是兩條：一是缺乏經營自主權；二是企業財務的軟預算約束，即國有企業只負贏不負虧。中國的國有企業和印度的公營企業實際上曾經也都存在這兩個方面的問題。為了解決這一問題，中印兩國都採取了類似的方式：一是擴大企業的自主權。中國最早實行的承包制和後來的現代企業制度都強調這一點。印度的公營企業「諒解備忘錄」和後來企業董事會的改革也是同樣的目的。二是硬化企業的預算約束。中國在80年代的放權讓利改革中就提出了企業自負盈虧的要求，後來的公司化改革更明

顯是要硬化企業的預算約束。印度公營企業改革中採取減少對公營企業的財政撥款和補貼等措施，同樣是為了硬化企業的財務預算。三是實行國有企業股權的多元化。這種部分私有化的措施既可以擴大企業的自主權，又可以硬化企業的預算約束，是增強企業競爭能力的最有效的改革。1999年中國國有企業全面公司化改革的時候，這是一種最重要的方式。而印度自拉奧政府以來的公營企業改革，也都採取了出售部分企業股票的做法，這和中國的改革非常相似。

但是，中印經濟改革中的差異也是很明顯的，這主要包括如下幾個方面：

首先，中國的所有制改革過程有一個不斷深化的過程，而印度則不存在這一過程。

中國的所有制改革中，無論是對私有經濟部門的政策還是對公有經濟部門的政策，都存在一個連續而且不斷深化的過程。如對於私有部門的改革，最早是允許個體經濟的存在和發展，但禁止有「剝削」性質的私營經濟的存在，甚至專門從理論上劃分個體企業與私營企業的界線。① 但到20世紀80年代中期，當私營經濟到處出現時，政府首先是在「不爭論」政策的保護下得以存在，後來在中共十三大後終於獲得法律的認可。不過由於仍然處於補充地位，對其限制還是非常之多。但到了90年代後，其地位就日益提高，對其限制也日益減少。最終在中共十五大上成為社會主義市場經濟的重要組成部分，由體制外轉變為體制內，基本上獲得了與公有經濟平等競爭的地位。而對國有企業的改革，這一過程也非常明顯。首先是計劃體制內的

---

① 1981年國務院《關於城鎮非農業個體經濟若干政策性規定》中明確規定：「對於個體工商戶，應當允許經營者請兩個以內的幫手，有特殊技藝的可以帶五個以內的學徒」。自此，雇工在8人以下，（含8人）或以上，就成為劃分個體企業和私營企業的界限。

放權讓利，然後是公司化的試點，最終是全面的公司制改革。可以說，不同的時期政策具有明顯的連續性，同時基本上後一時期的改革都是前一時期的深化。但是，印度在所有制改革過程中，並不存在這樣的一種逐步深化的特徵。可以說，無論是對私有部門管制的放鬆還是對公營部門的改革，拉奧政府都幾乎提出了全部的方案。後來的瓦杰帕伊政府和曼‧辛格基本上只是對拉奧政府改革方案的堅持，卻並沒有一個明顯的深化過程。

其次，印度對於私有經濟部門的改革比較徹底，使私有部門較快地獲得了與公營部門真正平等的競爭地位；而中國的私有經濟部門則無論是在理論上還是在現實中都始終受到一定的限制，其與國有企業真正平等的競爭地位事實上一直沒有實現。

應該說，印度經濟轉型中最大的改革也是最成功的改革就是放鬆對私營企業的管制。這一點，印度首先在理論上消除了對私營企業發展的最大障礙——取消了公營企業的制高點地位。然後在實踐層面上，其對私營企業管制的放鬆是非常徹底的，保留給公營部門經營的領域和西方發達國家無異，可以說，基本上沒有給私營企業設置經營的禁區。另外，對於改革前對私營企業發展不利的一系列制度，如生產許可證制、生產能力和企業規模的限制，都在拉奧政府改革之後基本取消。其在融資、稅收等方面也未受到任何歧視，所以，印度的私營企業可以說獲得了一個和公營經濟部門真正平等競爭的環境。這個環境的得來再加上印度私營企業長久發展的歷史底蘊，是印度私營企業在當今世界上擁有很強競爭力的原因。中國的私有經濟部門在改革開放時候是一次真正的重建，雖然一再提高其地位，理論上也一直強調要使其擁有與國有企業平等的競爭地位，但實際上直到今天都還遠未達到。首先是中國理論上仍然強調公有制為主體、國有經濟為主導，這種強調本身就必然對私營企業

的發展帶來一定的限制；其次，中國保留給國有企業必須控制的領域也遠遠多於印度，所以私營企業的發展事實上還存在很大的局限；最後，在私營企業在融資方面，特別是銀行借貸方面，受到的限制還非常多，根本沒有獲得國有企業平等競爭的地位。正因為如此，在中國高速發展30來年之後，真正在國際上擁有強大競爭力的民營企業還非常之少。2007年世界500強企業中，中國大陸有25家企業入圍，但其中只有聯想集團一家民營企業。

最後，中國國有企業改革的力度明顯大於印度，而且也獲得了比印度更大的成功。

國有企業改革是所有制結構改革甚至是整個經濟轉型的中心環節，但是在這一環節的改革是，印度明顯力度不夠，從拉奧政府以來的公營企業改革，可以說都缺乏深度的理論構建，措施都比較單一，而且執行極不徹底。印度的公營企業改革可以說實際上陷入了一個理論上的兩難，首先，印度的改革總體上還是在「華盛頓共識」指引下進行的，而「華盛頓共識」對所有制改革的指導主要是迅速使國有企業私有化，而對於國有企業在不改變所有權性質的條件下如何成為真正的市場主體本身就缺乏深入的探討。所以，如果印度如果完全按照這一共識，就必須迅速地使其私有化，但是，印度實際上不可能實行大規模的私有化。再加上印度工會實力強大，在不能解決這些公營企業工人的出路之前，各方面的壓力也會迫使印度政府在公營企業的私有化上必須謹慎行事。故而，印度公營企業的私有化進程非常緩慢，很少有企業通過全部出售的方式實現改制，即便是一些公營企業股票的出售，大部分也是被另一些公營的機構獲得。在所有權的私有化受阻又沒有足夠系統的理論來指導印度在不改變所有權性質的條件下進行的改革，印度公營企業改革進展緩慢就成了必然的事情。而對於中國來說，整個經濟

轉型本身就不是在「華盛頓共識」的指導下進行的,故而對於經濟轉型特別是對於國有企業改革的理論進行了很多自身的思考,逐步形成了比較系統的理論體系。這種理論體系的關鍵就在於在不改變國有企業所有權性質的情況下實現經營權的非國有化,並且通過投資主體多元化的方式把國有企業改造成真正的市場主體。在這樣的理論體系下,中國實際上就解決了印度所遇到的兩難。中國是社會主義國家,公有制經濟在理論上的主體地位一直沒有改變。但是,中國國有企業的改革不是以所有權的私有化為主,而是以經營權的私有化為主,這樣就自然避免了其和社會主義性質的矛盾。也正因為這個原因,儘管中國經濟轉型過程中也曾多次遇到理論的交鋒,但最終改革派幾乎總能取得勝利。而在實踐層面上,由於中國政府的執行能力很強,故而改革措施也易於落到實處,所以中國的國有企業改革不僅方式多樣,力度很大,而且也取得了較大的成功。

總之,中印的經濟轉型都是一種順應世界經濟發展潮流的一次經濟改革,兩者在改革的理念、戰略和方式上各有千秋,各有成功與不足之處,但是,都將原來的計劃經濟體制改變為市場經濟體制,都為經濟的發展注入了活力,都為經濟的起飛創造了一個較好的制度環境。

4 中印經濟結構的轉化與產業結構的升級比較

根據發展中國家經濟發展的一般理論，經濟的轉型主要是為經濟的發展創造一個良好的制度環境，但是，經濟發展過程中的起飛階段本身，則主要還是一個經濟結構與產業結構的轉化升級問題。前一部分已經從經濟轉型的角度對近二十多年來中印經濟發展的過程進行了比較，本部分則主要從經濟結構與產業結構轉化升級的角度比較中印經濟發展模式的異同。當然，在現代經濟發展中的經濟結構與產業結構的轉化升級一般可以分為兩個相互聯繫又相對獨立的階段。第一階段是二元經濟結構的轉化階段，即由以傳統的農業部門為主的經濟結構向以現代部門（工業和服務業）為主的經濟結構的轉化；第二階段則是現代部門內部產業結構的升級階段，一般是由以勞動力密集型產業為主的產業結構向以資本密集型和技術密集型為主的產業結構的升級。不過，由於中印兩國都處於經濟起飛時期，所以總體上還處於第一階段，即二元經濟結構的轉化階段，但近幾年來，產業結構的升級實際上也已經開始。

4.1 關於發展中國家經濟結構轉化模型的思考

根據羅斯托經濟增長階段理論,影響發展中國家經濟起飛的因素主要有三個方面,這就是可貸資金的供給、企業家的來源和主導部門的選擇。經濟起飛階段可貸資金的供給主要是為了解決一個生產性投資的來源問題。按照羅斯托的觀點,生產性投資占國民收入的比例達到 10% 以上是經濟起飛的必備條件。這一條件對於中印兩國而言,實際上在經濟起飛之前都已經具備。印度從第五個五年計劃(1974—1979 年)以來,國內總儲蓄率就已經達到 20% 以上。[1] 中國在改革開放前儘管居民儲蓄率非常低,但政府的累積率卻一般都在 30% 以上,至於改革開放之後,居民的儲蓄率也迅速提高,到 20 世紀 90 年代後達到 30% 以上。[2] 所以,可以說,即便沒有其他資金來源,中印兩國的生產性投資占國民生產收入的比率都可以達到經濟起飛的基本要求。至於企業家的來源,應該說關鍵是一個制度環境的問題,當企業成為真正的市場主體時,真正的企業家自然也就出現了,所以,可以說,中印兩國在經濟轉型本身就解決了一個企業家的來源問題。那麼剩下的一個關鍵因素是主導部門的選擇問題。而根據劉易斯的二元經濟結構的轉化模型,發展中國家的經濟起飛過程也是一個二元經濟結構轉化的過程,中印兩國 80 年代以來的經濟發展很明顯也是這樣一個過程。也就是

---

[1] 參見:魯達爾·達特,桑達拉姆. 印度經濟(上)[M]. 成都:四川大學出版社,1994:329.
[2] 張明. 20 世紀 90 年代以來關於儲蓄率研究的最新動態 [J]. 世界經濟,2007(4).

說，中印兩國經濟的起飛關鍵是實現由傳統的生存部門（即農業部門）為主向現代部門為主的轉變。而根據由劉易斯提出、費景漢和拉尼斯發展完善而成的二元經濟結構的轉化理論，這一過程可用圖4-1來表示。

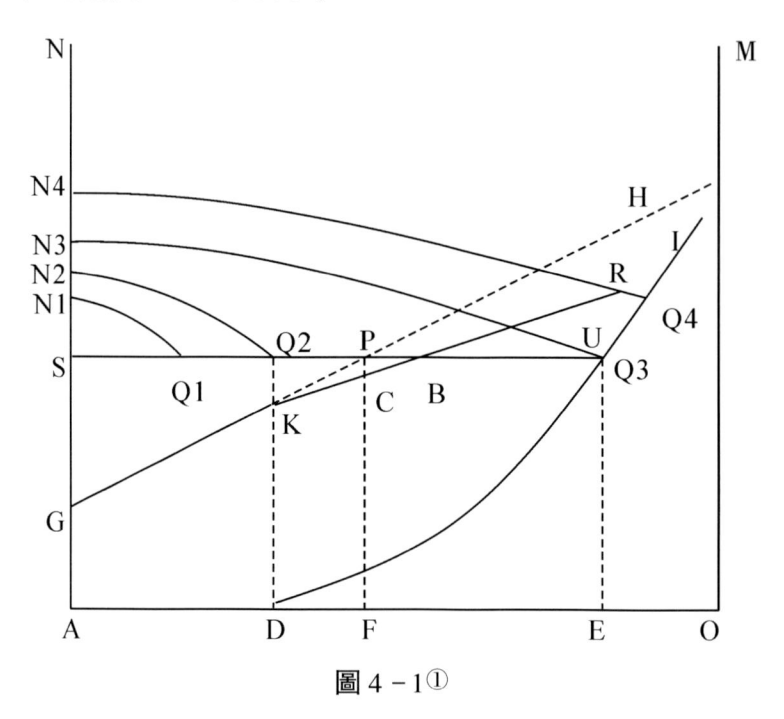

圖4-1①

這個圖形中採用了劉易斯模型的基本假定，即土地是個常數，人口或勞動力已知。農業部門存在過多的勞動力，資本主義部門不斷地吸收生存部門的剩餘勞動力而得以發展；另加上一條假設，單位耕地面積的產量不變。也就是說，暫時不考慮耕地面積變化、人口變化和由於使用生物化學等技術而使單位耕地面積產量提高的情況。同時也忽略現代部門為誘使農業部

---

① 為了更便於理解，本圖對費景漢、拉尼斯模型的圖形進行了適當的變化，原模型用工業部門、農業部門、農業部門總產出三個圖表示，本書簡化成一個圖，其中加入了農業部門勞動力的人均產量曲線。

門的剩餘勞動力轉移而必須使其所提供的工資與農業部門的工資應有的差額，假設只要現代部門工資高於農業部門的邊際生產率就可以吸引農業部門的勞動力向現代部門轉移。

圖中 OA 表示全部勞動力，AE 為農業剩餘勞動力，NQ 為工業化過程中的勞動需求曲線，$N_1Q_1 \sim N_4Q_4$ 是現代部門擴張過程中的勞動需求曲線變化過程，SUI 曲線為現代部門擴張過程中的勞動力供給曲線，ADI 為農業部門的邊際生產率曲線。為了便於分析，圖中加上了一條農業部門的人均產量曲線 GKH，這一曲線有一個不變斜率，表示的是在農業部門產量不變的情況下隨著農業部門勞動力的減少而導致人均產量的變化。只要保證人均產量曲線在 GKH 上運行，農業部門的勞動力數量與人均產量的乘積不變，即 AG × OA = DK × OD = FP × OF，也就是保證農產品總量保持不變。

根據這一模型，發展中國家的經濟發展可以分為三個階段：第一階段（AD），經濟中存在著隱蔽性失業，即相當一部分勞動的邊際生產率為零或接近於零，因而勞動力是無限供給的。當隱蔽性失業的勞動力向工業部門轉移時，農業的總產量不受任何影響，農業部門的人均產量曲線在 GKH 上運行，這是農業部門勞動力的消費不變，農業部門就會出現農業剩餘，它正可以滿足轉移到現代部門的勞動力對糧食的需求。農業部門的收入與現代部門存在明顯的差距，現代部門的工資可以保持不變。當這部分勞動力轉移完畢，經濟發展就進入第二階段（DE）。第二階段，現代部門所吸收的勞動力是那些邊際生產率大於零但低於現代部門工資的勞動力。由於這一部分勞動力的邊際生產率大於零，當他們轉移出去以後，農業總產量就會下降，這時的農業部門的人均產量曲線開始偏離 GKH 曲線，從 K 點開始轉變為 KR 曲線，KR 曲線的斜率小於原有斜率，即農業勞動力數量與人均產量的乘積小於以前，如 FC × OF < AG × OA。而如

果剩下的農業勞動力仍按以前水準消費，那麼，提供給現代部門的農產品就不足以按原有消費水準來供應現代部門的勞動力。這樣，經濟中開始出現農產品特別是糧食的短缺，現代部門的貿易條件就會惡化，農產品價格就會提高。但是，只要農業部門的邊際勞動生產率的收入低於現代部門提供的工資，（忽略掉應有的差額）這一過程就還將繼續。而當兩者相等時，經濟發展就會進入第三階段（EO）。在這一階段，二元經濟產業結構轉化完成，整個經濟已進入商業化過程，農業開始成為現代部門，農業和原現代部門中的工資水準都由勞動力的邊際生產率來決定。在整個經濟發展過程中，第一階段向第二階段過渡是一個轉折點（D），或稱為短缺點。而第二階段向第三階段過渡是商業化點（E）。

　　從這樣一個經濟結構的轉化模型中可以看出，發展中國家經濟要想順利起飛，關鍵在於兩個方面：其一是現代部門擴張的速度，也就是圖中 NQ 曲線向上推移的速度，因為只有現代部門擴張的速度足夠快，才會對勞動力的轉移形成足夠大的拉力。其二是農業部門本身的發展。因為從這一圖中中可以看出，這種轉化中存在一個農產品短缺的時期，即第二階段，這種短缺達到一定程度就有可能導致糧食危機。一旦出現糧食危機，這種轉化就可能在商業化點到來之前提前終止，經濟發展就可能由此停滯。而防止這一現象的出現唯一的辦法就是農業部門本身的發展，即農業勞動生產率的提高。正如費景漢和拉尼斯所指出的，「任何試圖加速工業化的國家，如果忽略了農業部門的先行或者至少是同時進行的革命，都會發現難以前行。」[1] 因為農業部門的勞動生產率一旦提高之後，農業部門總的剩餘勞動

---

[1] 張秀生．中國農村經濟改革與發展［M］．武漢：武漢大學出版社，2005：43．

力就會增加,從而出現圖4-2的情形。

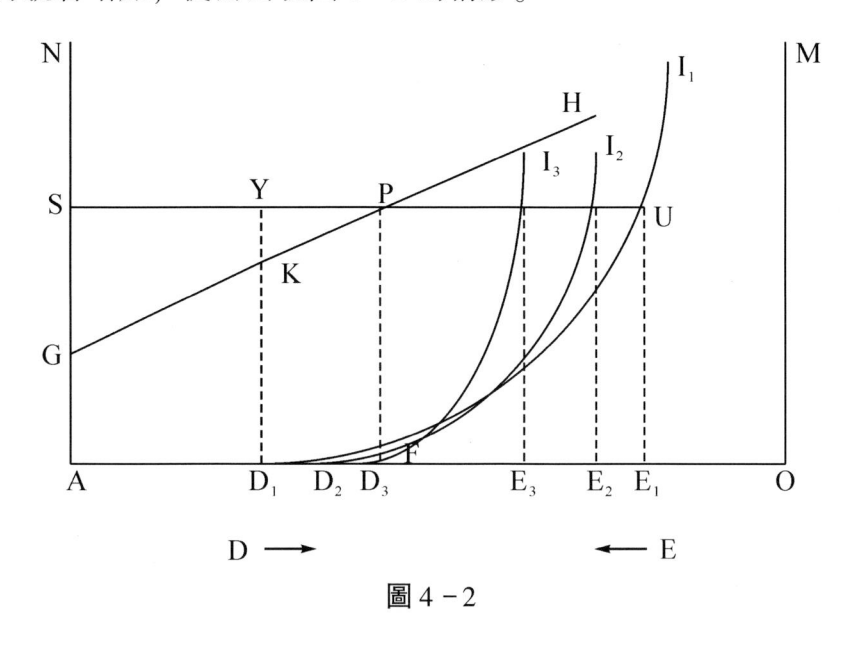

圖4-2

　　該圖中省略了現代部門擴張過程中的勞動需求曲線NQ。圖中,由於現代部門擴張的同時農業生產率也在提高,特別是由於農業機械化的推廣,人均耕地能力在提高,所以總剩餘勞動力隨著農業生產率提高不斷地增加,也就是短缺點D在不斷的向右移動,D_1——D_2——D_3……即第二階段來得越來越晚。而同時,同樣由於農業生產率的提高,農業的邊際勞動生產率曲線必然向上移動,從而導致商業化點E不斷的向左移動,E_1——E_2——E_3……也就是第三階段來得越來越早。照此發展下去,第二階段可能越來越短甚至可能消失,即D點和E點可能會重合,經濟發展中農產品短缺階段可能極短甚至不再存在,從而才可能使產業結構的升級也就是經濟的起飛能夠順利進行。

　　綜合羅斯托和劉易斯—費景漢—拉尼斯模型的思考,可以看出,羅斯托經濟起飛階段的主導部門只能是劉易斯模型中的現代部門,主導部門的選擇問題的核心實際上就是選擇一個適當的現代部門來為二元經濟結構轉化中勞動力的轉移形成極大

的拉力，而農業部門的發展實際上就是為這種轉移形成極大的推力。故而，中印經濟發展中產業結構升級中最重要的兩個問題也就是主導產業部門的選擇問題和農業發展道路的問題。

4.2 中印產業政策及主導產業部門的選擇比較

主導部門的選擇一般來說是政府的產業政策的有意推動與民間自發選擇兩者的綜合，而對於中印這樣的發展中國家來說，政府產業政策的推動有著極為重要的作用。

4.2.1 中印兩國產業政策分析

中國產業政策的調整始於 20 世紀 80 年代，從 20 世紀 80 年代至今，中國產業政策的調整總的來說可以分為三個階段。①

從 20 世紀 80 年代初至 1998 年為第一階段，這一階段重點是加強輕工業，實現輕重工業協調發展，同時重視基礎設施建設。其基本的措施是政府（主要通過國有企業）重點投資基礎設施建設以改善投資環境，同時利用鄉鎮企業、私營個體企業和外資企業來大力推動輕工業的發展。

中國政府在 1981 年就決定大力發展自行車、縫紉機、鐘表、電視機、收音機、錄音機、洗衣機、照相機、電風扇和電度表等 12 種日用機電產品的生產。自此之後，大力發展消費品工業（輕工業）就成了中國產業政策的重點。與此同時，為了為工業的發展提供良好的環境，政府也日益重視基礎設施的建

---

① 龔著燕，孫林岩. 中國製造業發展戰略調整動力機制研究 [J]. 中國科技論壇，2008（5）.

設，這在後來政策中也明顯體現出來。如在中共十三大的報告中，就提出：「在大力發展消費品工業的同時，充分重視基礎工業和基礎設施，加快發展以電力為中心的能源工業，以鋼鐵、有色金屬、化工原料為重點的原材料工業，以綜合運輸體系和信息傳播體系為主軸的交通業和通信業；努力振興機械、電子工業，為現代化建設提供越來越多的先進技術裝備。」① 而在1989年的《國務院關於當前產業政策要點的決定》中，也把輕工和紡織業、基礎設施和基礎工業、機械和電子工業與高技術產業並列為重點支持的產業。② 政府的這種強有力的推動加上80年代中後期鄉鎮企業、個體私營企業的迅速崛起以及外資企業的大量湧入，這些企業都把重點放在中國的輕工製造業；同時政府的巨大努力使基礎設施狀況迅速改善，所以使以輕工業為代表的中國製造業在這一段時期迅速崛起。進入90年代以後，在繼續大力發展輕工製造業的同時，也開始提出了信息化的要求，並逐漸重新重視重化工業的發展。如1992年電子信息的應用正式納入國家計劃，而在1994年國務院出拾的《90年代國家產業政策綱要》中，則提出了要把機械電子、石油化工、汽車製造和建築業作為國民經濟的支柱產業的要求。

從1999年到2005年為第二階段，這一階段輕工業儘管還在飛速發展，但已經不是政府重點支持的產業，政府產業政策支持的重點明顯轉向了重化工業和高新技術產業。

1996年，中國政府明確提出了把能源工業、交通運輸工業、石油化學工業、汽車工業等七大產業作為重點投資的產業。1999年8月，中共中央、國務院又下發了《關於加強技術創新、

---

① 《沿著有中國特色的社會主義道路前進》趙紫陽在中國共產黨第十三次全國代表大會上的報告，1987年12月25日。

② 《國務院關於當前產業政策要點的決定》，1989年3月15日。

發展高科技，實現產業化的決定》，以軟件業為代表的高科技產業也正式成為新一輪工業化的重點之一。同時，1999年中國國有企業大規模改革之後，國有企業的重點明顯集中在重化工業和高新技術產業上，從而使重化工業化和高科技化的產業政策得到了全面的貫徹。在2001年發布的《十五工業結構調整規劃綱要》中，也再次強調，「電子信息，機械裝備，汽車，石化等資金技術密集型產業在工業中的比重進一步提高；能源結構得到明顯優化。」同時還提出了要進一步提高高新技術產業產值占GDP的比重以及高新技術產品在出口商品中的比重。①

2006年以後，中國產業政策進入了第三階段，即新型工業化階段。

經過20多年的高速發展，中國的整體經濟實力已經大大提高，環境問題和資源問題日益成為中國經濟發展的瓶頸，所以中國也逐漸轉變了那種片面追求經濟發展速度的傾向，而明確提出了經濟發展中的環境保護與資源利用的效率問題。這一問題實際上在90年代的《中國21世紀議程》中就已經提出，但將其落到實處還是2006年頒布的《十一五規劃》之後。在《十一五規劃》中，首次提出了經濟發展中的環境和資源的約束性指標，並明確將其作為對地方各級政府的重要考核指標。另外，這一規劃中特別強調了提高服務業的產值比重和就業比重以及加強自主創新的問題。

印度的產業政策的較大調整始於20世紀80年代中期，從20世紀80年代中期至今，印度產業政策調整主要經歷了四個時期，這就是拉吉夫·甘地政府時期、拉奧政府時期、瓦杰帕伊政府時期和曼·辛格政府時期。

---

① 國家經濟貿易委員會《「十五」工業結構調整規劃綱要》，2001年10月。

1984年10月，英迪拉·甘地被刺殺後，其子拉吉夫·甘地上臺，在1985年提出了「七五」計劃，其中工業部門的發展規劃目標包括：①確保必需品和日用消費品的供給貨源充足，價格合理，質量合格；②通過結構調整，勞動生產率提高和技術升級來最大限度地利用現有設備能力；③集中力量發展有廣大國內市場的工業和有出口潛力能夠在世界領先的工業；④引進發展潛力大的又為其迫切所需的「朝陽產業」；⑤制定一項綜合政策，以便在戰略上能達到自力更生，在人力方面為熟練工和受教育者開拓就業之路①。根據這一目標，拉吉夫·甘地政府改變了以往的重工業優先發展的戰略，而把工業發展重點轉向了以下產業：①消費品工業；②能源、交通等基礎設施產業；③電子、計算機和軟件產業為代表的「朝陽產業」，其中最為重要的是能源產業和電子產業。能源問題一直是制約印度經濟發展的瓶頸。印度歷屆政府都把其作為重點，拉吉夫·甘地政府更是將其作為重中之重，「七五」期間對能源的投資占整個計劃總投資的30.6%，居各項投資之首。② 其投資的重點是電力工程，主要措施是加速煤炭的生產以及增加對水電和核電的投資。至於大力發展電子產業，則是拉吉夫·甘地政府產業政策上最為重要的舉措。拉吉夫·甘地把發展電子、計算機和軟件業為主的信息技術產業作為追趕世界先進國家的主要途徑，提出了「用電子革命把印度帶入21世紀」的口號。其政府對有關電子元件、電子材料、計算機、廣播設備、控制儀器、工業和專業電子等方面的製造和進出口給予了特殊的優惠政策，對這些產業免除壟斷和限制性貿易法的限制，並允許跨國公司進入這一

---

　　① 魯達爾·達特，桑達拉姆. 印度經濟（下冊）[M]. 成都：四川大學出版社，1994：258.
　　② 趙鳴歧. 印度之路 [M]. 北京：學林出版社，2005：181.

領域。1986年，該政府又制定了《計算機軟件出口、軟件發展和培訓的政策》，鼓勵計算機軟件自由出口，並設立了軟件發展促進局和電子與計算機軟件出口促進中心，撥出專款用於開拓國際市場。

至於拉奧政府，儘管其對整個印度的經濟體制進行了一次劃時代的改革，但在產業政策上，主要還是拉吉夫·甘地政府政策的延續。拉奧政府重點依然是包括能源和交通運輸在內的基礎設施產業和軟件業。不過，相比拉吉夫·甘地政府而言，拉奧政府在能源上的投資有所減少，而在交通運輸、通信等基礎設施上的投資有所增加。另外，拉奧政府在消費品製造業上的投資比重較以往有所減少。同時，拉奧政府更加重視計算機軟件業的發展。拉奧政府學習美國硅谷的經驗，決定建立軟件園區，促進計算機軟件業的長遠發展。1991年，印度第一個計算機軟件園區在班加羅爾建立，後來又在在海德拉巴、馬德拉斯、孟買、普那、新德里、加爾各答等地共建立了17個軟件園區。政府對進入這些高科技園區的海內外企業都實行優惠政策，免除進出口軟件的雙重賦稅，放寬中小企業引進計算機技術的限制，允許外商控股75%～100%，全部產品用於出口的軟件商可免徵所得稅等。另外，拉奧政府還加強了對盜版的打擊力度，保護軟件知識產權。

瓦杰帕伊政府在產業政策上，總的來說進一步重視計算機軟件業為代表的高科技產業，同時注重基礎設施的建設。瓦杰帕伊在其就職3天後向印度全國人民的電視講話中，就提出了經濟發展中的五項優先政策：10年內做到糧食生產翻番；加快包括飲用水、住房、教育、衛生等在內的社會基礎設施的發展；加快包括電力、石油、公路、港口、通信等在內的物資基礎設施的發展；推行統一的國家水政策；使印度成為世界通信技術

強國。① 這五項優先政策中，第一項為農業，第二至四項全部為基礎設施，第五項為計算機業。很明顯瓦杰帕伊政府對於計算機軟件業更加重視，明確將其作為支柱產業。另外，瓦杰帕伊政府對於生物技術、核能利用及空間技術等高科技領域制定了優惠政策，力爭在國際上高科技領域的競爭中佔有一席之地。

曼·辛格政府在經濟改革上相對比較謹慎，在產業政策上與以往政府不同的是，相對比較重視以往政府比較忽視的製造業。提出了要加速製造業的發展，促進製造業的出口，使印度成為新的世界製造中心的目標。

縱觀中印兩國產業政策的調整過程，可以發現，兩者雖存在一定的相似之處，如都始終重視基礎設施建設（只是中國在這一政策上執行更為徹底），但差別還是非常明顯。從整個過程來看，中國的產業政策相對比較符合一般國家的發展之路，即由輕工業到重化工業再到高科技產業以及由重速度到重質量。而印度則似乎忽視了一般國家現代化的基本模式，而獨闢蹊徑，放棄優先發展重工業傳統之後，直接轉向了作為高科技產業的信息技術產業。而從主導產業的選擇看，由於不同的現代化之路，使兩國的主導產業存在明顯的區別，中國的主導產業明顯是製造業，而印度的主導產業是計算機軟件業為代表的生產性服務業。

4.2.2　中印主導產業不同的原因

之所以中印兩國選擇不同產業作為主導產業來推動本國的現代化，除了政府產業政策的有意推動之外，還有很多現實的原因。

首先，從起飛前提來看，中國製造業基礎本身就好於印度，

---

① 趙鳴歧．印度之路［M］．上海：上海學林出版社，2005：201.

而印度服務業本身就比中國發達。

從本書的第二章中關於中印經濟起飛前經濟發展水準的比較中，我們知道，在20世紀70年代末80年代初，儘管中印的經濟發展總體上處在同一水準線上，但是產業結構存在很大的差異。1980年中國三大產業的比重為31.1∶48.5∶21.4，而印度為38∶26∶36，中國的工業產值的比重遠遠高於印度，印度的服務業的比重明顯高於中國。所以在經濟總量大致相當的情況下，中國的絕大多數工業產品的產量本身就高於印度。也就是說，中國製造業的基礎本身就好於印度；反之，印度的服務業基礎則明顯好於中國。

其次，也是最重要的原因，中國更具備發展製造業的條件，而印度更具有發展軟件業的潛力。

一般而言，製造業的發展需要具備以下條件：其一，有較充足的資金。由於發展製造業初期需要建立廠房、購買原料和引進技術等，資金的不足往往會大大影響製造業的發展。其二，有較好的基礎設施或政府有足夠的動力和財力去改善基礎設施。製造業生產的工業品，如果沒有水力、電力和交通等基礎設施的保證，生產和運輸必將大受影響。其三，有大量具備一定文化素質的廉價勞動力。對於一般製造業來說，勞動力的素質要求雖然不一定很高，但是受過中等或者至少是初等教育是基本的要求，文盲顯然是不符合製造業的要求的。其四，對於製造業所生產的工業品有足夠的需求。

對照中印兩國的國情，很明顯中國更符合發展製造業的條件：第一，中國有比印度更為充裕的發展製造業所需的資金。從國內來說，中國改革開放後居民的儲蓄率很快就超過了印度。20世紀90年代之後，中國的居民儲蓄率一般都在30%以上，21

世紀後更高達40%以上，而印度一般在24%左右。①另外，中國引進的外資也遠遠超過印度。中國80年代末引進的外資額就超過了100億美元，印度至今仍未突破100億美元。所以，中國發展製造業所需的資金上基本沒有受到太大的約束，而印度發展製造業在資金上明顯不足。第二，從基礎設施上講，儘管起飛之初兩國沒有太大的差距，但由於中國政府所能調動的財力明顯超過印度，再加上中國各地方政府之間存在很大的競爭，所以中國政府有更強的財力和動力去改善基礎設施，故而，到了20世紀90年代之後，中國在基礎設施上就明顯與印度拉開了差距。第三，中國的勞動力整體素質也比印度更符合製造業發展的條件。雖然印度在高等教育上曾長期領先於中國，但中國的基礎教育卻明顯好於印度，這一點在改革之前就已經存在，至於改革之後也沒有太大變化，直到20世紀90年代之後印度成年女性的識字率仍不足40%，成年男性的識字率也不到70%，而中國成年女性的識字率就接近了70%，成年男性更高達90%左右。另外，中國婦女的就業率遠高於印度，所以，中國適合製造業發展的勞動力數量上遠遠多於印度。第四，中國較印度更早實行了出口導向戰略，為工業品找到了足夠大的市場。中國在20世紀70年代末開始就全方位的對外開放，同時也實行了出口導向戰略，所以儘管中國開始時由於國民收入過低而導致內需太小，後來也由於儲蓄率過高而存在內需不旺的問題，但是由於迅速地打開了國際市場，故而適時地為製造業生產的工業品找到了足夠大的市場。而印度由於全方位的對外開放比中國晚了十多年，在很多產品的國際市場上屬於後來者，和中國競爭存在明顯的劣勢。故而，中國明顯比印度更適合發展製造業。

---

① 商務部研究院. 印度不斷「攀比」催中國快跑. 2006. http://it.sohu.com/20060626/n244300741.shtml.

但另一方面，在軟件業的發展上，印度的潛力則明顯高於中國。其一，軟件業對基礎設施和資金的要求遠遠不如製造業，因此印度在資金和基礎設施上的不足不會成為發展軟件業的制約；其二，軟件業需要的勞動力比製造業要少得多，但必須是受過高等教育的精英人才。這與印度教育狀況明顯是匹配的。儘管印度在基礎教育上長期落後於中國，但是印度的高等教育卻長期領先於中國。在中國高等教育擴招之前，印度高等教育的入學率和大學生的在校人數都明顯超過中國。20世紀90年代以來，印度每年正規高等院校的入學人數高達350多萬，僅次於美國和俄羅斯，居世界第三位。[1] 而中國在1998年擴招之前，每年高等院校的入學人數都不足100萬，直到擴招4年之後，2002年大學生入學人數才超過300萬，達到320.5萬。[2] 而且，印度的大學教育幾乎全部與國際接軌，在師資配備、課程設置和教材選用上，幾乎與歐美國家一致。另外，印度各邦都有信息技術學院，故而，印度雖貧窮卻擁有大批一流的信息技術人才，這一點顯然強於中國。其三，印度人才的英語水準明顯高於中國。由於印度曾是英國的殖民地，英語至今仍是印度官方語言，印度人的英語水準較中國來說明顯高出一籌。而在中文軟件開發之前，英語是全球軟件中的通用語言。這成了印度發展信息產業較中國的一種特有資源優勢，使得印度人在開發研製軟件上能緊跟時代潮流，科研開發的速度也大大加快了。另外，這種語言上的優勢也就使印度更容易與世界各地的顧客溝通。

---

[1] 魏曉燕. 印度軟件業崛起探因 [J]. 廣東工業大學學報（社會科學版），2006（4）.

[2] 中國統計局. 2003年中國統計摘要 [M]. 北京：中國統計出版社，2003：178.

4.2.3 中印現代部門產業發展情況及其影響比較

總體而言，自20世紀80年代以後，中印經濟都進入了一個較快的發展時期，現代部門產業更是非常迅速（見表4-1）。

表4-1　　　　中印20世紀80年代以來GDP
　　　　　　及工業、服務業的年均增長率比較

年份	GDP（%）		工業（%）		服務業（%）	
	中國	印度	中國	印度	中國	印度
1980—1990	10.3	5.7	11.1	6.9	13.5	6.9
1990—2002	9.7	5.8	12.6	6.0	8.8	7.9

資料來源：世界銀行《2004年世界發展指標》，北京：中國財政經濟出版社，2005年版，第182-183頁。

從表4-1可以看出，近二十多年來中印經濟增長都非常迅速，但由於兩者產業政策的不同，兩國的經濟發展中還是存在明顯的差異。總的來說，中國經濟的發展速度和各產業部門的發展速度都超過了印度，但是相對而言，中國的工業發展速度優勢更為明顯，而印度的服務業在90是年代以後，則日益體現出了良好的發展態勢。當然這一不同很明顯是由於兩國主導產業的差異導致的結果，中國以製造業為主導產業的結果使其在90年代後工業發展日益強勁，工業特別是其中的製造業在中國經濟中的比重日益增大。到2002年，中國工業比重達到GDP的51%，其中製造業比重達到35%。而印度這一數據則分別只是27%和16%。[①] 當前中國已經被稱為「世界工廠」，中國製造遍布全球，100多種製造產品的產量處於世界第一位，囊括了家電

---

① 世界銀行.2004年世界發展指標[M].北京：中國財政經濟出版社，2005：186-187.

製造業、通信設備、紡織、醫藥等十多個行業。但另一方面，印度的服務業比重則明顯超過了中國，2002年，印度的服務業占GDP的比重達到51%，而中國這一數據僅為34%。① 特別是印度的主導產業——軟件業發展更為迅速。自1985年以來，印度軟件業的年均增長速度一般都在50%左右，2002年，印度軟件業產值就達到了101億美元，其產品主要是做外包業務，由出口帶動，該年印度軟件業的出口達76.8億美元。② 如今印度成為了僅次於美國的世界第二大軟件出口國，佔有世界軟件市場17%的份額，③ 其中絕大多數出口歐美市場。當然近年來，由於中印產業政策都有所調整，中國日益重視包括信息軟件業在內的高科技產業，印度則在辛格政府上臺之後日益重視製造業，所以情況較以前稍有變化。如中國軟件業新世紀以來發展速度超過了印度，產值也已超過印度，只是中國軟件主要面向國內，出口市場上仍與印度有明顯的差距。

　　應該說，中印現代部門的快速發展總的來說都為兩國二元經濟結構的轉化升級創造了一定的條件，但相對而言，由於中國的主導產業是作為勞動密集型產業的製造業，而印度的主導產業是作為知識密集型產業的軟件業，製造業的發展對於勞動力的需求可以說遠遠高於軟件業，再加上中國總體經濟的發展速度要高於印度，所以，中國現代部門對於二元經濟結構轉化中的拉力明顯大於印度。也就是說，中國的產業政策為起飛階段的經濟結構轉化創造了更好的條件。

---

① 世界銀行.2004年世界發展指標[M].北京：中國財政經濟出版社，2005：186-187.
② 趙鳴歧.印度之路[M].北京：學林出版社，2005：234.
③ 周任.中國與印度軟件業發展之比較[J].南亞研究季刊，2004(1).

4.3 中印農業發展道路比較

二元經濟結構的轉化既需要現代部門的拉力,同時也需要農業部門的推力,因為只有農業部門自身的發展才可能為現代部門的發展提供足夠的勞動力和糧食。而農業的發展一般取決於制度的改革和技術的改進兩個相輔相成的方面。

4.3.1 20 世紀 80 年代以來中印農業制度改革比較

從 20 世紀 80 年代到新世紀初,中國在農業制度上進行了一次根本性的改革。這一改革主要體現在如下兩個方面:

其一是農村土地經營制度改革。農村土地經營制度是農業生產中最重要的制度,在這方面,中國在 20 世紀 80 年代初進行了一次根本性的變革,實行家庭聯產承包責任制。這一改革的核心就是在不改變農村土地集體所有的前提下,將土地經營權承包給農民。這種包產到戶、包干到戶的農村土地經營模式從 20 世紀 70 年代後期起就在多個地區農村自發出現,其中最著名的是安徽省鳳陽縣小崗村的改革,開始引起了極大的爭論,但在 80 年代初逐漸獲得了領導人的認可,並最終在 1982 年的中央一號文件《中共中央一九八二年一月一日全國農村工作會議紀要》得以以正式文件確認。1983 年,全國實行家庭聯產承包責任制的村達到 97% 以上,[①] 以後雖有一定的變化,但至今為止,這一制度都是中國農村的基本土地經營制度。這一改革之後,儘管中國仍然強調土地的所有權屬於集體,但在生產經營上實

---

① 董輔礽. 中華人民共和國經濟史(下卷)[M]. 北京:經濟科學出版社,1999:56.

行的是小規模的家庭農場經營制度。

　　其二是農產品市場及與此相關的農產品補貼的改革。中國農產品以前實行的是統購統銷制度，不存在真正的市場，而在家庭聯產承包責任制實施後，由於糧食產量獲得超常規增長，結束農產品的統購統銷制度，建立真正的農產品市場也就開始列入改革議程。改革統購統銷制度始於 1985 年，在該年的中共中央《關於進一步活躍農村經濟的十項政策》的文件中，首先就提出，從該年起，「除個別品種外，國家不再向農民下達農產品統購派購任務，按照不同情況，分別實行合同訂購和市場收購。」① 也就是說，從這時起，中國農產品的收購實行了按計劃價格訂購和按市場價格議購的雙軌制。後來這方面的改革就圍繞取消雙軌制，建立完全的農產品市場來進行。1992 年曾放開糧食購銷市場，但由於 1993 年底糧食價格的暴漲，1994 年後只好又加強了國家訂購，同時對訂購糧的收購價格給予價外補貼，1996 年後又出現了糧價下跌和農民賣糧難的問題，於是政府又制定了按保護價敞開收購糧食的政策，其結果是造成了國家糧食企業的巨額虧損。如此多次反覆之後，最終在 2003 年 10 月中共十六屆三中全會才基本上完成了這次改革，在這次全會上通過的《中共中央關於完善社會主義市場經濟體制若干問題的決定》中提出了要「完善農產品市場體系，放開糧食收購市場，把通過疏通環節的間接補貼改為對農民的直接補貼。」② 從此，真正完善的農產品市場才最終建立起來。

　　相比中國，印度在近二十多年農業制度改革的力度要小得多，可以說，基本上沒有什麼根本性的大改革。從 20 世紀 80 年

---

① 1985 年中共中央一號文件《關於進一步活躍農村經濟的十項政策》，1985 年 1 月 1 日。

② 《中共中央關於完善社會主義市場經濟體制若干問題的決定》，2003 年 10 月 14 日通過。

代的拉吉夫·甘地到90年代拉奧政府前期,農業改革基本上都只是兼顧的對象,主要是保障對農業的投資。直到1994年,拉奧政府才正式宣布新農業政策決議草案,農業政策才有了一定的改革,其主要的改革是廢除各邦對於農產品交換的地區限制,建立一個統一的農產品市場。相對而言,瓦杰帕伊政府在農業上的改革力度明顯大於20世紀80年代以來的各屆政府。該政府於2000年公布了印度國民期待已久的國家農業政策。其中提出,在今後20年裡,農業的年增長率將達到4%以上,重點實現農業的可持續發展;推動包括私營公司在內的私營企業以租地合同形式經營現代農業,加速現代農業技術的轉讓;允許農產品自由流通和期貨貿易,為農產品提供可靠的市場;使合作農業擺脫官僚控制和政治干預等。[1]

當然,儘管中印在農業制度上的改革力度上存在極大的差異,但由於兩者以往的制度存在明顯的差異,經過兩國不同力度的改革之後,原來迥異的農業制度反而出現了趨同的傾向。首先,兩國土地經營模式上卻極為接近,兩者都是以分散的小規模家庭經營為基本的土地經營模式。據中國的第一次農業普查資料顯示,中國平均每個農戶的經營規模只有6.26畝,種植9畝以下的農戶佔總農戶數的83.4%,而30畝以上的僅佔1.9%。[2] 而據印度農業統計,1985—1986年度,佔印度農業人口58%的邊際農每戶佔有土地也在1公頃(15畝)以下,另有佔印度農業人口32%的小土地佔有者每戶佔有土地也僅為1公

---

[1] 《經濟時報》,2000年7月29日,轉引自趙鳴歧《印度之路》,學林出版社,2005年版,第208頁。
[2] 張秀生. 中國農村經濟改革與發展 [M]. 武漢:武漢大學出版社,2005:152。

頃~4公頃。① 其次，經過改革之後，兩國也都基本上建立了全國統一的農產品市場體系。但是，兩國也存在一些明顯的不同之處，首先，中國土地的經營規模比印度更小，而且更為平均。由於中國人均耕地少於印度，而改革之初中國農業人口比重又高於印度，所以戶均規模小於印度是必然的。另外，中國的家庭聯產承包責任制實施後，土地承包權完全實行的是按農業人口平均分配，並進行好次搭配，故土地的佔有是極為平均的；而印度雖從獨立後就開始進行土地改革，但一方面其土地改革並不是按人口均分土地，另一方面是這一政策執行本身就不徹底，所以印度土地的佔有是極不平均的，雖然絕大多數印度農戶經營規模很小，但仍有少量的農戶佔有較大的土地，如占印度農業人口2%大土地佔有者每戶佔有土地在10公頃以上，占印度農業人口8%的中等佔有者每戶佔有土地也在4公頃~10公頃。② 其次，也是最為重要的方面，中國實行家庭聯產承包責任制後，土地所有權仍然是公有制，農民雖可以通過一定的途徑轉移土地承包權，但絕對不能買賣土地。而印度實行的是土地私有制，土地可以買賣。也就是說，印度農村土地的轉移比中國更加靈活。

4.3.2 中印農業技術現代化道路比較

一個國家的農業技術現代化一般可以分為兩個基本的方面：一是機械化水準的提高，即在農業生產中採用更多地機械耕作

---

① 1990年印度《農業統計一覽》，轉引自《印度經濟》下冊，（印）魯達爾·達特，桑達拉姆著，雷啟淮、李德昌、文富德、戴永紅等譯，四川大學出版社1994年12月第一版，第77頁。

② 1990年印度《農業統計一覽》，轉引自《印度經濟》下冊，（印）魯達爾·達特，桑達拉姆著，雷啟淮、李德昌、文富德、戴永紅等譯，四川大學出版社1994年12月第一版，第77頁。

的方式替代傳統的手工勞動，使農業勞動生產率得到提高；二是生物化學技術的進步，即採用種子的改良，農藥、化肥的使用等提高單位土地的產值。至於一個國家重點應該採取什麼樣的技術進步的道路，則應根據該國的資源稟賦和經濟發展水準來決定。一般而言，在經濟發展的初期，土地資源豐富而勞動力稀缺的國家，應重點採用機械技術進步的道路；相反，土地資源稀缺而勞動力豐富的國家，則應更多地採用生物化學技術的道路。當然，當經濟發展到一定水準後，要真正實現農業的現代化，這兩個方面必須並重，缺一不可。

中國的農業技術現代化道路總的來說可以分為兩個階段，在實行家庭聯產承包制以前，中國農業現代化道路總體而言是一條全面推進的道路，即推進生物化學技術的進步，注重機械技術的推廣。應該肯定，這一時期中國農村的基礎設施，特別是水利建設取得了巨大的成就，20世紀80年代初灌溉面積達到農作物播種面積的45%，[1] 這在全世界都屬於比較高的水準。農業機械化水準也有了一定的成就，70年代全國96%的縣都建立了農機修造廠，1976年機耕地面積達到1/3。[2] 生物化學技術上也取得了一定的成績，如1969年培育出了「單白四號」玉米優良品種，1972年培育成了秈型雜交水稻，1976年又培育出了由小麥和黑小麥人工綜合成的異源8倍體黑小麥。這些良種的推廣工作進展也比較快，1971年雜交高產種植面積已占全國高產種植面積的1/5左右，1974年水稻良種面積占總種植面積的

---

[1] 世界銀行.2004年世界發展指標［M］.中國財政經濟出版社，譯.北京：中國財政經濟出版社，2005：120.

[2] 董輔礽.中華人民共和國經濟史（上卷）［M］.北京：經濟科學出版社，1999：537.

80%左右。① 但是，這種全面現代化的道路實際上並不符合當時中國的資源稟賦和經濟發展水準，所以在產量上的提高並不明顯，機械化其實也非常有限。而在實行家庭聯產承包責任制之後，中國實際上基本放棄了機械技術的進步，而全力推進生物化學技術的現代化。從20世紀80年代初到21世紀初，中國的機械化水準不僅沒有提高，相反還有所下降；但與此同時，生物化學技術的進步則非常明顯，中國在農藥、化肥的使用以及種子的改良上基本上趕上了發達國家的水準。

　　印度的農業技術現代化起源主要是60年代開始的綠色革命。起初是在1960—1961年的農業精耕縣計劃，這是在7個縣進行一個小規模的新技術實驗，後來擴大至全國，而成為了普及全印度的農業新技術革命，即綠色革命。綠色革命的主要內容是改良品種、增加化肥、擴大灌溉以及推廣農業機械等。從1965年開始，印度就開始陸續引進了高產矮稈的墨西哥小麥和菲律賓國際水稻研究所培育的高產水稻品種，在此基礎上，經過研究和改良，培育出適合本國條件的優良品種。高產品種的種植面積迅速擴大，從1966—1967年度到1982—1983年度，5種糧食作物高產品種的種植面積由189萬公頃擴大到4,768萬公頃，16年間增加了24倍。② 同時，印度政府進行了大規模的水利工程建設，採用了大中小型工程相結合的方法，尤其重視管井的修建和利用，這使印度的灌溉面積也明顯擴大，從1965—1966年度到1984—1985年度，總灌溉面積從3,115萬公頃增加到5,854.6萬公頃，在澆灌方式上也基本上由人工澆灌向動力澆灌轉變。化肥使用量也在這一段時期明顯增加，每公頃化肥

---

① 董輔礽. 中華人民共和國經濟史（上卷）[M]. 北京：經濟科學出版社，1999：538.

② 汪登倫. 印度的農業政策與農業現代化略論 [J]. 河北農業大學學報（農林教育版），2007（1）.

施用量由1965—1966年的5.1千克增加到1982—1983年度的44.7千克。① 在生物化學技術革命進行的同時，印度也在大力提高農業的機械化水準，由於印度存在一定的大型農場和中型農場，所以很多的農業機械還是有明顯的用武之地。在進行綠色革命之後，印度的農業機械化水準也有明顯的提高。據統計，印度的農用拖拉機數目從1961年的3.14萬臺增加到1981年的52.32萬臺，印度的農用水泵擁有量從1961年的43萬臺增加到1981年的900萬臺。② 20世紀80年代後，印度農業基本上是延續原來的綠色革命之路。到21世紀初，印度的生物化學技術與機械化水準又都有明顯的提高。

縱觀兩國農業技術現代化的過程，可以看出，中國由於一些原因走了較多的彎路，而印度則基本上是連續性的。不過從成就上來看，中國在生物化學技術上明顯走在印度前面，而印度的機械化水準則在20世紀80年代之後逐漸領先於中國（見表4-2）。

表4-2　　　　　中印兩國農業現代化水準比較

國別	中國		印度	
	1979—1981	1999—2001	1979—1981	1999—2001
灌溉地占作物用地的百分比（%）	45.1	36.3	22.8	32.2
每公頃化肥消耗量（千克）	149.4	256.2	34.5	107.4

---

① 黃思駿．印度土地制度研究［M］．北京：中國社會科學出版社，1998：338．

② 汪登倫．印度的農業政策與農業現代化略論［J］．河北農業大學學報（農林教育版），2007（1）．

表4-2(續)

國別	中國 1979—1981	中國 1999—2001	印度 1979—1981	印度 1999—2001
每千名農業工人擁有拖拉機數量（臺）	2	2	2	6
每百公頃耕地擁有的拖拉機數量（臺）	76	70	24	94
穀物產量（千克/公頃）	3,027	4,845	1,324	2,390
單位勞動力的農業增加值（1995年美元）	161	338	269	401

資料來源：世界銀行《2004年世界發展指標》，中國財政經濟出版社，2005年6月，第120-125頁。

4.3.3 近年來中國社會主義新農村建設與印度的第二次綠色革命比較

雖然中印兩國在農業上都取得了很大的成績，特別是生物化學技術更是有目共睹，但是，和兩國快速發展的現代部門相比，農業的落後非常明顯。特別是自20世紀80年代中印經濟起飛以來，兩國的農業部門與現代部門之間、農村與城市之間差距可以說日益拉大。到21世紀初，中國城鄉居民收入差距擴大到了3.21：1，[1] 當然，如果考慮到非貨幣收入上的差距，這一數字可能達到5~6倍。另外，農村的基礎設施與城市的差距也日益擴大，中國出現了城鄉差距日益擴大的狀況。同樣，印度也出現了類似的問題。有鑒於此，中印兩國幾乎在同時提出了

---

[1] 中華人民共和國2004年國民經濟和社會發展統計公報，見《中華人民共和國統計局網站》，2005年2月28日. http://www.stats.gov.cn.

改變農村落後狀況的新戰略，中國於 2005 年 10 月在中共十六屆五中全會通過的《關於國民經濟和社會發展的第十一個五年規劃的建議》中正式提出了建設社會主義新農村的戰略，並於 2006 年開始全面展開。印度則在 2004 年大選期間原總理瓦杰帕伊正式提出了「第二次綠色革命」的口號，後來當選的新總理曼·辛格基本上推行了這一戰略。兩國幾乎在同一時間推行的農業和農村發展的新戰略有很大的相似之處，但也還是存在明顯的差別。

首先從新戰略推出的背景來看，雖然兩國都是在農業、農村明顯落後與現代部門、城市的發展的背景下提出的，但是從兩國的整體經濟水準來看，中國已經明顯高於印度，當前中國的 GDP 和人均 GDP 都已經接近印度的三倍，中國的人均收入已經進入中等收入國家行列，整個經濟水準已經進入「以工補農」，「以城帶鄉」的階段。相比之下，印度尚屬於低收入國家，整體經濟水準尚未進入「以工補農」，「以城帶鄉」的階段。

其次，從戰略的著眼點來看，雖然兩者都有改變農村、農業的落後狀況以及農民的貧困狀況的目的，但中國的目標比印度更高更全面。中國的著眼點是農村，試圖從整體上改變農村落後的狀況，實現城鄉的相對平衡發展，而印度的著眼點是農業，主要是通過促進農業的發展來解決當前的問題。

最後，中國的措施比印度更為全面。印度的措施相對比較簡單，主要有如下幾個方面：第一，推廣生物和轉基因技術運用，培育和推廣優良品種，這是印度「第二次綠色革命」最核心的內容；第二，強調加強農村的基礎設施建設，修築農村公路和建設農村通訊網、電力網等，加大農村水利設施建設力度；第三，提高農產品附加值，促進農業產業化、市場化和國際化；第四，促進農民就業，解決農民的貧困問題。具體措施有：開發荒地為無地農民提供生活保障，實施以工代賑，為農民提供

就業機會，嚴格規定農資價格確保農民利益，提供低息貸款用於購買生產資料，發放糧食供應卡保證食物的獲取等。從這些措施來看，大部分其實都是原來「綠色革命」的延續。但相對而言，中國的措施則比較全面，主要有：①加大科技在農業中的推廣力度，大力推廣優良品種，並進行測土施肥，同時發展適度規模經營，推進農業的產業化；②加強農村的基礎設施建設，主要包括鄉村的公路建設和農田水利建設；③免除農業稅，加大農業補貼力度，切實減輕農業負擔；④加強農村的各項社會建設，縮小城鄉之間公共服務水準差距。這方面已經採取的措施有實施農村免費義務教育、實施新型農村合作醫療制度和農村最低生活保障制度等；⑤改善農村的基層民主自治制度以及加強農村的文化建設等。

當然，中印關於農業、農村發展的新戰略實施時間還很短，現在還不能說從根本上改變了兩國的農業和農村的狀況，另外，對兩者效果的比較也還為時尚早。

4.4 中印經濟結構的轉化比較

二元經濟結構能否順利轉化既取決於現代部門的拉力，也取決於農業部門的推力。根據前面對於現代部門的情況分析，可以看出，在這一轉化過程中，中國現代部門的拉力明顯大於印度，但從農業部門的推力來看，情況就相對複雜。實際上在這一轉化過程之中中印都存在一定的問題。

4.4.1 中國：家庭聯產承包責任制下存在工業化與糧食安全之間的兩難

根據劉易斯—費景漢—拉尼斯模型，二元經濟結構要能順

利地轉化，在現代部門有足夠拉力的情況下，還必須有農業部門的發展，只有農業部門足夠的發展才能避免這一轉化過程中出現一個農產品短缺的時期。而農業部門的發展既包括生物化學技術的進步使單位土地的產量提高，也包括機械技術的進步使單位勞動力的生產率提高。從二元經濟結構轉化的角度來說，機械技術的進步具有更大的價值，因為在現代部門對勞動力有了足夠的需求後，只有機械技術的進步和推廣才能減少農業部門對勞動力的需求，使一定的勞動力轉移後所有的土地仍然能夠得到有效的耕種，也就是說二元經濟結構轉化過程不會是有較長農產品短缺階段（DE）的圖4-3中的情形，而是基本上不存在農產品短缺階段的圖4-4的情形。但如果在現代部門發展的同時機械技術的進步和推廣過於緩慢，即便生物化學技術取得了一定進步，也可能由於一定的勞動力轉移後部分土地得不到有效的耕種，甚至出現「撂荒」現象，就極有可能出現一個農產品短缺的時期，而這一時期就極有可能出現糧食安全問題。這樣的話，這個國家的發展就面臨一個工業化和糧食安全的兩難，即加速工業化就可能由於土地得不到有效的耕種或「撂荒」現象而導致糧食危機，而為了避免糧食危機就只有減緩甚至停止工業化的進程。

　　但是，要避免出現這一兩難，實際上需要一種適當的農業土地經營制度，使部分農業勞動力轉移後他們的耕地經營權能夠及時轉移到剩下農業勞動者手中，實現土地經營權及時集中，從而使農業生產能夠及時實現機械化。但是，在中國的家庭聯產承包責任制下，這一兩難問題實際上很難避免。因為家庭聯產承包責任制的特點是按人頭將耕地的經營權平均分給每一個農戶。這一改革的結果，是農村的耕地極度地分散到各個農戶手中，平均每個農戶所擁有的土地極少，再加上為了公平，耕地還進行了好次搭配，所以大量的農戶經營的是非常零散的小

圖 4-3

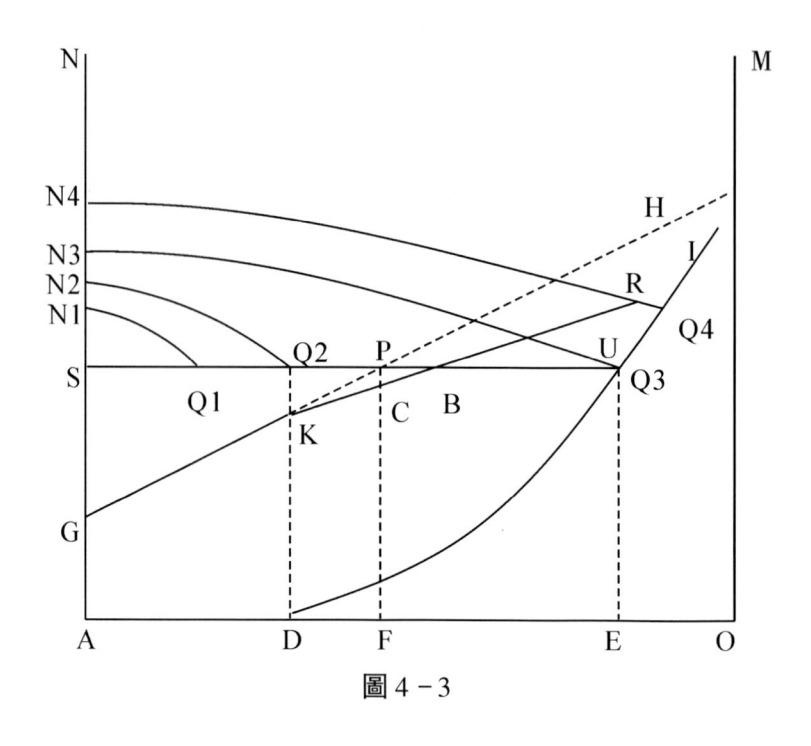

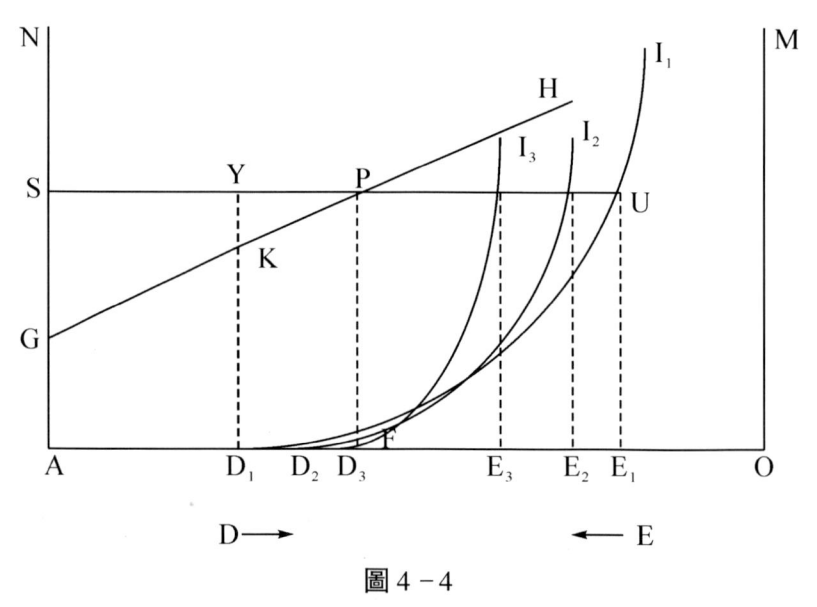

圖 4-4

塊土地。在這一制度下，農業土地的集中經營非常困難。因為：一是農業土地的所有權不屬於農戶，農戶不可能通過土地的一

次性買賣永久性地轉移土地的使用權，轉移者不可能通過土地轉移得到一筆很大的收入，接受者也不可能得到新的土地的永久性經營權，所以轉移和接受的雙方都沒有太大的動力，因而這種轉移的規模很小；二是由於土地的極度分割，即便進行一定的轉移後，接受轉移的農戶得到的仍然是大量分散的小塊土地，故而，土地的規模化經營很難出現。這樣一來，中國的農業長期只適合手工勞動，不適合機械化經營。正因為如此，在這一制度實施後很長一段時間內，中國的農業生產的機械化程度不僅沒有提高，相反還有所下降，見表4-4。這樣一來，中國的二元經濟結構轉化過程出現的可能就是圖4-3甚至圖4-5的情形。

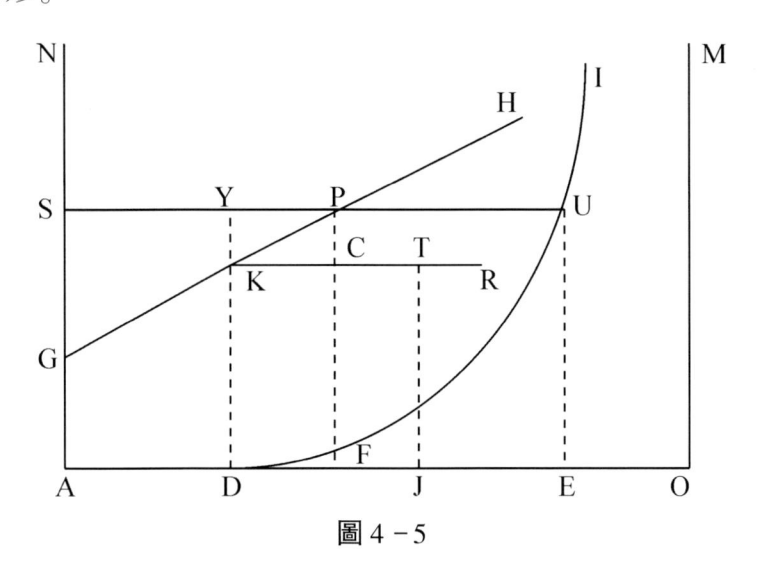

圖4-5

在圖4-3中可以看出，當勞動力的轉移達到短缺點D後，也就是農業中邊際勞動生產率為零的勞動力轉移後（這基本上可以看成是每一農戶中的剩餘勞動力轉移後），農業部門人均產量曲線GK的斜率就急遽下降，幾乎成為了水準線KR。也就是說，在這一點後，不考慮生物化學技術因素，農業的勞動生產率就幾乎沒有提高，農業部門的人均產量也就幾乎不再提高。

4 中印經濟結構的轉化與產業結構的升級比較 153

那麼，在 D 點之後，如果農業勞動力繼續轉移，受農業勞動生產率的限制，耕地不可能都得到有效的耕種，糧食產量就有可能下降。如 KR 上的 T 點，糧食總產量為 JT × OJ，明顯小於 DK × OD。而 DK × OD = AG × OA，所以必然有 JT × OJ ＜ AG × OA。這樣一來，糧食危機就有可能爆發。也就是說，到達 D 點之後，中國的二元經濟結構的轉化就會面臨著一個兩難，繼續工業化就可能導致糧食危機，為了防止糧食危機就只有停止工業化。

當然，現實中，中國從 20 世紀 80 年代初實行家庭聯產承包責任制以來，還沒有出現真正的糧食危機；相反，從 20 世紀 80 年代初實行家庭聯產承包責任制後一直到 90 年代末近 20 年的時間內，中國工業化一直在迅速地進行，但糧食產量卻不僅沒有出現下降，相反還有較大幅度的增長（見表 4-3）。

表 4-3　1980—1998 年中國的糧食總產量的變化

年份	1980	1985	1990	1992	1994	1996	1998
糧食產量（萬噸）	32,056	37,911	44,624	44,266	44,510	50,454	51,230

資料來源：國家統計局．中國統計摘要．北京：中國統計出版社，2003：117．

出現這種情況的原因，一方面是由於生物化學技術的進步使單位耕地面積產量的提高，另一方面則是由於中國的特殊工業化道路——鄉鎮企業工業化道路的結果。眾所周知，鄉鎮企業起源於人民公社時期的社隊企業，改革開放之後曾經有過高速的發展，吸引了大量的農村勞動力。鄉鎮企業是一條非常特殊的工業化道路，其最為重要的特點曾被概括為農民「離土不離鄉」。也就是說農村勞動力從農業轉移到工業後，並不離開農村，是一種就地的轉移。其實這一說法並不準確，準確的說法應該是農民「既不離鄉也不離土」，實際上到鄉鎮企業就業的農

村勞動力是職業上的兩棲人。也就是說，農村勞動力把主要精力轉向工業時並沒有放棄農業，這是因為農業生產本身就具有季節性，除了農忙時需要大量勞動外，其他時候需要的勞動力並不多，再加上中國農民特別能夠吃苦，所以很多把主要生活來源轉向了工業的「農民」利用下班、節假日以及農忙時請假的方式完成了農活，因而土地仍然得到了有效的耕種。而這樣的一種工業化道路，就使中國20世紀八九十年代的二元經濟結構的轉化過程中出現了一個非常特殊的現象，即在工業勞動力增加的同時卻沒有減少農業勞動力。或者說，中國二元經濟結構轉化過程中出現了一些虛擬勞動力。這個虛擬勞動力的數量等於轉移到鄉鎮企業的雙棲勞動力的數量。於是中國這一時期的二元經濟結構的轉化過程就出現了圖4-6的情形。

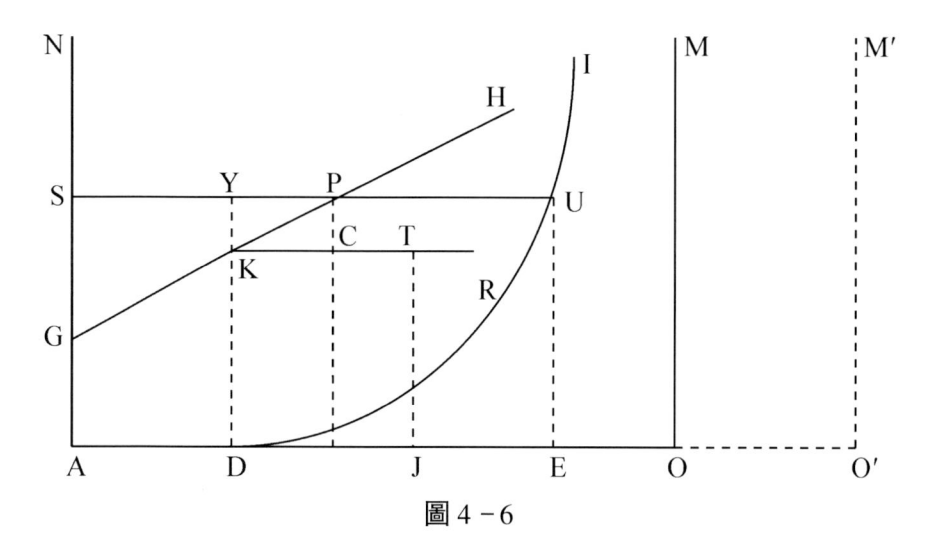

圖4-6

在圖4-4中，當農村一部分勞動力DJ轉移到鄉鎮企業後，農業勞動力並沒有減少，我們可以看成是DJ轉移到鄉鎮企業的同時農業中又增加了同樣數量的勞動力OO′。這樣一來，儘管短缺點D之後，農村機械化並沒有推行，農業勞動力的生產率並沒有提高，農業部門的人均產量曲線KR段基本上是水準的，

4 中印經濟結構的轉化與產業結構的升級比較 | 155

但由於農業勞動力本身並沒有減少，農產品的總產值也就不會減少。如圖中當轉移到工業中的勞動力數量達到 J 點時，農業部門的人均產量 JT = DK，如果按著一般的工業化道路，在單位耕地面積產量不變的條件，由於 OJ < OD，所以 JT × OJ < DK × OD，即農產品總量必然減少。然而由於鄉鎮企業工業化道路下出現了一個農業的虛擬勞動量 OO′，OO′ = DJ，所以當 DJ 轉移到工業後，農業中的勞動量實際上為 OO′ + OJ = DJ + OJ = OD，所以農產品總量為 JT × (OO′ + OJ) = JT × OD = DK × OD = AG × OA。也就是說，在耕地面積不變，單位耕地產量不變的情況下，這一工業化道路可以保證農產品總產量不變。因而在工業化進程中不會出現糧食危機，從而避免了家庭聯產承包責任制下的兩難。當然由於生物化學技術的進步以及農業投資的增加導致單位耕地面積產量較大幅度的提升，所以在 20 世紀八九十年代的工業化進程中中國的糧食產量不僅沒下降，相反還有較大幅度的提高。

不過，這一現象從 20 世紀 90 年代後期開始逐漸發生了變化，中國的鄉鎮企業能夠在改革開放後較長一段時期出現繁榮景象，實際上得益於中國當時的經濟水準。從 20 世紀 80 年代到 90 年代的中期，中國基本上都是一個短缺經濟年代，工業品總體上供不應求，再加上當時對資源利用效率和環保的意識都不強，另外國有企業在 90 年代末期改革之前普遍效益低下，所以給了以中小型企業為主的鄉鎮企業很大的發展空間。但是這一情況從 20 世紀 90 年代中期開始就發生了改變，首先是中國經濟自 90 年代中期開始逐漸告別了短缺，絕大多數產品開始供過於求；其次是自 1994 年《中國 21 世紀議程》發布以後，中國就正式宣布了可持續發展戰略，從此，對於資源的利用效率以及環境的保護引起了極大的重視。而鄉鎮企業以往在這些方面明

顯不夠重視，這一改變使它們開始面臨極大的壓力。另外國有企業經過一系列改革之後，活力大大增強，在與鄉鎮企業的競爭中也最終扭轉了以前的那種劣勢局面。所以，自20世紀90年代中期開始，中國的鄉鎮企業就開始逐漸走向衰落（見表4-4）。

表4-4　　　　　　中國鄉鎮企業的有關數據

年份	1985	1990	1992	1994	1995	1996	1998	2000	2001
企業數目（萬）	156.9	145.4	152.7	164.1	162.0	154.9	106.6	80.2	66.9
雇員（萬）	4,152	4,592	5,176	5,899	6,060	5,953	4,829	3,833	3,372

資料來源：根據2002年《中國統計年鑒》有關數據整理。

從表4-4中可以看出，中國的鄉鎮企業是在1995年左右達到頂峰，其後無論是企業數目還是就業人數都出現了較大幅度的下降。但與此同時，中國的二元經濟結構的轉化仍然在繼續進行，這一方面是由於中國農業人口的平均收入非常低下，與工業人口收入的差距非常之大，農業部門本身有促使這一轉移的強大推力；另一方面，中國的工業化仍在快速的發展，以製造業為主導產業的工業化需要大量的勞動力，所以工業部門對於這一轉移具有強大的拉力。只是在90年代中期之後，中國的工業的發展主要是集中於大城市的工業園區，所以這時農業人口的轉移就再也不是那種所謂「離土不離鄉」的就地轉移，而是一種向大城市的異地轉移。也就是說，中國的工業化由此進入到了後鄉鎮企業時代。在這樣一個工業化時代到來之後，農村的那種職業上的兩栖人，也就是那種虛擬的勞動力就自然消失了。當這一虛擬的勞動力消失之後，中國二元經濟結構的轉化就正式出現了圖4-3的情形，也就是說工業化與糧食安全之間的兩難也就自然出現了。正因為如此，當20世紀90年代末農

民工潮高漲的時候，中國的糧食安全問題也開始悄然出現。由於農村勞動力迅速減少，家庭聯產承包責任制下機械化無法及時推廣，中國農村迅速出現了大量土地「撂荒」的現象，當單位耕地面積產量的提高跟不上這種土地「撂荒」的速度時，中國的糧食產量的下降就再也無法避免了。

表 4-5　1998—2006 年中國的糧食總產量的變化

年份	1998	1999	2000	2001	2002	2003	2004	2005	2006
糧食產量（萬噸）	51,230	50,839	46,218	45,264	45,706	43,067	46,947	48,401	49,746

資料來源：國家統計局編：《中國統計摘要 2003》，中國統計出版社，2003 年版，第 117 頁；2003—2006 年的數據見各年的國民經濟和社會發展統計公報。

從表 4-5 可以看出，中國的糧食產量 1998 年達到頂峰，以後幾年則幾乎逐年下降，2003 年曾下降到 80 年代後期的水準，幾近糧食危機的邊緣。2004 年以後，由於政府採取了大量惠農的政策，再加上農產品價格的上漲，導致了部分勞動力的回流，才使糧食的播種面積有所增加，土地「撂荒」現象有所緩解，糧食產量有所回升。但是，這並不能說已經從根本上解決了這一兩難問題。因為事實上這些惠農政策的出抬並未能從根本上解決農村勞動力轉化過程中耕地的集中經營問題，機械化速度依然緩慢，土地的耕種依然要依靠大量的人力。如果長期依賴這些回流的勞動力來解決糧食安全問題，那就將造成兩難中的另一面——工業化的受阻，近幾年的「民工荒」就是明顯的證明。所以，目前解決中國二元經濟結構轉化中兩難問題的關鍵，在於尋找一條農業勞動力轉移後土地的及時集中經營以及時推廣農業機械化的途徑。

4.4.2 印度：現代部門的拉力不足與農村人口素質的低下使二元經濟結構的轉化受到雙重制約

相比中國，印度在土地制度上更具靈活性，從理論上講，印度的二元經濟結構的轉化完全可以依照圖4-2的情形順利進行，而不會出現中國的那種工業化與糧食安全的兩難困境。但是，如果看一下近二十多年中印二元經濟結構的轉化進程，卻會發現，印度經濟結構轉化的進程實際上還明顯慢於中國（見表4-6）。

表4-6　　　　中印產業結構和就業結構比較

	產業結構（2002年各產業產值占國內生產總值的百分比:%）			就業結構（2000年各產業就業人口占總就業人口的百分比:%）		
	第一產業	第二產業	第三產業	第一產業	第二產業	第三產業
中國	15	51	34	50.0	22.5	27.5
印度	23	27	51	56.7	18.6	25.7

資料來源：中印產業結構數據見《2004年世界發展指標》，中國財政經濟出版社，2005年6月第1版，第186－187頁。中國就業結構數據見中國統計局網站：http://www.stats.gov.cn/tjsj/ndsj/2001c/e0502c.htm。印度就業結構數據見India Economic Survey 2002－2003，http://www.indiabudget.nic.In。

其中的原因，主要是兩個方面綜合作用的結果。一是由於印度現代部門對勞動力的需求嚴重不足。印度的主導產業是屬於技術密集型產業的軟件業，而作為勞動力密集型產業的基本消費品製造業長期發展嚴重滯後，這和中國形成了鮮明的對比。印度的軟件業每年對勞動力的需求不過是幾百萬，而中國的製造業對勞動力的需求卻數以億計。所以兩者對於二元經濟結構轉化的拉力作用是完全不可同日而語。二是由於印度基礎教育的長期滯後，印度農村人口的文化素質也明顯落後於中國，很大一部分印度農村人口並不具備向現代部門轉移的基本能力，

所以，即便土地轉移較為靈活，大部分的印度農村人也不敢輕易放棄土地，故而農業本身對這種結構轉化的推力也是明顯不足的。正因為如此，沒有制度約束的印度在二元經濟結構轉化中的成績反而明顯不如中國。

4.5 新形勢下兩國經濟結構轉化與產業結構升級的前景

近幾年來兩國的經濟政策出現了新的變化，這種新變化主要表現在以下幾個方面：其一，中國的產業政策出現了新的變化，從90年代後期開始出現了重化工業化和高科技化的傾向；其二，中國明確提出了新農村建設的政策；其三，印度自辛格總理上臺後，明顯更注重製造業的發展；其四，印度在近幾年也提出了農村實施「第二次綠色革命」的政策。這些政策提出時間雖然還不久，但有的已經發生了很大的作用，再加上金融危機的影響，使兩國經濟出現了新的形勢或出現了新的形勢的前景。

對於中國而言，首先，產業結構升級形勢出現了新的變化。雖然二元經濟結構的轉化尚未結束，但是勞動密集型產業向資本技術密集型產業的升級已經開始。近年來，中國沿海地區的勞動力密集型產業已經出現了明顯的困境，大量的勞動密集型產業開始向內地或國外轉移；與此同時，資本技術密集型產業發展開始顯示出日益強勁的態勢。如曾經長期落後於印度的中國軟件業，儘管在國際市場上與印度仍有明顯的差距，但總產值上已經明顯超過了印度（表4-7）。

表 4-7　　1998—2006 年印度和中國軟件銷售額和出口額的對比

年份	軟件業產值（億美元） 印度	軟件業產值（億美元） 中國	軟件出口額（億美元） 印度	軟件出口額（億美元） 中國
1998	39	——	26.5	——
1999	57.2	17.6	40.2	2.5
2000	82.6	71.6	62	4
2001	98.6	93.3	78	7.5
2002	124	132.9	96.04	15
2003	155.7	197.2	128	20
2004	280	265.7	172	28
2005	296	471	236	35.9
2006	380	600	310	60

資料來源：中國數據摘自「中國信息年鑑」，印度數據引自 Nasscom. 印度全國軟件和服務協會，轉引自張杭生、張小溪《中國與印度軟件業發展比較分析》，江蘇省外國經濟學說研究會 2007 年學術年會論文。

其次，中國新農村建設過程中，不僅農村的基礎設施和社會保障制度迅速改善，而且在土地制度上也出現了很多新的探索，如公司加農戶的土地股份制，反租倒包等。現在雖然還沒從根本上解決工業化與糧食安全的兩難困境，但極有可能在不斷的探索中最終找到真正適合中國國情的土地制度。

對於印度來說，也出現了新的變化。首先，在辛格政府重視基本消費品的製造業後，製造業出現了可喜的發展形勢，因為當前中國的勞動力成本急遽上升，已經明顯超過了印度，很多跨國公司開始出現由中國向印度轉移的傾向，雖然說現在這種情況還未大規模的出現，但極有可能會在不久的將來出現。

其次是印度的第二次綠色革命有可能使印度的農村發生較大的變化，從而使印度對於二元經濟結構的轉化的推力大大增強。

所以，綜合而言，經濟政策發生重大變化導致兩國經濟出現新形勢的情況下，再加上全球性金融危機對於世界經濟格局產生的巨大影響，兩國的經濟結構與產業結構的轉化升級也可能出現新的前景。中國如果能夠從根本上解決土地制度問題，並合理地利用金融危機中可能帶來的機遇，就極有可能出現產業轉移和經濟結構的轉化與產業結構的升級同時進行的局面，這就是沿海的勞動密集型產業向內地轉移，沿海出現勞動密集型產業向資本技術密集型產業升級以及內地的二元經濟結構順利轉化的局面。而印度，則有可能回到一般國家工業化的道路，即先依靠勞動密集型的輕工製造業和一般服務業實現二元經濟結構的轉化，然後再走向由勞動密集型產業向資本、技術密集型產業的升級。

5　中印對外經濟關係的轉變比較

對外經濟關係是現代國家經濟發展中非常重要的一環，它既是經濟轉型中的重要內容，又對經濟結構的轉化、產業結構的升級具有重大的影響。中印在經濟轉型開始之後，在對外經濟關係方面的政策也進行了重大的調整。

5.1　中印經濟改革以來對外經濟關係的基本戰略比較

5.1.1　兩國都由進口替代轉向了出口導向戰略，重視自身的比較優勢，但印度的對外開放度明顯不如中國

改革以前，中印兩國都受到了「中心—外圍」理論的影響，都採取了內向型的進口替代戰略，這種戰略總的來說屬於趕超型戰略，其主要目的是通過進口一定的機器設備，發展自身的工業，最終替代進口工業品。這是第二次世界大戰後大部分發展中國家採取過的對外經濟戰略，但這一戰略真正取得成功的是戰前的發達資本主義國家，戰後的發展中國家很少有通過這一戰略取得成功的。

在實行大規模的經濟改革也就是實行經濟轉型之時，中印

兩國的對外經濟戰略也發生了巨大的轉變。中國在 1978 年黨的十一屆三中全會之後，就明確了對外開放的方針，並實行出口導向政策。在中共十二大報告上，就提出了「實行對外開放，按照平等互利的原則擴大對外經濟技術交流，是中國堅定不移的戰略方針。我們要促進國內產品進入國際市場，大力擴展對外貿易。要盡可能地多利用一些可以利用的外國資金進行建設。」① 印度在 1991 年拉奧政府開啟經濟轉型之後，也明確提出要「努力把印度從一個管制約束的內向型的經濟轉變為實行市場需要的外向型經濟。」②

　　外向型的出口導向戰略總的來說屬於比較優勢戰略。比較優勢戰略的關鍵是確定自身的比較優勢產品，以能在國際市場上佔有一定的份額，在這方面，中印可以說都確定了自身的比較優勢。中國明顯具有勞動力廉價且豐富這一優勢，所以確定了通過吸引外資，大力發展製造業和加工貿易，最終使中國製造遍布整個世界。而印度由於全方位的對外開放比中國晚了十多年，儘管也有大量豐富而廉價的勞動力，但一方面中國已經占領了基本消費品製造業這一市場，另一方面也由於前文所講的諸如勞工法、基礎設施以及勞動力素質等原因使印度在基本消費品製造業上無法和中國競爭，所以印度只好尋找另外的比較優勢。由於印度有較發達的高等教育以及印度官方語言為英語這一優勢，再加上從 20 世紀 80 年代拉吉夫·甘地政府開始就重視發展信息產業，所以印度確立了軟件業這一比較優勢，最終使印度成為僅次於美國的軟件出口大國。儘管中印兩國各自確定的比較優勢不同，但總體而言都符合李嘉圖的比較優勢理

---

　　① 《全面開創社會主義現代化建設的新局面》，胡耀邦同志在中國共產黨第十二次全國代表大會上的報告，1982 年 9 月 8 日
　　② 楊冬方．印度經濟改革與發展的制度分析 [M]．北京：經濟科學出版社，2006：62.

論和赫克歇爾與俄林的要素稟賦理論。這種建立在比較優勢基礎上的出口導向戰略在中印兩國都取得了較大的成功。

當然，儘管兩國都採取了出口導向戰略，但是中國的對外開放程度明顯高於印度。當前中國對外貿易、吸引外資和對外投資在規模上都明顯高於印度，對外貿易依存度也明顯高於印度。另外，中國從20世紀80年代就開始建立了若干經濟特區，確定了大量沿海開放城市，而印度直到新世紀才建立經濟特區。

5.1.2 兩國都強調自力更生的基礎上實行對外開放，但中國明顯偏向對外開放，而印度更注重對國內民族產業的保護

中印對外開放本身都是為了增強自力更生能力，且都一再強調是在自力更生的基礎上實行對外開放。中國在確立對外開放的時候就提出，「擴大對外經濟技術交流，目的是增強自力更生的能力，促進民族經濟的發展。」[①] 而印度政府之所以採取出口導向戰略也是因為「出口導向的發展戰略是實現自力更生、減少對外援的過度依賴的根本出路。」[②] 但是，在對外開放和發展民族企業的關係上，兩國則還是有一定的不同，總的來說，中國更注重對外開放，強調通過國際市場競爭的途徑來促進民族企業的發展，而印度則更偏重於民族企業自身的發展，強調對外開放的同時必須適當地保護民族企業的發展。

中國在提高對外開放水準，盡快地融入全球化的進程中，較少採用非關稅壁壘來保護國內民族產業，在關稅上調整幅度非常之大：在1985年以前，中國的平均關稅稅率為52.9%，

---

① 《全面開創社會主義現代化建設的新局面》，胡耀邦同志在中國共產黨第十二次全國代表大會上的報告，1982年9月8日。

② 張淑蘭. 印度拉奧政府經濟改革研究 [M]. 北京：新華出版社，2003：55.

1985年下調為38%，後來又分別在1992、1993、1996、1997年連續調整，1997年調整後下降到17%[①]。在最終加入世界貿易組織之後，為了兌現承諾，更是幾乎每年都調整稅率，現在中國平均關稅稅率已經下降到10%以下。另外，中國也較少採用反傾銷手段來保護國內產業。而對於外商對華投資，則採取了超國民待遇，其平均稅率只有15%左右，遠低於國內企業的33%，並且還有很多稅收減免的政策。相對於中國，印度則在對外開放的同時採用了大量的措施保護民族產業的發展，如在貿易問題上，採取了大量的戰略性貿易政策，支持國內優勢產業的發展。在關稅等問題上，印度雖是世界貿易組織的創始國，卻大量使用有關發展中國家的各種例外規定，減緩對外開放的速度。而且，印度還一再使用反傾銷等手段，來保護國內產業的發展。此外，印度對於外資企業也只是給予國民待遇，並予以適當地限制，直到新世紀開始設立經濟特區後，才對特區內企業實行了若干優惠措施。

5.1.3 中國更強調對外開放的層次性，在經濟特區等試點地區的對外開放比印度取得了更大的效果

在經濟轉型時，中國實行了大量的雙軌制政策，在對外經濟關係領域也一樣。中國實行對外開放時，一方面是由於對國際競爭缺乏必要的知識和經驗，另一方面也為了保持整個中國經濟的平穩，並沒有採取全面開放的政策，而是採取了部分地區先行的有差別的對外開放政策。中國首先是1980年在深圳、珠海、汕頭、廈門試辦經濟特區，在特區內實行和其他地區不同的「以市場調節為主的外向型」經濟政策，並採取多種優惠

---

① 賀金凌．中國對外經濟關係的實證分析和檢驗 [J]．城市金融論壇，1999（12）．

政策吸引外商到特區投資。這些特殊政策包括：國家對特區各類企業的自用貨物免徵進口關稅和工商統一稅；對於國外進口的商品，實行減半徵收進口關稅和工商統一稅；特區自產的商品在區內銷售，也減半徵收工商統一稅等。然後，在20世紀80年代中期，又先後開放了大連、秦皇島、天津、菸臺、青島等14個沿海城市和長江三角洲，珠江三角洲，閩南的廈門、漳州、泉州三角地區以及膠東半島、遼東半島等地區，在這些沿海開放城市實行和經濟特區類似的某些優惠政策。1988年又興辦了海南經濟特區，20世紀90年代以後，又開放了邊境地區、由重慶到上海的沿長江地區、沿歐亞大陸橋地區以及大部分的內地省會城市。這些地區在開放時間上有先後，政策上也有區別，總的來說，經濟特區優惠政策最多，沿海開放城市次之，其他開放地區優惠政策相對較少，也就是說，開放具有層次性。這樣一來，最終使中國形成了全方位、多層次、寬領域的對外開放局面。這些經濟開放地區特別是早期設立的經濟特區和沿海開放城市不僅促進了當地區域經濟的高速發展，而且對於整個中國的經濟改革和經濟發展都起到了重要的示範和帶動作用。據統計，最早確立的四個經濟特區，1985年工業產值只有55億元，到1990年就達到495億元，5年增長了8倍多，平均每年增長50%左右。14個沿海城市在「七五」期間，外商直接投資就超過了100億美元，已投產的「三資」企業2,000多家。沿海的12個省、區、市1990年的外貿出口額近400億美元，約占全國出口總額的2/3。① 這些地區的高速發展為全國大量的農村剩餘勞動力找到了出路，同時也為90年代後整個中國全面市場化改革累積了寶貴的經驗，可以說是中國能夠在經濟轉型期取

---

① 吳敬璉. 當代中國經濟改革 [M]. 上海：上海遠東出版社，2004：284.

得如此高速增長的重要原因。

　　印度儘管是最早認識到特殊的經濟開放地區對於促進經濟增長特別是促進出口的作用的亞洲國家之一，並於1965年就設立了第一個出口加工區——坎德拉（Kandla）出口加工區。① 後來又先後設立了桑特克魯茲（Santacruz）電子出口加工區、法爾他（Falta）出口加工區、馬德拉斯（Madras）出口加工區、科欽（Cochin）出口加工區、諾依達（Noida）出口加工區和維薩喀克哈帕納姆（Visakhapatnam）出口加工區等，在這些地區也採取了一定的優惠政策。應該說這些地區對於減少印度的商品貿易和國際收支逆差、緩和貨幣貶值的巨大壓力以及促進印度產品的出口起到了一定的作用，但由於當時整個印度經濟的內向型，所以並沒有對整個印度的經濟發展起到太大的作用。在1991年拉奧政府開始全面的經濟改革並實行融入全球化的戰略的時候，印度卻並沒有如中國一樣設立新的特殊的經濟開放區，也沒有將原來的出口加工區升格為經濟特區，所以整個印度的開放並不像中國一樣一開始就具有明顯的層次性。直到2000年，受到中國經濟特區的啓發，才正式決定設立經濟特區。印度首先是將坎德拉、桑特克魯茲、科欽等出口加工區改為經濟特區，後來又建立了很多新的經濟特區。在這些經濟特區也實行了一些類似中國早期經濟特區的優惠政策，如對於特區內外國投資者，直接投資比例可達到100%，投資總額不封頂；第一個五年內免除企業出口產品利潤的全部所得稅，第二個五年免除50%；免除中央政府的銷售稅；用專門窗口辦理中央和各邦的各類許可證；國外產品進入特區也免徵關稅等。②實行這些優惠政策以後，印度的經濟特區也有過類似中國經濟特區早期

---

① 印度經濟特區網站：http://sezindia.nic.in/.
② 印度經濟特區網站：http://sezindia.nic.in/.

的表現，如2002—2003年度印度經濟特區出口額超過1,000億盧比約合22.75億美元；2003—2004年度，以美元來計算的特區經濟增長率達到46%，經濟特區出口總額達30.38億美元，2004—2005年度，印度經濟特區出口達40億美元，占印度總出口的5%。另外，經濟特區內外資引進額度倍增。2004—2005年度，印度經濟特區吸引外資達到了50億盧比（約1.16億美元）。另據印度商工部估計2005—2008年，經濟特區將吸引20億美元的外國直接投資。一些國際知名企業與跨國公司紛紛落戶印度的這些經濟特區。[1]但是印度的經濟特區和中國深圳等經濟特區對經濟發展所起的作用相比，還是有明顯的差距。首先是印度經濟特區本身的發展與中國經濟特區早期的發展還是存在明顯的差距。其次是印度的經濟特區雖然多，現在已達200多個，但面積太小，一般都只有幾平方千米，而中國當時最大的經濟特區——深圳特區就達300多平方千米。過於零散的經濟特區不可能有太大的經濟實力來帶動整個印度的經濟發展。再次，印度並沒有如中國一樣形成經濟特區——沿海開放城市——沿邊、沿江、沿路經濟開放區——內地開放城市那樣的層次結構，所以想像中國那樣形成以點帶線、以線帶面的形勢很難。另外，印度國內苛刻的勞工法對於外資企業在印度經濟特區的投資也形成了一定的制約。因為根據印度勞工法，需雇傭超過100名員工的公司必須獲得政府批准後才能雇傭員工；如果公司雇傭員工的時間過3個月，就必須與他們簽訂合同，即提供永久雇傭待遇。雇工在100人以上的公司如解雇工人，也需得到所在邦政府的批准，而由於印度工會實力強大，實際上邦政府也不敢隨意批准解雇工人。勞工法對於經濟特區一樣對

---

[1] 牟健.探析印度經濟特區的發展現狀與問題[J].科協論壇，2007(4).

待。這使得外商對印度經濟特區的投資比較謹慎。此外，印度國內對於經濟特區的反對聲音也比較大，如前國大黨主席索尼婭・甘地就反對因興建經濟特區而導致的大量耕地被政府低價收購，2007年3月印度還出現了因反對建經濟特區而發生的流血衝突。所以，印度經濟特區現在實際上就已經出現了各種各樣的困難，很難取得像中國經濟特區當年那樣的奇跡。

5.2 中印對外貿易比較

5.2.1 中印外貿體制改革比較

改革開放以來，中國就開始對外貿體制進行了大規模的改革，這些改革包括：

（1）下放外貿權。在改革開放之後，中國政府首先改革了原來那種只能由12家國家級外貿公司經營外貿的統制外貿政策，向地方政府和生產企業下放了大量的外貿經營自主權。包括讓地方政府擁有外貿企業和出口加工企業的外貿經營權的審批權、對設立外貿企業的審批權等。同時規定，除了少數大宗的、有關國計民生和戰略意義、在國際市場上競爭激烈的出口商品必須由外貿部所屬的外貿專業總公司經營外，其餘商品可由地方各外貿企業自主經營。後來又先後授予外商投資企業和私營生產企業的自營外貿權。另外，為了促進加工貿易的發展，還實行了一些特定的有利於加工貿易發展的政策，如對用於加工貿易活動的進口品實行保稅監管政策，同時除少數敏感品外，取消加工貿易進口的許可證、配額等非關稅壁壘。

（2）逐步取消非關稅壁壘，並不斷降低關稅保護水準，促進貿易的自由化。在改革初期，由於外匯的緊張，還是採取了

鼓勵出口限制進口的政策，對於進口商品，除了有關國計民生的大宗商品、成套的大型設備和技術引進項目外，對於一般的消費品，還是採取了一定的限制政策，這種限制政策既有關稅壁壘，也有非關稅壁壘。在20世紀80年代非關稅壁壘還是非常重要的形式，這些非關稅壁壘主要包括進口配額、許可證、進口替代名錄以及質量與安全標準等，其中進口配額和許可證是當時採用的最主要的非關稅壁壘。80年末許可證商品達到53種，占所有進口商品的比重高達46%，但進入90年代後，這些非關稅壁壘逐步減少，到90年代末，只剩下4%的進口商品受許可證限制，而加入世界貿易組織後，則逐步取消了所有的進口配額和許可證。在逐步減少和取消這些非關稅壁壘的同時，關稅壁壘也逐漸降低。80年代初中國的平均關稅稅率曾高達56%，當前已經降到10%以下，達到WTO其他發展中國家相當的水準。

（3）制定各項鼓勵出口的政策。在改革開放以前，「獎出限入」就是基本的外貿政策之一；改革開放之後，在逐漸放鬆對進口的限制的同時，也採取了大量鼓勵出口的政策。這主要包括出口補貼、出口退稅等。

印度對外貿的控制改革前就沒有中國那麼嚴格，而且在全面經濟改革以前的80年代就已經有了一定的改革。如80年代初就改變了以往「只有本國沒有或國內不能生產的工業品才能進口」的原則，提出只要有利於技術更新和出口，無論是原料、中間產品還是資本品都可以進口。80年代中期，為了扶持計算機產業，又免除了計算機和電子工業設備的進口稅，同時，其他的資本品、機器設備的進口稅也大大降低。90年代開始全面經濟改革以後，外貿體制也進行了較大規模的改革。改革措施主要包括：

（1）大量減少非關稅壁壘，同時逐步降低關稅壁壘，放鬆

對進口的限制，推動貿易的自由化。印度改革前的非關稅壁壘主要是許可證和配額控制，拉奧政府實行經濟改革之後，首先全面取消了資本品和中間品的進口許可證，這些商品均改為關稅控制，但是，對於一般消費品仍實行許可證控制。同時關稅率也逐步下降。1990—1991年印度的最高關稅率達到355%，加權平均關稅率為87%，1995—1996年最高關稅下降到了55%。[①]後來的瓦傑帕伊和曼·辛格政府進一步實行這方面的改革，1998年瓦傑帕伊政府把340種商品從限制進口名單轉移到進口許可證名單，2001年4月1日起，又取消了所有商品的進口配額限制，對進口實行關稅化管理，2001年3月還取消了10%的關稅附加稅，降低水泥等與基礎設施有關的產品進口稅，並表示3年內把最高基本關稅降為20%。[②] 2005年4月1日起，曼·辛格政府宣布對信息技術協議中217項IT產品進口免徵關稅。[③] 並進一步降低整體關稅水準，2005年印度算術平均關稅已經下降到15%。[④]

（2）採取多種措施，積極促進和擴大出口。印度對出口的促進措施主要有四項：第一，廢除原來對出口的限制，到1994年拉奧政府就廢除了原來的出口許可證、出口定額以及最低出口價格等對出口的限制，代之以統一的沒有歧視的出口刺激。第二，改革出口補貼政策，廢除對那些容易造成拖延和腐敗的商品的出口補貼，而對農業及其相關產業的出口給予更多的補

[①] 楊冬雲. 印度經濟改革與發展的制度分析 [M]. 經濟科學出版社, 2006：70.

[②] 楊冬雲. 印度經濟改革與發展的制度分析 [M]. 經濟科學出版社, 2006：83.

[③] 文富德. 印度曼·辛格政府堅持謹慎經濟改革 [J]. 南亞研究, 2007 (1).

[④] 商晤. 印度關稅知多少 [M]. 進出口經理人, 2006 (1).

貼鼓勵。第三，適當改革匯率政策，使其更加有利於出口。1991年為了促進出口曾進行了一次大幅度的盧比貶值，1992年實行雙重匯率制度，1993年盧比經常項目下的可自由兌換，並使盧比根據外匯市場上的供需條件而決定匯率。第四，鼓勵出口商品的生產和出口企業的發展。

總的看來，中印兩國在外貿政策上都是不斷地走向自由化，都採取了放鬆對進口的限制以及鼓勵出口的政策。但是，相對而言，印度對國內市場的保護明顯大於中國，但中國在鼓勵出口的政策上更加有力。印度對於一般消費品的進口控制一直比較嚴格，進口一般消費品曾長期受許可證控制，而中國在90年代後受許可證控制的商品就非常少。90年代以來，印度的進口關稅也一直高於中國，另外印度為保護民族企業而對進口商品採取的反傾銷措施遠遠多於中國。據統計，從1995年至2007年6月，印度採取的反傾銷措施次數高達474，甚至超過了美國和歐盟，而中國則僅為138次[①]。但在促進出口方面，儘管兩國採取的是類似的政策，但由於中國從80年代開始就建立了幾個經濟特區和大量的沿海開放城市，這些地方的企業基本上都是面向出口的企業，所以鼓勵出口政策所起的作用非常大。

5.2.2 中印外貿的水準比較

從兩國的外貿水準來看，總的來說中國明顯高於印度，無論是進、出口的量上看還是增長的速度來看，中國都明顯高於印度（見表5-1）。

[①] India Economic Survey 2007-2008，見 http：//indiabudget. nic. in.

表 5-1　　　　　中印外貿主要指標比較　　　單位：億美元

年度	中國 出口	中國 進口	中國 貿易差額	印度 出口	印度 進口	印度 貿易差額
1990	620.9	533.5	87.4	181.43	240.75	-59.3
1991	719.1	637.9	81.2	178.65	194.11	-154.62
1992	849.4	805.9	43.5	185.37	218.82	-33.45
1993	917.4	1,039.6	-122.2	222.38	233.06	-10.68
1994	1,210.1	1,156.1	54.0	263.30	286.54	-23.24
1995	1,487.8	1,320.8	167.0	317.97	366.78	-48.81
1996	1,510.5	1,388.3	122.2	334.70	391.33	-56.63
1997	1,827.9	1,423.7	404.2	350.06	414.84	-64.78
1998	1,837.1	1,402.4	434.7	332.18	423.89	-91.71
1999	1,949.3	1,657.0	292.3	368.22	496.71	-128.49
2000	2,492.0	2,250.9	241.1	445.60	505.36	-59.76
2001	2,661.0	2,435.5	225.5	438.27	514.13	-75.86
2002	3,256.0	2,951.7	304.3	527.19	614.12	-86.93
2003	4,382.3	4,127.6	254.7	638.43	781.49	-143.06

資料來源：中國數據見《2004 中國統計年鑒》，中國統計出版社，2004 年版，第714 頁；印度數據見 India Government：Economic Survey 2004—2005，見 http://indiabudget.nic.in.

從表 5-1 來看，經濟改革以來，中印在對外貿易領域都取得了很大的成就，但相對而言，中國成就更為顯著。當前，從規模上講，中印外貿規模已經不在一個檔次，中國外貿總額已經進入世界前列，2007 年已經成為世界第三位，而印度還沒有進入前 20 名。另外，從 20 世紀 90 年代以來，除了 1993 年之外，中國外貿一直處於順差狀態，但印度卻每年都存在逆差，

這也說明中國的出口政策取得了更大的成效。當然，中印外貿的差距，一方面反應了中國經濟更具外向性，在融入全球化進程方面中國比印度走得更快，另一方面也是由於中國的經濟總量遠遠高於印度所致。不過從貿易的方式和結構上看，則兩者各有優劣：

從貿易方式上來看，印度要優於中國。中國的主要貿易方式是加工貿易而並非一般的商品貿易。從20世紀90年代中期開始，中國的加工貿易就超過了貿易總額的50%，而加工貿易的主體是外資企業而非本土企業。印度的貿易方式主要是一般貿易，加工貿易所占份額極小，本土企業是印度的貿易主體。從這點來看，印度的貿易方式優於中國。

而從貿易的結構來看，則又有不同，首先，印度貿易中的服務貿易比重明顯高於中國。2004年，中國的出口貿易中，商品貿易占90.5%，服務貿易不到10%，進口貿易中，商品貿易占88.6%，服務貿易占11.4%。同期印度的服務貿易占總出口的份額達到34.4%，在進口貿易中的份額達到30%。[1] 這方面印度的結構明顯好於中國。但是從出口商品的結構來看，則中國又優於印度，當前中國出口商品中工業製成品所占比例90%左右，初級產品和原材料只占10%左右。但印度出口商品中工業製成品所占比例只在70%左右，2005—2007年印度出口商品中工業製成品所占比例分別為72.0%、68.6%和69.4%。[2]

5.2.3 中印外貿的前景比較

從當前的形勢來看，中國外貿還將在很長一段時間內對印

---

[1] 見世界貿易組織網站：http://www.wto.org.

[2] India Government：Economic Survey 2006 - 2007，見 http://indiabudget.nic.in.

度保持明顯的優勢。這是因為中國的整體經濟規模已經遠遠超過印度，而中國經濟結構中工業所占比重遠遠高於印度。一般情況下，工業比重高的國家外貿潛力更大，所以，從規模上看，印度很難在短時間內縮小與中國的差距。但是，由於近年來兩國經濟戰略的調整，中國政府開始強調產業結構升級，其中特別強調製造業升級，依靠勞動密集型產品出口的局面可能會有所改變，考慮到中國的高新技術產品在國際上的優勢明顯不如勞動密集型產品，再加上金融危機後西方發達國家對於中國製造的需求大幅度下降，中國在今後一段時間內出口的增速可能會有所減緩，在一定時間內甚至會出現負增長，而同時，印度卻在近幾年明顯重視了製造業的發展，這極有可能促進印度外貿的發展。所以，印度外貿的增長速度有可能會在近期內趕上或超過中國。

當然，兩國的外貿特別是出口雖然近幾年增長很快，但實際上都面臨一定的問題。首先是兩國的優勢出口產業部門實際上都明顯受到國際市場波動的影響。中國的某些產品在國際市場上所占比重過大的優勢已經引起了很多國家的擔憂，從而使中國在國際上所遇到的貿易壁壘和反傾銷調查日益增多。如前幾年在世界貿易組織規定紡織品配額取消的情況下又遭到美國、歐盟等的配額限制，中國所遇到的反傾銷更是世界上最多的。而印度由於90年代後期以來長期依賴軟件的出口，2006—2007年度印度軟件出口占服務出口的42.9%，[1] 這也使印度的出口過分地受制於國際經濟形勢的變化。在國際經濟形勢出現衰退時，印度的出口也就將遇到很大的打擊。現在印度的軟件出口增長已經過了黃金期，年增長50%的情況估計很難再出現，這也必將對印度的出口甚至整個印度的經濟發展都帶來巨大的影

---

[1] India Economic Survey 2006–2007，見 http://indiabudget.nic.in.

響。其次，兩國的出口目標市場都過於集中，2004年中國出口目標市場的前5位占出口總額的比重高達73.3%，印度出口目標市場的前5位占出口總額的比重也達58.4%，這可能造成中印兩國過多地依賴少數市場，當然，這方面中國尤其值得注意。本次金融危機中歐美發達國家需求的萎縮之所以給中印兩國經濟也帶來了巨大的影響，與中印出口目標市場過於集中有著重大的關係。

表5-2　中印主要出口目標市場比較（2004年）　　單位：%

中國主要出口市場	占出口總額的比重	印度主要出口市場	占出口總額的比重
美國	21.1	歐盟	22.7
歐盟	18.1	美國	18
中國香港	17	阿聯酋	8
日本	12.4	中國香港	5.1
韓國	4.7	中國	4.6

資料來源：世界貿易組織統計數據，http://www.wto.org。

5.3　中印利用外資和對外投資比較

5.3.1　中印利用外資比較

在實行經濟改革以前，中印兩國對外資特別是外商直接投資都進行了嚴格的限制。中國基本上禁止外商直接投資，對於外援和對外借款也非常謹慎。印度儘管從未禁止外商投資，但是對於外資的管制也非常嚴格。實行經濟改革之後，兩國都大幅度地調整了有關外資的政策，由限制或禁止外資轉向鼓勵外

資的進入。這一轉變過程中，兩者存在很多的相似之處，但也存在明顯的區別。

　　首先，兩者都逐步放開對外資的限制，但中國對於外資的開放力度明顯大於印度，中國對於外資的待遇也明顯好於印度。

　　中印兩國在外資的利用上都有一個逐步放開的過程。中國最早決定利用外資特別是外商直接投資時，開放的地區基本上限於經濟特區，後來則逐步放開到沿海開放城市，最後面向全國。在開放的領域上，20世紀80年代基本上局限於紡織、輕工等產業領域，90年代後，開放的領域日益擴大。1992年向外資開放了商業零售業，1994年又有條件地向外資開放了民航業，並允許以合資、合作方式投資廣告服務業，1995年又開放了船運業、高新技術產業，1996年又允許外資銀行經營人民幣業務。後來又逐步放開了證券、保險等領域，到21世紀後基本上除了關係到國民經濟命脈而必須由國有企業獨資經營的領域外，基本上都向外資開放。印度在90年代初實行大規模經濟改革以後，也迅速放鬆了對外資的限制。拉奧政府首先取消了絕大部分外資只能投資於那些需要外國科技和外匯的、能夠促進經濟發展的工業領域，並且外資持股不能超過40%的規定，向外資開放了金融、電力、銀行、通信、保險和服務業等領域，並提出除了34種產業外允許外商直接投資達到重點項目股本總額的51%。在瓦杰帕伊上臺後，還重點推出銀行、非銀行金融業、醫藥、港口等15個領域，讓外商重點投資。並規定外國對印度非金融公司的直接投資如超過5,000萬美元，則允許設立外商獨資企業。[①] 雖然兩國都加大了對外資的開放，但中國開放的力度明顯大於印度。中國開放的領域明顯多於印度。另外，中國

---

① 楊冬雲．印度經濟改革與發展的制度分析［M］．北京：經濟科學出版社，2006：84．

對於大部分行業的外商投資並沒有股份的限制，很多行業都可以採取獨資的形式，但印度除了少數行業外，都有最高股份的限制，一般不允許外商獨資企業存在。此外，中國對於外資企業採取了大量的優惠措施，在稅收上明顯低於國內企業，實行的是超國民的待遇，但印度在2000年之前，基本上都只是實行國民待遇，而沒有實行超國民待遇。但是，最近兩國的外資政策上卻有了一定的變化。印度在新世紀開始設立經濟特區後，在經濟特區內採取了很多類似以往中國實施的外資優惠政策，甚至也實行了超國民待遇，但中國卻在2006年開始宣布要取消對外資的超國民待遇，決定只對外資實行國民待遇。

其次，兩者都由以利用間接投資為主轉變為利用直接投資為主，但中國外商直接投資的規模遠遠大於印度。

中印兩國在最初利用外資的時候，都主要利用外商的間接投資，其中最主要的是對外借款。中國1979—1990年對外借款額達到568.3億美元，而外商直接投資額只有403.7億美元。[①] 印度在90年代初利用的外資中，外援和商業借款也是最主要的組成部分，1991—1992年度印度利用的外援達30.37億美元，商業借款達14.56億美元。而是外商直接投資僅為1.33億美元。[②] 但是，兩國後來都轉向了外商直接投資，中國從80年代末期開始，印度從90年代中期開始，外商直接投資都成了外資最重要的組成部分。當然，從利用外商直接投資的規模上看，中國遠遠大於印度。中國在2000—2005年的FDI流入量分別為407.15億美元、468.78億美元、527.43億美元、535.05億美元、606億美元和603億美元，而印度這六年的FDI流入量分別

---

① 中國統計局.2003年中國統計摘要［M］.北京：中國統計出版社，2003：167.

② 印度儲備銀行：《1999年印度統計手冊》，轉引自鄧常春《淺析20世紀90年代以來印度外資結構的變化》，《南亞研究季刊》，2001年第3期。

為32.72億美元、47.34億美元、32.17億美元和23.88億美元、37.13億美元、47.30億美元。① 中國從1993年以來一直是發展中國家中利用外資最多的國家，2003年甚至成為全球利用外資最多的國家。

再次，兩者都注意充分利用利用海外僑胞的資金，但中國利用僑胞資金的數量明顯大於印度（見表5-3）。

中印兩國有一個共同的特點，那就是海外僑胞人數眾多，而且經濟實力強大。中國除中國大陸、臺灣、香港和澳門之外的海外僑胞約有4,200萬人，經濟實力估計在1.5萬億美元左右，再加上香港、臺灣和澳門人數將達7,000多萬，經濟實力達2萬億美元左右。印度也有大量的海外僑胞，據估計海外印僑在2,000萬人左右，經濟實力在1,600億美元左右。在利用外資時，海外僑胞是重點引進的對象。在這一點上，中國20世紀80年代初就採取了相應的政策。當時最早的四個經濟特區的設計就明顯是想利用港澳臺和海外華人的投資，這種設計也達到了很好的效果，從20世紀80年代到90年代末，港澳臺和海外華人的投資占了中國外資的絕大部分，這其實也是中國外資規模能夠如此迅速擴大的重要原因。而印度在20世紀90年代決定大規模引進外資時，對於海外僑胞的資金也有一定考慮，但沒有正式的制度設計，所以在90年代海外印僑資金在印度FDI中所占比例遠不及海外華人資金在中國FDI中所占比例。不過，進入21世紀以來，情況則又有了一定的變化，中國引進的外資中，歐美日等發達國家的大型跨國公司所占比例日益增大，港澳臺及其他海外華人資金所占比例相對減少。而印度則明顯重視了海外僑胞資金的引入，在瓦杰帕伊政府時期，就首先專門

---

① 中國數據見中國各年經濟與社會發展統計公報，印度數據見India Economic Survey 2007—2008。

宣布放鬆印僑對國內公司投資股票的限制，從原來占公司股票的1%提高到5%，印僑對一家公司投資總額的限制由5%提高到10%，並由印度國家銀行向印僑發行印度復興債券。[①] 後來，又於2003年1月9日，正式宣布印度將實行雙重國籍政策。現在利用海外印度人的資金、技術、人才和國際影響力已經成為印度的一項基本國策。現在印僑的資金日益成為印度FDI的一個重要來源，近幾年美國、英國、毛里求斯等國對印度的投資中，很大部分實際上是印僑資金。

表5-3　　2002年中印外資的主要來源地比較

位次	中國		印度	
	來源國家或地區	金額（百萬美元）	來源國家或地區	金額（百萬美元）
1	中國香港	17,861	毛里求斯	534
2	維爾京群島	6,117	美國	268
3	美國	5,424	英國	224
4	日本	4,190	德國	103
5	臺灣	3,970	荷蘭	94
6	韓國	2,721	日本	66
7	新加坡	2,337	法國	53
8	開曼群島	1,180	新加坡	39
9	德國	928	瑞士	35
10	英國	896	韓國	15

資料來源：中國商務部網站，印度投資促進中心。

[①] 楊冬雲. 印度經濟改革與發展的制度分析［M］. 北京：經濟科學出版社，2006：84.

當然，儘管兩國政策有了一定的改變，但由於中國海外僑胞的經濟實力遠勝於印度，再加上 21 世紀以來發達國家在中國的跨國投資也日益增多，所以中國在 FDI 規模上的優勢還將長期存在。

最後，中國的外資主要投向製造業，印度的外資主要投向服務業，中國的外資在出口創匯和增加就業機會方面成績明顯比印度突出，但印度的外資在彌補資金缺口和引進技術方面好於中國。

根據錢納里和斯特勞特提出的「兩缺口模型」理論以及由此發展起來的「三缺口模型」、「四缺口模型」等理論，外資對於發展中國家，一般來說具有彌補資金、技術和管理等缺口的作用，也就是說，通過引進外商投資，可以彌補發展中國家資金的不足，同時還可以引進先進的技術和管理。當然，實際上，通過引進外商直接投資，還可以起到增加就業機會以及增加出口創匯的作用。從兩國的實踐來看，雖然最初的目的基本相同，主要都是想以市場換技術和資金，起到彌補錢納里和斯特勞特等提出的經濟發展中的缺口的作用。但外資在兩國實際所起的作用還是存在明顯的差別。從彌補資金和技術的缺口來看，中國早期作用明顯，但 20 世紀 90 年代中期以後效果明顯不如印度。因為要實現彌補資金和技術缺口的目的，外資應該重點流向國內重點產業和高科技行業。但中國外資流向國內重點產業和高科技行業的比重明顯不如印度（見表 5-4）。

表 5-4　　　　　　中印 FDI 的行業分佈　　　　　單位:%

中國 主要投資行業	2000	2001	2002	印度 主要投資行業	2000	2001	2002
製造業	63.7	66.2	70.2	社會服務	11.8	37.8	30.7
房地產業	11.5	11.0	10.8	計算機	16.0	12.3	17.9

表 5-4（續）

中國				印度			
主要投資行業＼年份	2000	2001	2002	主要投資行業＼年份	2000	2001	2002
社會服務業	5.4	5.6	5.6	工程機械	14.3	7.7	15.8
電力、煤氣、水	5.5	4.9	2.6	電子電氣設備製造	11.2	22.1	5.7
農、林、牧、漁	1.7	1.9	2.0	金融	2.1	0.7	3.3
批發和零售業	2.1	2.5	1.8	化學原料及化學製品製造	7.2	2.2	3.2
交通運輸、倉儲及郵電通信業	2.5	1.9	1.7	醫藥製造	3.2	2.3	2.7
建築業	2.2	1.7	1.4	食品及奶製品加工	3.9	1.6	2.1
其他	5.4	4.4	3.9	其他	30.3	13.2	18.6
合計	100	100	100	合計	100	100	100

資料來源：中國計委、中國統計中心、中國信息中心；印度投資促進中心。轉引自吳晨瑜《中國與印度直接利用外資的比較研究》，《科學技術與工程》，2005年第6期。

從表5-4來看，中國的外商投資主要集中在勞動力密集型的製造業和房地產業，而印度的外商投資主要集中在社會服務、計算機、工程機械和電子電氣設備製造業。印度投資於高科技行業的比重明顯高於中國。再加上中國的外商直接投資以外商獨資企業為主，而印度則大部分行業都只允許外商以合資、合作的形式投資，外商獨資企業極少。所以，印度引入的FDI應該說更好地實現了彌補資金缺口和引進技術的目標，而中國的外資實際上對於中國技術的提高非常有限。不過，另一方面，由於中國外資在製造業這種勞動力密集型產業比重極高，規模極大，這對於解決中國的就業問題則起到了巨大的作用，故而對於中國的經濟結構的轉化起到了非常重要的作用，這也是中國二元結構轉化進程明顯快於印度的重要原因。另外，由於外商投資的製造業產品大部分用於出口，從而為中國創造了大量

的外匯，使中國在20世紀90年代後迅速地由外匯緊缺的國家變成了外匯充裕的國家，而現在中國的外匯儲備更是達到了1.9萬多億美元，高居世界第一，印度在這方面的成就則遠遜於中國。

5.3.2 中印對外投資比較

在國際經濟交流中，任何生產要素的流動都應該是雙向的，資金的流動也一樣。儘管中印兩國都屬於發展中國家，由於資金和技術的原因，兩國主要都是要吸引外資，但這並不表明兩國就只是吸引外資而不對外投資。事實上，在大量吸引外資的同時，兩國也早就開始了對外投資的進程。印度早在1960年就開始了對外投資，1960—1970年對外投資總額累計為0.87億美元，1971—1981年對外投資累計為2.13億美元。[①] 中國對外投資始於1979年，在1979年中國國務院頒布的15項經濟改革措施中，第13項就明確規定允許中國企業走出國門跨國經營，自此也就開始了對外投資的進程。但總的來說，中印兩國在20世紀的最後二十年，儘管都允許企業對外直接投資，但由於資金的匱乏，實際上還是有很多的限制政策，並不鼓勵企業走出去。然而到了世紀之交，兩國卻幾乎不約而同地開始採取「走出去」戰略，鼓勵企業對外直接投資，近年來兩國的對外投資都有了跨越式的發展，存在一定的共同之處，但也存在明顯的區別。

首先，兩國的對外投資規模都相對較小，但增長迅速，中國總體規模上大於印度，但印度對外投資的力度明顯大於中國。

由於兩國對於對外投資的鼓勵政策實施較晚，再加上兩國的經濟水準，所以對外投資總體規模都不算大，但增長非常迅

---

① 任會中. 印度對外投資的開展及其對中國的啟示 [J]. 經濟管理，1989（10）.

速。中國2000年的對外投資僅為9億美元，但到2005年已經達到69億美元。2006和2007年則分別達到161億和187億美元,[①] 增長極為迅速。印度2001—2002年度的對外投資也僅為9.7億美元，但到2005—2006年度則達到45億美元，2006—2007年度更達75億美元，增長也極為驚人。[②] 中國當前對外投資在規模上較印度還有一定的優勢，但是如果從對外投資的力度來看，印度則明顯大於中國。無論是從對外投資占GDP的比重來看還是對外投資與引進外資的比例來看，印度都大於中國。

表5-5　　　　2005年中印對外投資力度比較

國別	GDP（億美元）	外商直接投資額（億美元）	對外直接投資額（億美元）	對外投資額占GDP的比例（%）	對外投資額占外商直接投資額的比例（%）
中國	20,549	603	69	0.34	11.44
印度	7,198	47.3	45	0.63	95.74

資料來源：比例為計算所得。

當前中國在對外投資上的規模較印度的優勢遠不及所吸引的外商直接投資的優勢。但兩國總體來說對外投資的增長速度都超過了外商投資的增長速度，中國對外投資與吸引外資的差距已經在不斷縮小，而印度卻基本上已經不再存在差距，並極有可能在近年內出現對外投資超過外商投資的情況。這也說明，相對而言，中國更注重吸引外資，而印度更注重對外投資。根據當前經濟學界基本認同的著名經濟學家鄧寧的國際投資理論，一個國家的對外投資主要取決於一個國家的經濟發展階段和所有權、內部化以及區位優勢。其中經濟發展的階段是非常重要

---

① 見中國各年統計公報。

② India Economic Survey 2006-2007，見 http://indiabudget.nic.in.

的方面。根據鄧寧的理論，一個國家吸引外資和對外投資的對比可以分為四個階段。人均 GDP 低於 400 美元時為第一階段，這時 FDI 的流入和流出都不顯著。人均 GDP400 美元~1,500 美元為第二階段，這時 FDI 的流入快速增加而 FDI 的流出緩慢增加。人均 1,500 美元~4,750 美元為第三階段，這時 FDI 的流入緩慢下降而 FDI 的流出快速增加，FDI 的流入和流出最終基本相等。而人均 4,750 美元以上為第四階段，這時 FDI 的流入持續減少而流出緩慢增加，FDI 的流出最終大於流入。從這一理論來看，中國應處於第二階段向第三階段過渡的時期。近幾年來 FDI 的流出增長速度也明顯超過了 FDI 流入的增長速度，可以說中國基本符合這種理論，這說明中國對外投資基本符合一般國家經濟發展的路徑。而印度本身的經濟水準應屬於第二階段，但其已經明顯體現出了第三階段的特徵，這說明印度的對外投資具有超前發展的特色。

其次，中國對外投資的主體是國有企業，印度對外投資的主體是私營企業。

中印兩國在投資主體上也存在明顯的區別。中國對外投資的主體一直以國有企業為主，在 20 世紀八九十年代主要是一些從事貿易的中小型國有企業，而且一般採取「綠地投資」，也就是投資辦廠的形式，在 21 世紀正式提出「走出去」戰略以後，投資主體主要為大型的國有企業和國家控股的有限責任公司，而且一般以跨國併購為主。中國民營企業現在所占比例只有 10% 左右，不過近年來比例有所提高。但印度對外投資的主體卻以私營企業為主，其中既有如塔塔集團那樣的大型私營企業集團，也有大量的中小型私營企業，特別是在軟件業的對外投資中，中小企業占了大部分。2002 年印度印度軟件業的中小企

業對外投資額占其對外投資存量的47%。① 這說明印度私營企業和中小企業的國際競爭力明顯強於中國。在投資方式上，和中國一樣，印度也日益傾向於跨國併購。

最後，中國對外投資的主要行業是製造業和資源型產業，投資的主要目的地是亞洲和拉丁美洲的發展中國家和地區；而印度主要投資的行業為制藥業、信息技術產業，投資的目的地中發達國家占了相當的比重，印度對外投資的技術含量高於中國。

從對外投資的行業來看，中印也存在明顯的區別，中國最早從事的對外投資主要是外貿業，後來逐漸發展到紡織業、商務服務業、批發零售業。近幾年來，由於中國能源需求的急遽擴大，資源性產業特別是能源行業日益成為主要中國海外投資的主體。2006年中國對外投資中，採礦業（主要的能源行業）所占比例占全部投資總額的44%，商務服務占32%，製造業占10%。② 近幾年來中國企業成功的海外收購中，大部分都是在能源行業，如2002年1月中海油以5.85億美元的價格收購西班牙瑞普索公司在印尼的5大油田的部分股份。2004年7月中國五礦有限金屬公司以60億美元的價格收購加拿大諾蘭達礦業公司。2005年9月中石油與中石化合作收購加拿大石油公司的石油資產。2005年10月中石油以41.8億美元的價格收購哈薩克斯坦PK石油公司的資產。當然，中國在一些製造業領域也有一些大型的收購行為。如2003年11月TCL以2.9億美元的價格收購法國湯姆遜電視機與DVD業務，2004年10月上海汽車以5億美元的價格收購南韓雙龍汽車50.6%的股份等。從投資的區位來看，中國已經在全球160多個國家進行了海外投資，在以

---

① 綦建紅，李鴻. 中國與印度對外直接投資的比較與啟示 [J]. 亞太經濟，2007（4）.

② 綦建紅，李鴻. 中國與印度對外直接投資的比較與啟示 [J]. 亞太經濟，2007（4）.

往以商務服務業為主要投資領域時，主要集中在亞洲的發展中國家和地區。但幾年來由於投資的行業重點開始放在資源和製造業領域，拉丁美洲、中亞、加拿大、非洲等礦產資源豐富的地方日益成為中國對外投資的重點區域。不過中國在發達國家的投資還相對較少。而印度的對外投資的行業則主要集中在制藥業、服務業、IT 產業。2005 年印度的對外投資中，制藥業居首位，達到 15.8 億美元，占 35%，其次為銀行業，達到 11.8 億美元，占 26%，IT 業居第三位，達 7.86 億美元，占 17%。[①] 印度投資的區域以往也主要集中在亞洲，特別是其周邊的一些發展中國家和地區，如越南、泰國、馬來西亞等，但其在發達國家的投資比例也比較大。1996—2003 年間印度在發達國家的投資高達 31.1%，近年來更是越來越傾向於在發達國家投資，如 2005—2006 年度印度投資最多的三個對象國分別是美國（10.5 億美元）、英國（8.15 億美元）和比利時（7.99 億美元），[②] 都是發達國家。印度的很多大型收購交易都是在發達國家，而且很多都是高科技行業。如 2003 年 12 月印度軟件信息系統技術有限公司（Infosys）以 2,300 萬美元的價格收購澳大利亞專家信息系統科技公司，2003 年 11 月印度大型軟件公司韋普羅公司（Wipro）以 2,400 萬美元的價格買下美國一家 100 人規模的諮詢公司。總的看來，當前中國的對外投資主要集中在獲取國外的資源和開拓國外的市場，獲取資源是重中之重。而印度的對外投資雖然也有利用國外資源和市場的目的，但其似乎更重視提高技術水準，其海外投資的技術含量本身就高於中國，其把重心放在發達國家更可以通過與東道國的合作提高其技術

---

① 慕建紅，李鴻. 中國與印度對外直接投資的比較與啟示 [J]. 亞太經濟，2007（4）.

② 慕建紅，李鴻. 中國與印度對外直接投資的比較與啟示 [J]. 亞太經濟，2007（4）.

水準。

　　總的來說，中印的對外經濟關係的轉變是中印經濟轉型的一個重要內容，同時也為中印經濟結構的轉化以及產業結構的升級創造了更好的條件。中國的對外開放度大於印度，中國在對外貿易、吸引外資以及對外投資的規模上都大於印度，但是印度利用外資以及對外投資的技術含量都高於中國。中國全方位的對外開放使中國成功地實現了利用兩種資源、兩個市場的目的，使中國成功地克服了發展初期資金的缺口和產品需求不足的問題；同時也為解決經濟發展到一定程度後所遇到的資源瓶頸問題創造了良好的條件，但中國的對外開放對中國技術水準的提高比較有限。而印度在融入全球化的力度上明顯不如中國，其對外貿易對於拉動印度的經濟增長方面極為有限，但其利用外資和對外投資中的技術含量卻明顯高於中國。這也正是印度在整體經濟水準和中國有明顯差距的情況下在部分行業如軟件業和制藥業等的技術水準卻能明顯高於中國的重要原因。

　　當然，由於全球性金融危機的爆發，當前中印兩國所面臨的國際經濟環境發生了很大的變化，中國的製造業和印度的軟件業的出口都已經並且還將在較長一段時間內受到西方國家需求萎縮的影響，西方國家投資於中印這兩個領域的資金也將大大減少，這必將使中印兩國在對外關係領域的政策發生較大的調整。中國將可能更重視出口商品以及外商投資的技術含量，同時可能利用多年累積的巨額外匯儲備進行戰略性投資。這既包括進一步擴大資源領域的投資，也包括自身具有一定優勢的製造業投資以期占領更大的國際市場。印度則除了進一步重視對外經濟關係領域的技術含量外，還可能改變過多依賴單一產業產品出口的情況。

6 影響中印經濟發展的非經濟因素比較

一國經濟的發展既取決於該國的經濟轉型方式、經濟結構轉化模式以及對外經濟關係政策等直接的經濟因素,也取決於大量的非經濟因素。在決定經濟發展的非經濟因素中,主要有政治、文化和國際環境三個方面。在中印近20多年的經濟發展過程中,這三個方面儘管不是影響經濟發展差異的直接因素,但在間接上極大地影響了兩國經濟的發展,也是兩國經濟發展差異的重要原因。

6.1 中印經濟發展中的政治因素比較

6.1.1 中印政治制度差異分析

現代國家的政治制度一般可以分為國體、政體、政黨制度和國家結構等幾個方面,中印在這些方面都存在明顯的差異。

首先,中印兩國的國體不同,中國是人民民主專政的社會主義國家,而印度一般被認為是資本主義國家。

從中華人民共和國成立開始,中國就堅定地走上了社會主義道路,人民民主專政是基本的國體。1978年中共十一屆三中

全會以後，儘管進行了被稱為「中國第二次革命」的改革，但是，國體沒有任何變化。印度儘管一直聲稱要建立「社會主義類型社會」，但其所堅持的社會主義是民主社會主義，民主社會主義本質上屬於資本主義的範疇，所以兩國的國體實際上存在根本的區別。當然，對於對經濟發展的影響而言，這種政治制度上的根本區別卻不是最關鍵的因素。

其次，從兩國的政體而言，中國是人民代表大會制，印度是議會民主制。

西方國家的現代民主制度中一般把政體分為總統制和議會制。雖然兩者都屬實行三權分立的國家權力機制，但相對而言，由於總統制下作為國家元首的總統為實位元首，擁有實權，而其直接管轄的則為行政部門，所以總統制下一般行政權力較為突出，往往帶有行政主導的特點。而議會制下雖然也有總統或君主這樣的國家元首，但都屬於虛位元首，沒有實權，真正的最高權力在向議會負責的首相手中，所以議會的權力相對較突出。作為最高行政權力的擁有者——首相也往往在很大程度上受議會的控制。中國雖然建立了政府、司法機關、人民代表大會三個基本的國家機關，憲法上所賦予人民代表大會的權力甚至高於西方的議會，但是絕不實行三權分立。印度的議會實行的是兩院制，只是和原來英國殖民政府不同的是，印度議會的上院——聯邦院的議員也是由選舉產生。印度的國家元首——總統由議會選舉產生，和所有的議會制國家一樣，國家元首屬於虛位元首。真正實權掌握在總理手中，總理一般為議會中的多數黨領袖。印度的議會民主制度雖然與發達國家有明顯的差距，但在發展中國家中，卻是運轉得相對較好的國家之一。印度的每屆議會選舉基本上都能夠如期舉行，六十多年來也沒有出現軍事政變推翻政府的情況。從政體的角度來看，印度的民主制度應該更為成熟。不過，由於印度政府的權威相對較小，

在處理諸如民族矛盾、種姓矛盾和宗教矛盾等各種社會矛盾的能力上略顯不足。而中國儘管民主機制並不完善，但由於政府的權威較大，處理各種社會矛盾時能力較強，所以20世紀80年代以來中國社會比印度更為穩定。

再次，從政黨制度來說，中國是一黨領導的多黨合作制，中國共產黨是法定的唯一執政黨，而印度實行的卻是多黨競爭的政黨制度。

自從中華人民共和國成立開始，中國就已經確立了中國共產黨的唯一執政黨地位。當然，中國一直存在另外八大民主黨派，他們一直民主參政、議政，而且所有的民主黨派都在他們的黨章中承認了中國共產黨的領導地位，所以，中國共產黨是中國的唯一執政黨。這種一黨領導的體制實際上進一步強化了政府的權威，這也是中國政府執行力極強的一個重要原因。印度也曾經經歷了一個一黨獨大的時期，從獨立後至拉奧政府時期，除了極少數的時期是由人民黨執政之外，基本上都是國大黨一黨執政。但是，國大黨長期的執政地位並非法律明文規定的結果，而是實力使然。國大黨實際上一直受到其他政黨的競爭，特別是在地方政府中，國大黨更是從未控制過所有的邦。而且，自從20世紀90年代印度開始全面的經濟改革以來，國大黨的一黨獨大地位就已經不復存在。拉奧政府一開始還是一個少數黨政府，國大黨當時在人民院的席位不過半數，靠幾個小黨的支持才勉強執政，直到1993年通過信任投票後才勉強過了半數。但後來的印度政府並不穩定，1996年國大黨在大選中失敗，然後就經歷了兩年左右的動盪時期，期間先後經歷了瓦杰帕伊人民黨政府、高達聯合陣線和古吉拉爾政府。直到1998年後，人民黨依靠大量的小黨支持組成執政聯盟後，才基本穩住政權，瓦杰帕伊重新擔任總理。但這時的人民黨也未取得一黨獨大的地位，到2004年大選，人民黨再次失敗，國大黨重新上

臺。所以，可以說，20世紀90年代以後，印度議會中多黨競爭的局面正式形成。這樣的一種政黨制度使印度執政黨受到了較多的監督和制衡，就這種制度本身而言，其最大的好處應該是有利於遏制腐敗。但腐敗其實與一個國家的發展水準有著莫大的關係，而印度畢竟是發展中國家，其發展水準與中國還有著一定的差距，這樣的發展水準下民主制度不可能很完善，再加上政府不夠穩定，所以實際上印度政府的腐敗現象並不比中國少。而另一方面，和其他實行多黨競爭的發展中國家一樣，印度執政黨的權威明顯不如中國，故而，印度執政黨的執政理念和各項政策的貫徹明顯不如中國徹底。

　　最後，從國家結構來說，中國是一個單一制國家，而印度實行的卻是聯邦制。

　　中印雖然都是多民族國家，但是，兩國在國家結構上採取了完全不同的形式。中國自新中國成立以來，一直採用的是單一制的國家結構，只是在少數民族相對聚居的地方實行了一些民族自治制度。後來雖因香港和澳門問題建立了一些帶有一定聯邦制特徵的特別行政區，但是，作為中國的主體——中國內地而言，則一直實行的是單一制。在單一制下，中央擁有足夠的權力和權威來統籌規劃，分配各種資源，地方各省之間雖然也存在競爭關係，而且在改革開放之後這種競爭還有所加強，但這並沒有影響到中央政府的整體規劃。而印度則從一開始就實行的是聯邦制。只是在獨立後很長一段時間內，其聯邦制帶有很多中央集權的特徵，各邦政府實際自主權非常有限。特別是在稅收方面，根據印度憲法在聯邦和邦之間進行的稅收領域的劃分，大多數稅源豐富的稅收項目都分給了中央，地方稅收所占比例較小，增長也很緩慢。故而地方各邦的財政能力（邦徵收的稅收占各邦財政支出的比例）往往嚴重不足，1990年僅

為55%，① 各邦的財力很大部分必須靠中央政府支持，而中央政府則依靠這種財力的控制實現聯邦集權。正是因為如此，有的學者認為印度只有聯邦制的門面，而沒有聯邦制的實質。② 但是這一情況在20世紀90年代拉奧政府實行經濟改革以來有了很大變化。拉奧政府在經濟上實行自由化改革的同時政治上也實行了分權化改革。這種改革包括承認潘查亞特一級地方政府、成立邦一級的財政委員會、逐步取消總統治理權、各邦擁有經濟發展自主權、允許各邦自由籌集資金發展當地經濟、財稅上適當向各邦政府傾斜以增強各邦的財政能力等。通過這樣的改革後，印度聯邦制更趨於實質化，各邦的經濟發展自主權明顯增強，這應該說很大程度上增強了各邦的活力，但同時也加強了各邦之間對資源的爭奪，並在一定程度上削弱了中央政府對各邦的控制，對於中央政府很多改革政策的貫徹產生了一定的影響。

6.1.2 中印政治制度對經濟的影響差異分析

應該說，中印在政治制度上的不同並不是兩國經濟發展成就差異的決定性因素，但也是其中的重要因素之一。總的來說，中印在上述政治制度上的不同對兩國的經濟發展產生了如下幾個方面的影響。

其一，中國的領導者可以從較長遠的角度制定經濟政策，而印度的經濟政策上充滿了短期主義。

中國政府由於擁有足夠的權威，而且執政黨又沒有其他政

---

① M. Govinda Rao and Nirvikar Singh, Federalism in India: Plitical Economy and Reform, Conference on「India: Ten Years of Economic Reform」, at the Wlilliam Davidson Institute, University of Michigan, September 2001. P. 8.

② 李雲霞，汪繼福. 印度政治制度的特點及其對中國的啟示 [J]. 河北學刊，2007（3）.

黨的競爭，所以中國政府沒有必要為了短期的效果而影響長期的規劃。所以，中國政府在經濟改革中能夠從較長遠的目標出發，有計劃、有步驟地實施各項改革政策，這也正是中國各項改革基本上都有一個逐步深化過程的重要原因。而印度政府則由於受到各方面的制約，再加上在野黨對執政黨的制衡，很多時候政府和執政黨並不能從長遠的目標出發。特別是在大選之際，各政黨為了贏得大選，大都會提出一些討好選民的政策，這些政策可能在短期內能夠讓很多選民滿意，但從長遠來說卻可能並不利於印度經濟的發展。另外，由於印度政府的更替較為頻繁，經常可能出現政治動盪，一些政府的長遠規劃也可能由於政府的更替而改變，這些對於發展中國家而言，實際上並不利於經濟的發展。

其二，中國的經濟政策基本上能夠得到全面徹底的貫徹，而印度的中央政府的執行能力相對有限，很多政策無法得到有效的貫徹。

由於中國中央政府是典型的強政府，又是一個單一制國家，中央政府完全可以在各個方面統籌規劃，其方針政策基本上都可以貫徹到基層，所以中國的各種政策的效果往往非常明顯。而印度的政府則權威明顯不足，再加上是聯邦制國家，各邦的獨立性在改革後還明顯增強，所以印度很多政策難以得到全面的貫徹，很多時候中央政策的政策被地方政府扭曲或拖延，所以印度各種改革政策實施的效率往往不如中國。很多時候中央的政策頒布幾年後地方政府才予以實施。如拉奧政府1991年開始的自由化改革直到1994年才在全印形成氣候，而對於一些生活在偏遠地區的人民甚至到1995年仍沒有感受到來自經濟改革的影響。這與中國政府的經濟改革效率形成了鮮明的對比。

其三，中國的法治底蘊較淺，印度的法治傳統相對深厚。

經濟改革意味著經濟舊秩序的變革，同時也必然意味著經

濟新秩序的建設和維護。應該說經濟舊秩序的變革和新秩序的建立更多依賴的是政府的推動，但經濟新秩序的維護則主要依賴於對法律的尊重，也就是說法律的權威對於經濟新秩序的鞏固和維護具有非常重要的作用，而從法律的權威來講，中國則相對遜於印度由於中國有幾千年的人治傳統，建國以來很長一段時間內法律制度也極不健全。直到二十世紀末，才正式提出依法治國，所以直到現在，法律的權威在中國還未真正樹立，故而中國在經濟新秩序的維護特別是市場經濟秩序的維護過程中明顯乏力，良好市場秩序的真正構建仍有很長的路要走。但印度在這點上卻相對優於中國，在印度英國殖民統治時期就已經開始與法治的傳統，印度獨立後也基本上繼承了英殖民政府留下的法律制度，所以法律的權威在印度基本上已經確立，印度人也基本養成了信賴法律的習慣，故而在新的經濟秩序的維護上，印度應該強於中國。

　　當然，儘管兩者在政治上各具優缺點，但對於處在趕超階段的經濟體來說，由於經濟的發展較大程度上需要政府強有力的推動，而兩國真正良好的經濟體制都還未建立起來，故而中國的政治制度較印度有明顯的優勢，而達到經濟成熟階段後，如果法律的權威在中國還不能大幅度的提高，印度政治體制則可能較中國顯示出一定的優勢。

6.2　中印經濟發展中的文化因素比較

6.2.1　中印文化差異分析

　　在影響經濟發展的非經濟因素中，文化也是其中一個非常重要的因素。這種文化既包括該國的傳統文化，也包括近現代

以來形成的現代文化。應該說，中印兩國近現代以來都明顯受到了外來文化的影響，中國自鴉片戰爭開始即受到了西方文化的影響，近現代企業的出現本身就是西方文化影響的產物。而1949年以來，中國將馬克思主義作為了自身的指導思想，自此中國的政治、經濟制度的建立和發展都在這一思想指導下。印度則在18世紀中葉開始就逐漸成為了英國的殖民地，直到1948年英國殖民者才最終撤出印度。在英國殖民統治期間，西方文化曾經影響了印度人生活的各個方面。而在英國殖民統治結束之後，印度人仍然保留了很多殖民者留下的制度和文化。由於西方外來文化的影響，再加上自身的創造，兩國都逐漸形成了自身的現代文化，這種現代文化應該說是影響兩國經濟發展的主要方面。特別是20世紀80年代以來兩國的經濟改革，總的來說上都是在現代文化的指導下進行了。但是，無論如何，中印傳統文化對於兩國社會和經濟的發展仍然是非常重要的方面，特別是從兩國文化對於經濟的發展影響的差異來看，傳統文化的影響似乎更為重要。因為傳統文化在很大程度上影響了兩國的國民性格、價值觀念、人生目標和處世方式，而這些的差異往往會在很大程度上造成兩國經濟發展路徑上的差異。所以，在比較兩國文化對於兩國經濟發展影響時，首先還是必須分析一下兩國傳統文化上的差異。

　　中印兩國同屬四大文明古國，兩國都有悠久而深厚的傳統文化。中國有五千年的悠久文化傳統，有文字記載的文明始於公元前21世紀左右的夏朝，距今也有四千多年。而印度有文字記載的文明始於公元前2,500年左右的印度河文明，甚至比中國的夏朝還要早幾百年。在數千年的傳承與發展過程中，兩國都形成了博大精深的文化體系。同時，儘管都地處東方，但兩者之間的差異卻如它們與西方文化的差異一樣大。也正因為如此，中華文明、印度文明才一直與歐洲文明並列，被認為是對

整個世界影響最大的三大文明。兩國傳統文化上的差異主要有如下幾個方面：

第一，中國是一種相對統一的單一性文化，印度是一種強調包容的多樣性文化。

中印兩國都是多民族國家，中國有56個民族，印度有100多個民族，另外還有400多個部族。不同的民族都有自身相對獨立的文化，而且在歷史上，這兩個國家都受到過外來民族的侵略或受到過外來文化的影響，但是，在文化的多樣性與單一性這一問題上，兩國則存在明顯的區別。總的來說，中國的文化中更體現出同一性，近代以前，幾乎所有的文化明顯地受到了作為主體文化的儒家文化的影響，或者說都在一定程度上被儒家文化所同化，而印度則更多體現為多種文化並存、共同發展的局面，所以整個印度傳統文化具有明顯的多樣性。至於其中原因，大概有如下幾個方面，首先是由於兩國人口的民族結構不同。中國雖然是多民族國家，但漢族人口占了總人口的90%以上，其他民族都屬於少數民族，故而，其他民族的文化也會在很大程度上受漢族文化的影響。而印度卻並不存在一個人數上佔有絕對優勢的民族，這樣就導致任何一個民族都不可能控制整個印度社會，故而文化的同化也就比較難以進行。其次，兩國的歷史不同。中國歷史總體來說以統一為常態，整個歷史中統一時間與分裂時間之比大致為7∶3，即便是分裂時期也大都有統一的目標。政治的統一自然也就為文化上的統一創造了條件，這應該也是中國文化趨向同一性的重要原因。而印度則截然相反，統一只是短暫現象，分裂是常態。而且即便是號稱統一了整個印度的王朝，如孔雀王朝、笈多王朝和莫臥爾王朝，也從未有完全統一過我們所稱之為古代印度——南亞次大陸的全部領土，仍有很多小王國未歸入帝國的版圖。所以，古代的印度，與其說是一個國家，不如說是地理概念，是古代

南亞次大陸的統稱。當然,政治上的分裂也就很難形成統一的文化,文化的多樣性自然也就在所難免。最後,對待外來文化的態度不同。自從秦始皇實行「書同文」、「車同軌」的文化統一運動之後,中國人就習慣了調和、統一和凝聚。在對待外來文化的態度上,雖然也可以在一定程度上包容外來的文化,但這必須建立在外來文化必須接受本土文化基本理念的基礎上。也就是說,只有那種外來文化在很大程度上被原有的中國文化同化之後,這種外來文化才可能真正在中國立足,並最終成為中華文化的一個組成部分,所以很多外來的文化,包括源自印度的佛教,實際上都已在很大程度上被儒化。印度的佛教本是一種追求個人解脫的出世宗教,而進入中國之後,卻變成了一種強調普度眾生的入世宗教。而印度在對待外來文化的態度上與中國明顯不同。印度人承認和理解現實世界中存在許多不同的世界觀、哲學和宗教,對不同的文化有一種極大的寬容和包容的態度。當外來文化進入印度時,並不需要進行什麼印度化,而直接成為印度文化的一個新的成分,同樣,這種新的文化成分的發展也並不影響原有的文化成分的發展。正是由於以上的各種原因,中國文化顯示出了明顯的同一性,而印度文化卻顯示出了明顯的多樣性。

第二,中國是一種注重倫理的世俗文化,印度是一種強調信仰的宗教文化。

儘管中國古代也存在道教、佛教這些重要的文化成分,但是作為中國傳統文化的主體——儒家文化而言,總體上卻是一種強調道德的倫理文化,儒家文化的本質就是一套倫理價值系統,而不是一種宗教。所以中國古代文化帶有明顯的非宗教性,中國古代的統治者也從來不會用一種宗教來統治天下,道教、佛教等宗教的神權歷來都是從屬於世俗的王權,而為了適應儒家文化,道教、佛教等宗教本身還必須進行一定的修改以不違

背儒家倫理價值系統的基本原則。所以，中國古代的文化總體而言是一種注重倫理的世俗文化。而印度文化則是一種宗教色彩極為濃重的文化。在印度社會，「人以宗教劃群，物以宗教定性」，① 印度不同文化成分的區分實際上也就是印度不同宗教的區分。在印度流行的主要宗教就有印度教、伊斯蘭教、基督教、佛教、耆那教、錫克教等，幾乎世界上所有的宗教都可以在這裡找到信徒，幾乎所有的印度人也都是宗教信徒。故而，印度文化是一種典型的宗教文化。

第三，中國鼓勵入世，倡導人生積極進取，印度主張出世，追求解脫。

由於中國文化是一種世俗文化，所以中國人關注的也是現世的人生，而很少把希望寄托於來生來世，故而，中國文化中極其強調入世，倡導人們在現世的人生中積極進取。這種對於積極進取的入世精神的倡導不僅在作為世俗倫理價值系統的儒學中體現出來，而且在中國的宗教文化中甚至都有體現，如中國佛教之中影響最大的禪宗也提倡修行可以不出家、不打坐，鼓勵其信徒積極參與世俗的活動。而印度由於是一種以宗教為主的文化，絕大多數印度的宗教都是以追求解脫為其基本特徵。所以印度文化中不注重現世的人生，而把脫離這個世界、實現精神解脫、達到「梵我合一」視為人生的最高目標。

第四，中國人的社會地位是由職業、職務和財富來決定，這些均可通過此生的努力改變，而印度用嚴格的種姓制度固化了人此生的社會地位，人的地位的改變只能寄希望於來世。

在古代，儘管中國和印度都是一個不平等的社會，但是兩國中人們社會地位的決定因素是不同的。在中國，人的社會地

---

① 馬加力，尚會鵬．一應俱全印度人 [M]．北京：時事出版社，1995：85．

位主要由人的職業、職務和財富來決定，但這些人都是可以通過自身的努力在此生改變的。「朝為田舍郎，暮登天子堂」是中國很多有志之士的座右銘，也是整個中國社會所倡導的。但是，在印度，人的社會地位是由所屬種姓來決定的。印度的種姓制度起源於公元前 900 年左右雅利安人基本徵服印度以後，最早是為了將雅利安人和被徵服者區別開來，後來雅利安人內部也出現了分化，最終形成了由雅利安人分化而來的三個種姓：婆羅門、剎帝利、吠舍以及由被徵服者轉化而來的首陀羅四個種姓。後來經過印度教的法典《摩奴法論》將其嚴格規定，從而使印度形成了由四大種姓和作為不可接觸者的賤民階層組成的嚴格的種姓制度。在這個由種姓制度構成的社會秩序中，人的地位是與生俱來的，在此生是固化的，不可能通過自己的努力改變此生的地位，只有嚴格地按照種姓制度的規定完成此生的工作，才有希望在來世成為高一級種姓的人。也就是說，中國人的社會地位在現實的生活中是有改變希望的，而印度人的社會地位在現實的人生中是沒有改變希望的。

6.2.2　中印文化對經濟的影響差異分析

應該說，中印文化的差異在當代社會已經大大縮小，在印度獨立以後，印度宗教的功能就已經大大弱化，一些不利於社會發展的文化因素也被政府一再要求民眾放棄，如種姓制度，政府一再要求廢除。而中國文化也在當代社會發生了很大的變化。但是，由於很多傳統文化觀念已經植根於兩國人民頭腦中數千年，儘管現代文明已經對其進行了一番洗滌，但這些觀念的影響都不可能完全消除。如印度文化中宗教、種姓觀念等，仍然在很大程度上影響今天的印度人民；同樣，中國文化中強調統一、注重倫理等也仍是當代中國人中非常重要的思想觀念。

應該說，在中印古代的傳統文化觀念中，都有一些對當前

經濟發展有利的積極因素，但也都有對經濟發展不利的消極因素。相對而言，中國文化的積極因素應該多於印度。

首先，中國文化中強調入世，強調人的積極進取，鼓勵通過人自身的努力改變自身的經濟社會地位。這對於起飛階段的中國經濟起到了很大的推動作用，正是由於這一觀念，使中國人非常注重自身素質的提高，即便改革初期非常貧困的家庭一般也都會盡可能地使自家的孩子接受到更高層次的教育。故而中國勞動力的整體文化素質在較短的時間內獲得了迅速的提升，這為中國二元經濟結構的轉化帶來了極大的推力，這應該也正是在土地制度本身極不利於這種轉化的情況下中國依然能夠在這方面取得巨大成就的原因。同樣，也正是這種自古以來就鼓勵人生的積極進取的觀念，使中國各行各業的發展都能如此迅速。而印度文化由於過分重視宗教，追求人生的解脫，再加上種姓觀念的作用，使印度人的進取精神普遍不如中國。特別是印度的底層、低種姓者，由於其經濟社會地位在此生不可能改變，因而也就沒有多大的動力去提高自身的素質，也沒有多大的動力在工作、事業中積極進取。這也正是印度底層老百姓文化素質很難快速提高的一個重要原因。其實，正是這一原因導致了幾十年改革之後，印度勞動力整體素質與中國有明顯的差距。同樣由於這一原因，印度的經濟發展缺乏一種來自底層的推力。故而其基本的消費品製造業的發展始終不盡如人意，而缺乏了作為主要的勞動力密集型產業——基本消費品製造業的大發展，其二元經濟結構的轉化也就不可能在短期內取得太大的成績。

其次，中國強調統一、同化的觀念與印度強調包容、寬容、主張多元的觀念對於兩國經濟發展的影回應該說各有千秋。中國強調統一、同化的觀念有利於政府各項方針政策的貫徹，有利於整個國家經濟發展的統一規劃，這對於起飛階段的中國來

說應該產生了很好的作用。這一觀念再加上中國相對集中的政治體制，是中國的各項經濟改革與發展措施能夠貫徹徹底的一個重要原因。但是，過分重視這一點，也往往會影響單個地方、單個企業以及單個人的創造力，這實際上也是中國自主創新能力相對較差的重要原因。而印度強調包容、主張多元的觀念一方面有利於其創造能力的發揮，印度軟件業的大發展其實既有政府有意推動的因素，也與其這方面的文化觀念有一定的關係。但另一方面，這一觀念也不利於印度政府各方面的方針政策的貫徹，不利於印度經濟發展的整體部署，這其實也正是印度各項改革措施貫徹始終不徹底，以及印度的基礎設施相對落後的重要原因。當然，中印在這方面觀念上的差異，對於處於起飛階段的經濟體而言，中國應該更多得到的是積極的影響，而印度則更多是一種不利的影響。但是在兩國經濟進入成熟階段之後，這種影響就可能有較大的改變。

最後，中國注重世俗的倫理，而印度則重視宗教，這對於兩國的經濟發展的影回應該說也是各有千秋。重視世俗的倫理可使中國經濟發展中注重人際關係的和諧，同時還不會受到宗教信仰方面的干擾，這應該說是有益的。但另一方面，這種對於世俗倫理的重視也會在很大程度上導致對於各種社會關係的過分重視，這種過分重視導致企業在管理上很難真正做到按經濟規律辦事，而且還可能在很大程度上導致腐敗。這其實正是中國企業管理水準一直不高、經濟發展中腐敗一直較為嚴重的一個重要原因。而過分重視宗教的印度，一方面可能會使其經濟的發展受到來自宗教的干擾，影響經濟正常的發展；但另一方面，宗教的道德教化作用也可能提升整個社會特別是企業家的道德水準，這應該也正是印度的市場經濟秩序相對規範以及印度擁有較多的管理良好的私營企業的重要原因。

6.3 中印經濟發展中的國際環境因素比較

當今的世界是一個開放的世界，任何國家的發展都離不開世界，所以，在當今世界，國際環境也往往是影響經濟發展的一個重要因素。

對於中印兩國來說，近20多年來所遇到的國際環境有一定的相似之處，但也存在明顯的差別，這種國際環境的差異對於兩國經濟發展的影響也存在一定的差異。

6.3.1 兩國的總體國際地位比較

從兩國的國際地位來看，中國總體來說高於印度，這一方面是由於中國是安理會五大常任理事國之一，而印度不是，這就決定了中國在國際政治秩序中有一個天然的優勢，只要印度在綜合國力上沒有明顯的優勢，中國的國際地位就必然高於印度；另一方面是由於中國本身的綜合國力也較印度有明顯的優勢，這就進一步穩固了中國在國際地位上的優勢。當然，中國的這種國際地位上的優勢對於經濟的發展來說應該是一把雙刃劍。一方面可能使中國在國際上有更大的發言權，一定情況下更有利於維護自身的國家利益，包括經濟利益；另一方面也使中國要承擔更多的國際社會責任，在經濟起飛的初期也可能由此遇到更多的麻煩。相對而言，印度國際地位較低，在維護自身利益上可能有不利的因素，但也可以避免過多的國際責任，為自身的發展創造一個相對平靜的國際環境。

6.3.2 兩國與世界主要大國的關係比較

與世界主要大國的關係往往會在很大程度上影響一個國家的

國際環境，進而影響一個國家的經濟發展。冷戰後期，應該說中印兩國都是在兩極之間遊走的國家，都沒有正式加入任何一個陣營，但都以自身是發展中大國的身分，巧妙利用美蘇之間的矛盾來獲取自身的國家利益。但是冷戰結束之後，兩國都失去原有的活動空間，只能獨立地與世界主要大國打交道。應該說，在冷戰結束之後，中印兩國都較好地處理了與美國、歐洲、俄羅斯等主要大國的關係，都獲得了一個良好的國家環境。但是中印兩國在世界主要大國中的戰略地位是不一樣的。由於蘇聯解體之後，中國成了最大的社會主義國家，再加上中國綜合國力又相對比較強大，所以中國總的來說是美國、歐洲和日本遏制的對象。這些主要大國在與中國交往時往往帶著雙重的心態。一方面由於經濟利益等因素被迫與中國進行往來，有時甚至還與中國建立諸如戰略夥伴、戰略互惠等關係；另一方面則都不希望中國真正崛起，想方設法地遏制中國的發展，因此中國與這些國家的矛盾是很難真正避免的。在中國經濟有所成就的時候，各種各樣的「中國威脅論」就會出現。但是對於印度來說，一方面由於印度整個社會制度和它們沒有本質的區別，兩者不會因為社會制度和意識形態的差別而產生敵意；另一方面，印度直到當前的經濟水準以及綜合國力都還沒有達到「威脅」他們的程度，所以迄今為止印度都不是他們遏制的對象。相反，印度是他們一直支持的對象，一定程度上是甚至是用來制衡中國的力量。所以除非印度過分地挑戰現有國際秩序的基本準則（如 1998 年進行核試驗）；否則西方國家不會對印度有諸如制裁這樣的不友好舉動。從這點來看，印度與大國間潛在的矛盾衝突明顯小於中國。中國的經濟發展中總會遇到各種各樣的無端指責和非難，但這些印度很少會遇到。如果印度能夠很好地利用這一點，印度經濟發展中的國際環境就可能好於中國。

6.3.3　兩國的周邊國際環境比較

在與周邊國家的關係上，中印兩國應該說各有千秋。中國由於周邊國家繁多，又由於歷史的因素，周邊關係非常複雜，與很多國家都存在領土等方面的爭議，如與日本有釣魚島、與東盟國家有南海諸島等方面的爭議。這些爭議往往會給中國的發展帶來很多的困擾，特別是在國家的統一問題沒有完全解決之前，這些問題的存在更是一種不穩定的因素。應該說，中國政府通過擱置爭議、共同開發等方針暫時化解了這些爭議，但這始終是中國發展中的一種不穩定的因素，隨時都有可能為中國的發展帶來困擾。印度周邊關係相對簡單，但是也不是沒有任何問題，除了與中國的邊界爭議外，與巴基斯坦的邊界爭端也往往成為影響其發展的一個不利因素，儘管當前暫時與巴基斯坦實現了和平，但這一問題至今仍沒有真正解決。

總的來說，中印兩國近二十多年都獲得了一個較好的國際環境，但都存在一些潛在的不穩定因素。中國的國際地位總體來說高於印度，但由於社會制度和實力對比的因素，中國與世界主要大國的關係較印度更為複雜。中國在經濟發展中可能會遇到國際上各種各樣的干擾，而印度相對較少，這就要求中國在經濟發展過程要比印度付出更大的努力來排除國際上的阻力。

7 中印經濟發展的績效、潛力及其對其他發展中國家經濟發展的啟示

自20世紀80年代啟動經濟改革以來,中印經濟都取得了良好的績效,但也都還存在一定的問題。兩國的經濟發展也都基本上形成了自身的模式,這兩國模式究竟誰優誰劣,哪種模式更具經濟發展的潛力是當前國際上關於中印經濟比較的熱點問題。本課題最後也將通過兩國經濟績效和各自優勢的比較來分析兩國經濟發展的潛力,並由此探討中印經濟發展的經驗對於其他落後的發展中國家經濟發展的啟示。

7.1 20世紀80年代以來中印兩國經濟發展的績效比較

發展中國家經濟發展的績效一般來說可以從經濟增長的速度、實際經濟水準以及經濟結構的變化等來衡量。總的來看,近二十多年來,中國經濟發展的績效明顯好於印度,但是,在經濟結構和資源的利用效率等方面,兩國則各有千秋。

7.1.1 兩國經濟增長的速度比較

20世紀80年代以來中印兩國都獲得了較快的經濟增長速度，印度終於擺脫了「印度教徒經濟增長率」，中國更是成為世界上經濟增長最快的國家之一。但從兩國經濟增長速度的比較來看，中國明顯快於印度（見表7-1）。

表7-1 20世紀80年代以來中印兩國的GDP年均增長率比較

單位：%

年份	1980—1990	1990—2002	2003	2004	2005	2006	2007
中國	10.3	9.7	10.0	10.1	10.4	11.1	11.4
印度	5.7	5.8	8.5	7.5	9.4	9.6	8.7

資料來源：世界銀行《2004年世界經濟發展指標》，中國財政經濟出版社，2005年6月版，第182-183頁；中國2003—2007年的數據見中華人民共和國統計局網站公布的《中華人民共和國2007年國民經濟和社會發展統計公報》，印度2003—2007年數據見ECONOMIC SURVEY 2007-2008，website：http：//indiabudget.nic.in.

從表7-1可以看出，經濟改革以來中國幾乎在任何一個階段經濟增長的速度都明顯超過印度，即便是考慮到印度全面的經濟改革比中國慢了13年，用印度改革之後的速度與中國改革之初的速度比較，中國也有明顯的優勢。不過近幾年來，印度經濟出現了歷史上從未有過的高速增長，雖與中國相比仍處劣勢，但差距已經明顯縮小。

7.1.2 當前兩國經濟水準比較

由於中國在經濟增長速度的優勢，當前中國經濟總體水準上也占了明顯的優勢（見表7-2）。

表 7-2　　　　　　　中印 GDP 與人均 GDP 比較

國家	GDP（億美元）				人均 GDP（美元）			
	按當前匯率計算		按購買力平價計算		按當前匯率計算		按購買力平價計算	
	1980	2007	1980	2007	1980	2007	1980	2007
中國	3,015	32,800.5	4,144	70,835.3	305	2,483	420	5,325
印度	1,755	11,709.7	4,343	30,787.3	260	942	634	2,740

資料來源：王洛林，李向陽主編《2009 年世界經濟形勢分析與預測》社會科學文獻出版社，2009 年版第 252 頁。

從表 7-2 中可以看出，中國當前的經濟水準明顯超過了印度，按當前匯率計算，二十多年來，中印經濟的總體差距和人均差距都已經明顯增大。1980 年，中國經濟總量雖高於印度，但當時中國的人口幾乎是印度的 1.5 倍，所以人均收入只是略微超過印度。而現在中國的經濟總量和人均收入都已經超過印度兩倍。而如果按購買力平價計算，1980 年中國經濟總量和人均收入都低於印度，而當前總量上超過印度的兩倍，人均收入也接近印度的兩倍。

中印當前在經濟水準上的差距不僅可以從經濟總量和人均水準上看出，而且可以從兩者經濟結構的變化上看出（見表 7-3）。

表 7-3　　當前中印三大產業的產值比重和就業比例　　單位：%

國別	三大產業產值比重（2007 年）			三大產業的就業比重（2004 年）		
	第一產業	第二產業	第三產業	第一產業	第二產業	第三產業
中國	11.7	49.2	39.1	46.9	22.5	30.6
印度	18	29	53	52	19	29

資料來源：中國數據見中華人民共和國統計局網站。《中國統計年鑒 2007》印度產值比重數據世界銀行網站，就業比重數據 India Economic Survey 2007-2008，http//www.indiabudget.nic.in。

从表7-3可以看出，當前中國現代經濟部門的比重已經明顯高於印度，在第二、三產業就業的比重也明顯高於印度，所以，中國經濟結構的轉化上也明顯較印度取得了更大的成就。不過，中國的第二產業比重明顯過高，而服務業比重明顯過低，而印度的工業比重和服務業比重卻具有與發達國家類似的結構，這說明雖然整個中國經濟的現代化水準明顯高於印度，但印度的現代部門產業結構則更趨合理。

而由於中印不同的產業結構，中國的實物經濟比重明顯高於印度，在中國經濟本身又與印度有著明顯的優勢的情況下，中國主要工農業產品的產量優勢則更為明顯（見表7-4、7-5）。

表7-4　2006年中印主要兩國主要農業產品產量

單位：萬噸

	糧食			花	糖料	油料
	糧食總產量	稻谷	小麥			
中國	49,748	18,257	10,447	675	9,978	3,059
印度	21,320	9,340	7,850	384	35,550	2,430

資料來源：中華人民共和國統計局網站。

http：//www.stats.gov.cn/tjsj/ndsj/2007/indexch.htm，《中國統計年鑒2007》，印度數據見ECONOMIC SURVEY 2007-2008，website：http：//indiabudget.nic.in

表 7-5　　2006 年中印主要工業產品產量比較

	成品鋼材（億噸）	水泥（億噸）	煤（億噸）	原油（億噸）	發電量（億度）	棉布（億米）
中國	4.7	12.4	23.8	1.84	28,344	598.55
印度	0.5	1.55	4.62	0.26	6,625	262.38

資料來源：中華人民共和國統計局網站。

http：//www.stats.gov.cn/tjsj/ndsj/2007/indexch.htm，中國統計年鑒 2007》，印度數據見 ECONOMIC SURVEY 2007－2008，website：http：//indiabudget.nic.in.

中國絕大部分工農業產品的產量在改革之前實際上就已經領先印度，當前不僅仍然保持了優勢，而且這種優勢較改革前還有明顯的增大。從兩國的主要工農業產品的產量上看，中印基本上可以說不是一個檔次的國家，當然，考慮到兩國的產業結構的差異，中國的服務業產值比重明顯低於印度，中印的經濟差距並不如主要工農業產品的產量所顯示的那樣巨大。

另外，從兩國的基礎設施來看，差距也非常明顯。在能源工業上，印度與中國有著明顯的差距。在交通運輸方面，儘管中印在公路和鐵路里程上當前並沒有明顯的差距，當前中國鐵里程為 7.71 萬千米，印度亦達 6.56 萬千米，中國公路里程為 345.7 萬千米，印度亦達 271.25 萬千米。[①] 但印度的鐵路大部分是原來殖民地時代所建，如今大多數已經破舊不堪，運行速度非常緩慢。而中國的鐵路絕大部分是新中國成立以後甚至是改革開放以後所建，質量遠高於印度，經過多次提速後，中國的很多路線運行速度已經接近世界先進水準。而兩者在公路質量

[①] 中國數據見中華人民共和國統計局網站，http：//www.stats.gov.cn/tjsj/ndsj/2007/indexch.htm，《中國統計年鑒 2007》，印度數據見 http：//indiabudget.nic.in.：Economic Survey 2007—2008。

上的差距則更為明顯。中國當前高速公路里程已經達到 6.51 萬千米,[①] 僅次於美國居世界第二位,而印度並無非常好的高速公路。此外,中國機場、港口的建設質量也遠遠好於印度。

7.1.3 當前兩國社會發展水準比較

由於中國在經濟水準上的領先,中國在整個社會發展水準上也明顯高於印度(見表 7-6)。

表 7-6　　　　　中印社會發展水準比較

	人類發展指數(HDI)國際排名(2005 年)	平均預期壽命(2000—2005 年)	5 歲以下嬰兒死亡率(2005 年)	嬰兒體重不足率(1998—2005 年)	失業率(2004 年)	貧困人口數(聯合國標準:人均每天消費不足 1 美元)(2005 年)
中國	81	72	2.7%	4%	4.2%	1.35 億
印度	128	62.9	7.4%	30%	8.28%	4.5 億

資料來源:中國各年經濟與社會發展統計公報,印度數據見 India Economic Survey 2007-2008, website:http://indiabudget.nic.in.

中國在人類發展指數和一般的社會發展指標均已達到發展中國家中等偏上水準,但印度這些指標基本上都還在發展中國家的中下水準。這也就充分說明中國經濟發展的成就真實地改善了人民的生活,而印度經濟發展上的滯後也就使其整個社會的發展水準與中國存在明顯的差距。

7.1.4 中印資源和資金利用效率比較

應該說,從整個經濟發展的績效以及社會發展的水準來看,中國的確存在明顯的優勢,不過,如果從資源以及資金的利用

[①] 中華人民共和國統計局網站,http://www.stats.gov.cn/tjsj/ndsj/2010/indexch.htm;《中國統計年鑒 2010》。

效率來看，印度則又明顯好於中國。中國經濟增長中依靠的是大量的資源和資金的投入，投資占 GDP 的比重遠高於印度（見表 7-7）。

表 7-7　　　　中印 GDP 各構成部分的份額比較　　　　單位：%

年份	2003 中國	2003 印度	2004 中國	2004 印度	2005 中國	2005 印度	2006 中國	2006 印度	2007 中國	2007 印度	5年平均 中國	5年平均 印度
私人消費	41.8	62.0	39.9	59.9	39.1	58.1	39.0	58.9	39.0	58.0	39.8	59.4
政府消費	15.2	11.2	14.5	11.0	14.6	11.3	14.7	11.1	14.6	10.7	14.7	11.1
總投資	41.2	25.7	43.3	28.4	41.2	31.0	40.5	32.1	40.1	32.7	41.3	31.0
淨出口	2.2	-0.6	2.6	-3.2	5.3	-3.7	6.0	-5.9	6.4	-5.1	4.4	-3.7

資料來源：中華人民共和國統計局網站。
http：//www.stats.gov.cn/tjsj/ndsj/2007/indexch.htm；《中國統計年鑒 2007》，印度數據見 http：//indiabudget.nic.in.；Economic Survey 2007—2008。

而正由於這一原因，再加上兩國產業結構的差異，中國在資源和資金的利用效率上明顯不如印度。如產出同樣的 GDP 所消耗的能源，中國是印度的 1.18 倍。[1] 從資金的利用效率來說，中國國民儲蓄率自 21 世紀以來一直維持在 40% 左右，印度一般在 24% 左右，考慮到兩國的經濟規模的差距，中印國民儲蓄總和差距應該在 4 倍左右，也就是說，中國國內可利用資金是印度的 4 倍左右。另外，近幾年中國利用的外資一般都在印度的 10 倍左右，但兩國的經濟增長率上的差距一般維持在兩個百分點左右，可見，印度資金的利用效率確實高於中國。

---

[1] 朱訓. 關於中國能源戰略的辯證思考 [J]. 自然辯證法研究，2003 (8).

7.2 中印兩國經濟發展模式優劣勢分析

在近二十多年的發展過程中,中國總體經濟績效上確實顯示出了極大的優勢,但這並不表明中國的發展模式得到了全世界的認同而印度的發展模式被全世界認為失敗;相反,在近幾年來,關於中印經濟發展模式誰優誰劣的問題成了學術界一個爭論不休的問題。很多學者認為,儘管從改革以來中國在經濟發展速度以及當前的經濟水準上確實高於印度,但印度也在很多方面較中國有著明顯的優勢。通過前面對於中印兩國經濟轉型、經濟結構的轉化以及對外經濟關係的比較,筆者認為,中印兩國兩極發展模式確實是各有千秋,優劣互現。

第一,中國的公有制企業改革特別是國企改革明顯比印度的公營企業改革成功,中國的公有制企業較印度具有明顯的優勢。但印度的私營企業具有更好的發展環境,其發展明顯較中國民營企業更具活力。

通過對於中印兩國經濟體制轉型的比較發現,儘管兩國都調整了所有制結構,都對國有企業進行了改革,但相對而言,中國的國有企業改革比印度更為成功,再加上中國國有企業控制的領域遠超過印度,所以,當前中國的國企實力遠非印度的公營企業可比。2008年《財富》雜誌評出的世界企業500強中,中國國有企業達到25家,其中中國石化(第16位)、國家電網(第24位)和中國石油天然氣公司(第25位)進入了世界前30位。而印度國有企業中只有5家石油公司和印度國家銀行進入了500強,其中排名最靠前的印度石油公司也排在116位。兩者的實力顯然不是一個檔次。另外,自1999年中國開啓大規模的國企改革以來,中國國企基本上扭轉了以往的那種大面積虧

損的局面，絕大多數國企已經扭虧為盈。在 2003 年開始的中國新一輪經濟增長中，大多數國企經營狀況良好，利潤不斷創出新高，2007 年達到 1.62 萬億人民幣之巨①。當前中國的國企已經具備相當的競爭能力，已經成為國際經濟舞臺上的重要力量。而印度公營企業的改革卻一直邁不開腳步，出抬的一系列政策都落不到實處，故而直到現在其公營企業經營狀況都不令人滿意，一般都是依靠財政支持，國際經濟舞臺上更很少看到印度公營企業的影子。但是，印度私營企業卻實力日益增強，在國際上的競爭力明顯強於中國。在 2008 年世界企業 500 強中，雖然中印私營企業各只有一家上榜。但印度的塔塔集團排名世界 315 位，中國的聯想集團排名僅為 499 位。而中國的聯想集團實際上也是國有企業轉化而來。另外，印度的很多私營軟件公司，如信息系統技術公司（Infosys）、維普羅公司（Wipro）等都具備相當實力，這些印度的私營企業是當前印度海外投資、進行跨國併購的主要力量，在世界上已經具備了相當影響。另外，印度的中小私營企業的經營管理也普遍好於中國。2002 年，《福布斯》雜誌對世界上最好的 200 家小公司進行年度排名，印度有 13 家上榜，而中國僅有 4 家，而且都在香港。②

第二，中國經濟結構的轉化中的拉力和推力都強於印度，中國的製造業較印度體現出了明顯的優勢，但印度的軟件業較中國體現出了更強的國際競爭力，另外在制藥業等一些特定行業上也具有一定的優勢。

對於發展中大國來說，二元經濟結構的轉化是整個經濟發展中極為重要的內容，但二元經濟轉化的速度取決於現代部門

---

① 中國證券網：http://www.cnstock.com/jryw/2008－01/24/content__2968554__2.htm.

② 李雲霞．中印經濟發展的優勢比較［J］．當代經濟研究，2005（9）．

的拉力和傳統部門的推力。根據前面對於二元經濟結構轉化過程的比較可以看出，以製造業為主導產業的中國在拉力上明顯超過以軟件業為主導產業的印度。中國的製造業所吸引的勞動力數以億計，而軟件業連同其附屬產業所吸引的印度勞動力也不過是 200 萬左右。印度儘管近幾年也大力發展製造業，但由於起步較晚、基礎設施落後以及勞動法對於解雇工人的嚴格限制，① 當前與有「世界工廠」之稱的中國還不可同日而語。而從推力來說，雖然兩者都存在一定的問題，但中國的問題是一個土地制度的問題，這一問題實際上在短期內可能得以解決。在 2008 年 9 月中共中央十七屆三中全會上，專門提出了加快農村土地經營權流轉的問題，當前全國各地各種各樣土地流轉的試點已經全面展開，根據中國政府在改革開放以來所體現出的效率以及制度創新能力，這一問題的解決是完全有可能在較短的時間內實現的。而印度的問題是一個人口素質問題，這一問題的解決本身就需要較長的時間，再加上印度民間種姓制度的影響依然很大，這一問題的解決實際上難度遠大於中國的土地制度問題。故而中國二元經濟結構轉化的速度仍可能較長時間內占優。

不過另一方面，印度軟件業在國際市場上的競爭力優勢也是不爭的現實，這一優勢也可能在較長時間持續，印度「世界辦公室」的地位也不可能在短時間內撼動。另外，印度在制藥業等特定行業上也相對於中國佔有一定的優勢，印度的一些著名的生物制藥公司如蘭巴克西公司（Ranbaxy）和雷迪博士實驗室（Dr. Reddys Labs）等都在國際上具有相當競爭力，中國制藥業還未出現真正有國際競爭力的大公司。

---

① 根據印度勞動法規定，雇工在 100 人以上的企業解雇員工須經政府批准。

第三，中國對外經濟關係具有很大的規模優勢，外需與外資對於中國經濟的推動力遠強於印度。但印度對外貿易和利用外資的質量上高於中國，另外，印度國內消費市場對於經濟的推動力大於中國。

對外經濟關係領域，中國無論是進出口貿易還是利用的外資以及對外投資方面，中國都具有明顯的規模優勢。在進出口貿易方面，中國自20世紀70年代以來就確立了對印度的優勢，經濟改革以來優勢更是不斷擴大，2007年中國進出口總額達到21,738億美元，而印度僅為1,897億美元，[1] 兩者相差10倍以上。兩國所利用的外商直接投資以及對外投資也存在明顯的差距。但是外貿和外資對於經濟發展的作用上卻存在明顯的不同，中國的出口很大程度上彌補了中國內需的不足，而外商直接投資的大量湧入既彌補了經濟發展初期資本的不足，又對於中國製造業的崛起以及中國農業剩餘勞動力的轉移具有巨大的拉動作用。但相對而言，中國對外經濟的發展對於中國技術進步的提高並不明顯，外商投資中國的企業普遍為低技術的勞動力密集型產業，在中外合資企業中外商也很少向中國轉讓真正的高端技術，所以實際上大量的外商投資對於中國技術水準的提高非常有限。另外，中國的對外貿易大量為加工貿易，為中國帶來的實際利潤並不高。印度對外經濟交往方面在規模上與中國差距極大，對於整個經濟的拉動力上明顯不如中國，不過印度對外貿易主要方式為一般商品貿易，同樣的貿易值下所創造的利潤應該高於中國。另外，外商投資印度企業的技術含量也高於中國，外商投資對於印度技術水準提高的作用高於中國。

此外，中國對外貿易的龐大使中國成為了典型的外向型經

---

[1] 中國數據見《2007年中國經濟與社會發展統計公報》，印度數據見India Economic Survey 2007－2008，http：//www.indiabudget.nic.in.

濟，外貿依存度極大，2007年高達66.9%，① 而內需對經濟的拉動力明顯不足。而印度的外貿依存度遠遠小於中國，卻主要依靠的是內需，當前印度私人消費占GDP的比重接近60%，而中國甚至不足40%，這實際上使中國經濟的發展更易受到外部經濟環境的影響。如在本次金融危機中，由於外需萎縮，中國出口持續下滑，結果導致了中國沿海大量的外向型企業特別是出口加工型企業的經營困境，大量企業出現了虧損甚至破產，使中國失業率明顯提高，這實際上不僅影響了中國經濟的發展，而且影響了中國社會的穩定。相對而言，由於印度外貿依存度明顯低於中國，2007年僅為16.2%，② 所以，印度在此次金融危機中受到的衝擊到目前為止小於中國。不過，由於印度的優勢產業——軟件業依賴的也是外需，而且印度軟件業對於外需的依賴比中國製造業更強，達到80%以上，這種軟件服務外包貿易的方式與中國的製造業的加工貿易方式又極端相似，一旦外需減少，同樣會立即陷入困境。另外，中國的製造業陷入困境還可以通過擴大內需來解決，印度軟件業陷入困境則根本不可能通過擴大內需來解決，所以隨著金融危機的加深，對印度經濟的衝擊也可能非常大。

第四，中國的基礎設施遠強於印度，但印度的金融系統更加健全。

當前中國的基礎設施強於印度已是不爭的事實，但印度經濟環境中也有一個重要的優勢，這就是它的金融體系比中國更為健全。印度獨立以後繼承了英國人留下來的金融制度，擁有130年歷史的銀行體系和100年以上歷史的股票市場。印度的銀

---

① 根據《中華人民共和國2007年國民經濟與社會發展統計公報》相關數據計算所得。

② 根據India Economic Survey 2007－2008相關數據計算所得。

行比較成熟，犯下的錯誤要遠遠少於中國，其不良貸款率遠低於中國。據麥肯錫諮詢公司的一項研究報告顯示，到2001年，印度的銀行不良貸款率僅為10%，而同期中國銀行業不良資產率達到25%以上。另外，印度的證券業也比中國更加成熟，企業債券市場和股票市場都比中國發達，這使印度企業的融資比中國企業更加方便。據世界銀行2002年的調查數據顯示，中國有80.21%的企業把融資作為企業發展的最大障礙，相比之下印度只有52.1%。① 不過這一現象在近幾年也已經發生了變化，中國金融體系特別是銀行系統經過近幾年的改革，已經明顯較以前更加健全，銀行系統的不良資產已經大大減少。至於中國這種國家控制的金融體系模式，是否不如那種完全市場化的金融體系，經過這場全球性的金融危機之後，恐怕也需要重新思考。

第五，中國政府的效率明顯高於印度，而印度對於良好公正的經濟秩序的維護上相對較好。

中國政府是典型的「強政府」，一黨執政，再加上國家結構上總體上屬於單一制，所以政府的動員能力極強，政策的貫徹往往較為迅速而徹底，這一點和印度形成了鮮明的對比。印度由於實行多黨政治，特別是20世紀90年代拉奧政府開始經濟改革之時，印度原有的國大黨一黨獨大的局面已經被打破，各政黨之間的制衡能力日益增強，再加上印度的國家結構是聯邦制，所以印度政府執行力遠不及中國政府，往往很多政策很難貫徹。中國的每一項改革措施幾乎都能在一年左右的時間在全國貫徹，而印度中央政府的決策卻往往需要數年才能落實到基層。也就是說，對於推動經濟的發展而言，印度政府的效率明顯不如中

---

① 李斌. 中印經濟比較研究的思考［J］. 湖南廣播電視大學學報，2007（4）.

國。但在政治制度上，印度也有一個優勢，那就是從英殖民當局繼承過來的法治傳統使法律的權威相對高於中國，故而對於維護良好、公正的經濟秩序，特別是對於維護非公有制企業以及職工的權益上，印度具有一定的優勢。

7.3 中印兩國經濟發展的潛力比較

通過以上對於 20 世紀 80 年代以來所形成的中印經濟發展模式優劣勢的比較，可以發現，中國在經濟規模、基礎設施、國企實力、對外經濟規模、製造業以及政府效率等方面佔有明顯的優勢，而印度則在私營企業的競爭力與管理水準、軟件業與制藥業等特定產業、外貿與利用外資的質量、金融體制以及司法獨立性上占據了相對的優勢。至於那一種發展模式更具備發展的潛力和前景，還是應該從影響經濟發展的基本因素去考慮。根據羅斯托的經濟發展階段理論、劉易斯模型為核心的二元經濟結構的轉化理論、轉型經濟理論以及制度經濟學等相關理論，在參照第二次世界大戰以來世界各國經濟發展的實踐，我們可以看出，影響經濟發展的基本因素大致可以分為如下幾個方面：其一為自然資源稟賦；其二為人力資本；其三為主導產業；其四為市場需求；其五為以基礎設施為核心的硬環境；其六為以制度為核心的軟環境。在這幾個方面中，通過前面的比較，我們可以發現，就當前而言，中國在大多數方面都占據優勢。

首先，中國在人力資本、基礎設施以及主導產業對經濟發展的拉動力上占據了絕對的優勢。在自然資源稟賦方面，中印雖然各具優劣，但中國總體上也佔有一定的優勢。當然，從第二次世界大戰結束以來世界各國經濟發展的實踐來看，自然資

源禀賦雖然對於經濟發展具有一定的影響，但並不是決定性的因素，中印之間這種自然資源禀賦上的差異，實際上對於兩國經濟發展的潛力並沒有決定性的影響。

其次，在市場需求方面，中國在規模上的優勢仍然非常明顯，這無論是在國際市場需求還是國內市場。但是，中國市場需求的結構不如印度。中國國內市場需求、特別是國內消費需求占 GDP 的比重明顯小於印度，而外貿依存度明顯高於印度，過分依賴國際市場使中國更易受到外部經濟環境變化的影響。

再次，在軟環境方面，也並非如很多學者所認為的印度占據了絕對的優勢。軟環境主要為一種制度環境，制度環境既包括經濟制度環境也包括政治制度環境。就經濟制度環境而言，主要指產權政策、金融體系等。政治制度主要包括行政制度和司法制度。綜合來看，在軟環境方面，中印實際上各具優勢，印度對於私有產權的保護好於中國，印度金融體系較中國健全，特別是印度銀行對於私營企業的支持力度明顯高於中國，從而使印度私營企業的競爭力高於中國。此外，印度司法的相對獨立也為維護良好公正的市場秩序提供了條件。但另一方面，中國政府的效率卻遠高於印度，這不僅使中國的各項改革能夠及時有效的貫徹，而且也為中國企業提供了一個更為高效的商業環境。如在創辦企業所需要的時間上，中國只需要花 41 天，而印度則要花 89 天；財產登記註冊在中國只需要 32 天，而在印度則需要 67 天；在履行合同方面，法院執行所需要花費的時間在中國為 241 天，而在印度則需要 425 天；此外，在中國，處理破產企業所需要的時間平均為 2.4 年，而在印度則需要花去整整 10 年的時間。①

---

① 世界銀行.2005 年世界發展指標（中譯本）.中國財政經濟出版社，譯.北京：中國財政經濟出版社，2005.

最後，印度在某些產業方面的優勢實際上都只是一種相對的優勢，而非絕對的優勢。如被一再提到的印度軟件業上的優勢。印度軟件業實際上並不具備對中國的絕對優勢，它的優勢只在於在歐美市場的競爭力上。在歐美市場上印度的競爭力強於中國的主要原因一方面是由於印度的軟件業發展較早，另一方面是由於印度的官方語言是英語，使印度軟件設計人員英語水準普遍高於中國。但是，並不能以此認為印度軟件業在技術上與中國相比有多大的優勢，更不能以印度主導產業為軟件業而認為印度處於國際分工的高端。實際上，印度的軟件業和中國的製造業一樣處於國際分工的低端，真正的核心技術都沒掌握。而且，當前中國軟件業在技術含量上與印度同行並不存在明顯的差距，而在產值上則已經明顯超過印度。另外，在制藥業領域，中國產業的規模仍然高於印度，只是印度主要為藥品制劑，而中國主要為原料藥，印度藥企的國際競爭力高於中國。

當然，經濟發展的潛力，不僅要考慮到這些因素對於當前經濟發展的影響，而且要考慮到這些因素對於經濟長遠發展的影響。此外還需要考慮從長遠來看，各自的優勢能否長久地維持以及兩者的劣勢方面能否改變。應該說，如果以上這些因素長久不變的話，至少在兩國趕超發達國家時期，也就是在兩國成為發達經濟體之前，中國的優勢還是可以維持的。因為在這一時期，兩國經濟發展中最重要的內容是經濟結構的轉化和產業結構的升級。因為經濟結構轉化方面，中國製造業、人力資本和市場規模方面的優勢將使中國在拉力和推力上的優勢都能夠持續，而在產業結構的升級方面，中國基礎設施和政府效率上的優勢使這種升級可能更為順利。也就是說，倘若以上因素不變，中國更早完成工業化、更早成為發達國家是必然的。但在兩國工業化完成後以及最終成為發達國家後，印度金融體系、私有產權的保護以及司法獨立上的優勢則可能使印度能夠更好

地維護良好的市場秩序，從而使印度經濟最終更具備競爭力。

　　當然，隨著時間的發展，以上的一切實際上都是可以改變的，中國可以在以後的時期更多地改善對於私有產權的保護、更好地完善金融體系，印度也可以努力改變其基礎教育落後的狀況、更多地投資基礎設施。而且，這一切事實上也正在發生變化。不過，從兩國的國情以及兩國經濟改革的實踐來看，中國劣勢的改變比印度更為容易。因為印度基礎設施的改變需要大量資金的投入，而印度政府動員財力的能力較弱的特點使其很難在短期內籌措到如此巨大的資金。而印度人力資本受制於其基礎教育的落後，這種落後實際上與印度民間、特別是偏遠落後地區根深蒂固的種姓觀念有著莫大的關係，如果這一觀念不能改變，印度低種姓人群接受教育的積極性就不可能提高。而這種種姓觀念的改變實際上需要的是印度教本身的改革，但在受傳統印度教影響極深的印度民間，這種改革實際上非常困難。印度政府實際上從獨立開始就在努力，但至今收效甚微。而這一問題如果不改變，印度工業化將面臨巨大的困難，整個印度實現現代化將是一個遙遠的夢。而中國的劣勢從根本上講都是以往制度遺留的問題，這些問題實際上是幾乎所有曾實行過計劃經濟體制的發展中國家的通病。但是中國政府的高效率以及從改革開放以來已經確立的實事求是、改革創新的精神足以改變這一切。事實上，中國對於私營經濟的政策一直處於不斷的放鬆之中，對於私營企業的支持力度在不斷加大，對於私有產權的保護也日益增強，這一切的努力最終將不斷增強中國私營企業的競爭力。事實上，中國私營經濟的整體實力也早已超過印度，印度在私營經濟上的優勢也只是一種相對優勢，只是其在整個國民經濟中的地位以及在國際上的競爭力強於中國，而其國際競爭力優勢實際上也在日益縮小。另外，中國政府近年來在金融體系上的改革力度也非常之大，以往銀行信貸對於

私營企業的歧視也在逐步消除，再加上中國政治體制改革逐步走向深入，司法體制的健全必將逐步實現，司法最終將能真正維護公正良好的市場秩序。所以，從當前兩國發展的情勢來看，中國劣勢的改變可能性遠遠高於印度。故而，如果不發生影響特別大的意外事件，中國的經濟發展的潛力應該高於印度。

7.4　中印經濟轉型與發展模式對其他發展中國家經濟發展的啟示

　　中印是亞洲發展中國家中繼東亞「四小龍」之後再次成功起飛、實現高速增長的兩個大國。通過對這兩個國家20世紀80年代以來的經濟轉型與發展進行全面的比較，我們更清楚地看到了這兩個國家經濟發展的成功和不足之處，為這兩個國家未來的發展提供了參考和借鑑；同時，通過這一比較，也為其他落後的發展中國家的經濟發展提供了重要的啟示。

　　首先，在經濟的市場化轉型中，維持政治局面的穩定是至關重要。

　　20世紀80年代以來，很多原來的社會主義國家和其他計劃性較強的發展中國家紛紛開始市場化轉型。但很多的國家，特別是原來的社會主義國家大多數都經歷了較長時間的衰退之後才重新進入經濟增長的軌道，而中國和印度在經濟轉型的過程中經濟卻持續高速增長，基本上沒有出現過衰退現象，這其中一個重要的原因就在於中印兩國在經濟轉型的過程中都維持了政治局面的穩定。而很多的發展中國家特別是原來的社會主義國家在經濟轉型的同時都進行了政治體制的急遽變革，結果都造成了國家較長時期政治局面的動盪，政治局面的不穩定必然大大影響經濟的發展。所以，對於落後的發展中國家，進行經

濟改革是必要的，同時進行一定的政治改革也是必需的，但是改革的同時必須維持政治局面的穩定。

其次，經濟轉型關鍵不在於私有化，而在於建立各種經濟成分平等競爭的市場秩序以及將國有企業改造為真正具有競爭力的市場主體。

很多國家特別是東歐和獨聯體諸國在經濟市場化轉型中，都把重點放在私有化，有的國家甚至把經濟轉型等同於私有化，這實際上是這些國家在經濟轉型的過程中犯的一個重大錯誤。這其實也正是這些國家初期出現社會動盪、經濟下滑的重要原因。然而中印兩國在經濟轉型的過程中，雖然也採取了一定私有化措施，但並沒有把私有化當做經濟轉型的關鍵，更沒有把經濟轉型等同於私有化。兩國都把經濟轉型的重心放在建立一個各種經濟成分平等競爭的市場秩序上。中國從開始的增量改革，創造原有體制之外的經濟主體到後來一步步提高非公有制經濟的地位，著眼點始終是在建立一個這樣的市場秩序上。印度從拉奧政府的全面經濟改革開始就把重點放在對私營經濟管制的放鬆上，明顯是為了建立一個多種經濟成分並存的市場秩序。兩國對於國有企業都進行了較大規模的改革，但兩國改革的主要措施都不是簡單的私有化，而是把重點放在增強國有企業的競爭力上。這實際上正是中印經濟轉型成功的關鍵所在。其實，私有化絕非拯救發展中國家經濟的「靈丹妙藥」，也不是國有企業改革的最佳選擇，更不是唯一選擇，如何增強國有企業的競爭力才是國企改革的重中之重。而在這方面，中國比印度做得更為成功，這實際上也正是中國經濟發展的績效明顯優於印度的一個重要原因。

再次，國家產業政策對於經濟的發展至關重要，落後的發展中國家完全可以依靠國家長期持續的戰略性產業政策使其在某一領域獲得國際競爭力，並可能由此帶動整個經濟的起飛。

對於發展中國家而言，經濟想在短期內迅速全面趕超發達國家是不現實的，但並不表明發展中國家不可能在任何方面與發達國家競爭。實際上，如果採取戰略性的產業政策，持續地支持一些具有潛在比較優勢的產業，發展中國家完全可能在整體經濟水準明顯落後於發達國家的情況下在某些領域獲得競爭優勢，而這些領域的快速發展極有可能成為整個國家經濟發展的發動機，由此帶動整個經濟的起飛。中印兩國經濟的起飛過程都證明了這一點。中國在起飛之初整個經濟遠遠落後於發達國家甚至大部分發展中國家的情況下，充分利用擁有大量具備一定素質的廉價勞動力這一優勢，大力發展基本消費品製造業，最終使中國成為了「世界工廠」，並由此帶動了整個中國經濟的起飛。而印度則充分利用自身高等教育發達，具有大量優質的精英人才，且官方語言為英語的特點，大力發展軟件業，最終使印度在整個經濟還相對比較落後的情況下成為了世界軟件技術大國。其實，絕大部分發展中國家都可能具備某一領域的潛在比較優勢，如果政府能夠長期持續地支持，這些潛在的比較優勢完全可能成為現實的競爭優勢，這種戰略性的產業政策對於落後國家的經濟發展具有非常重要的作用。

再者，基礎設施和普通勞動者的素質是任何發展中國家經濟全面起飛的基礎。

在發展中國家經濟起飛之初，資金和技術等要素短期內都可以從外部引進，產品的市場短期內也可以依靠外需解決，但是基礎設施和勞動者的素質絕對不可能依靠外部解決，而這兩個方面是經濟發展的必要條件。沒有基礎設施的改善，沒有勞動者素質的提升，任何國家的經濟都不可能全面起飛。中印兩國經濟發展績效的差異非常明顯地證明了這一點。由於中國政府一直注重基礎設施的改善，一直注重國民的基礎教育，所以經濟的發展能夠得到基礎設施的有效支撐，同時又有一種來自

底層的推力，故而，中國經濟最終能夠全面起飛。而印度政府由於對於基礎設施的重要性認識嚴重不足，又由於文化的原因使普通國民的素質長期得不到應有的提升，整個經濟的發展明顯缺乏基礎設施的有效支撐和來自底層的推力，雖然利用戰略性產業政策使部分產業獲得了遠遠超出其經濟地位的國際競爭力，但並沒有由此帶動經濟的全面發展。曼‧辛格政府重新重視基本消費品製造業的發展是非常明智的選擇，但如果長期不能在基礎設施的建設和勞動者素質的提高上有所建樹，印度想成為一個新的「世界工廠」就將是一個遙不可及的夢。而中國軟件業則在國家產業政策調整後幾年的時間內就在產量上趕超了印度，在國際競爭力上超越印度也極有可能在不久的將來實現。所以，基礎設施和普通勞動者素質是任何國家經濟全面起飛的基礎，忽略了這兩個方面的國家經濟發展最終會受到極大的制約。

最後，對外開放對於落後國家的經濟發展具有非常重要的作用，外貿和外資可以彌補落後國家經濟起飛初期很多方面的不足，但也不能形成對外貿和外資的過度依賴。

發展中國家經濟起飛初期可能面臨資金、技術等多方面的缺口，這些缺口會對發展中國家初期的經濟發展造成極大的制約，而對外開放對於彌補這些缺口具有非常重要的作用。原來亞洲「四小龍」的經濟起飛很好地證明了這一點，中印兩國可以說再次提供成功的範例。如果沒有全方位的對外開放，中國經濟發展的初期將面臨資金短缺的嚴重制約，中國的製造業也將因國內市場的嚴重不足而使發展規模受到極大限制，同樣，如果沒有外部市場，印度軟件業更不可能有今天的輝煌。不過，對外開放也是一把雙刃劍，它在彌補發展中國家資金、技術、市場等諸多缺口的同時也會造成發展中國家對於外部經濟環境的依賴。這種依賴一旦過度，外部經濟環境的波動就會對發展

中國家經濟的發展造成巨大的衝擊。在本次金融危機中，中印兩國的金融系統實際上都沒有出現大的問題，但仍然受到了如此大的衝擊，這就不能不讓中印兩國本身和其他的發展中國家進行深刻的反思。其實，絕大多數國家經濟的發展最終還是要靠國內的資金、技術和市場，也就是說，對外開放的同時也絕不能造成對外貿和外資的過度依賴。

參考文獻

一、原始資料

1. 世界銀行. 2004年世界發展指標 [M]. 北京：中國財政經濟出版社，2005.

2. 世界銀行. 2005年世界發展指標 [M]. 北京：中國財政經濟出版社，2005.

3. 世界銀行. 世界發展報告（1988）[M]. 北京：中國財經出版社，北京，1988.

4. 王洛林，李向陽. 2005—2006年：世界經濟形勢分析與預測 [M]. 北京：社會科學文獻出版社，2006.

5. 王洛林，餘永定. 2003—2004年：世界經濟形勢分析與預測 [M]. 北京：社會科學文獻出版社，2004.

6. 世界銀行網站：http://www.worldbank.org.

7. 國際貨幣基金組織網站：http://www.imf.org.

8. 世界貿易組織網站：http://www.wto.org.

9. 中國統計局. 中國統計摘要2003 [M]. 北京：中國統計出版社，2003.

10. 中華人民共和國各年經濟與社會發展統計公報，見中華人民共和國統計局網站：http://www.stats.gov.cn.

11. 《中國統計年鑒》（各年），見中華人民共和國統計局網站：http://www.stats.gov.cn.

12. 中國經濟網：http://www.ce.cn.

13. 中華人民共和國中央人民政府網站：http://www.gov.cn.

14. Government of India, Economic Survey, 1957—1958 ~ 2007—2008, http://www.indiabudget.nic.in.

15. 印度國家信息中心網站：http://www.nic.in.

16. 印度商工部網站：http://commin.nic.in.

17. 財政與公司事務部網站：http://www.finmin.nic.in.

18. 印度中央經濟情報局網站：http://www.nic.in.

19. 通信和信息產業部信息產業司網站：http://www.mit.gov.in.

20. 統計和計劃執行部統計司網站：http://mospi.nic.in.

21. 印度經濟特區網站：http://sezindia.nic.in.

22. 印度軟件技術園網站：http://www.stpi.soft.net.

23. 印度國家貿易公司網站：http://www.stcofindia.org.

24. 印度投資：http://finance.indiamart.com/investment_in_india/.

二、專著

1. 吳敬璉. 中國經濟體制改革的整體設計 [M]. 北京：中國財政經濟出版社, 1988.

2. 吳敬璉. 當代中國經濟改革 [M]. 上海：上海遠東出版社, 2004.

3. 郭熙保. 發展經濟學經典論著選 [M]. 北京：中國經濟出版社, 1998.

4. 張秀生. 中國農村經濟改革與發展 [M]. 武漢：武漢大學出版社, 2005.

5. 劉國光. 中國經濟體制改革的模式研究 [M]. 北京：中國社會科學出版社, 1988.

6. 厲以寧. 中國經濟改革的思路 [M]. 北京：中國展望出版社, 1989.

7. 王琢. 中國經濟模式論 [M]. 長沙：湖南人民出版社，1988.

8. 董輔礽. 經濟體制改革研究 [M]. 北京：經濟科學出版社，1994.

9. 盛洪. 中國的過渡經濟學 [M]. 上海：生活·讀書·新知三聯書店，上海人民出版社，1994.

10. 劉世錦. 經濟體制效率分析導論——一個理論框架及其對中國國有企業體制改革問題的應用研究 [M]. 上海：生活·讀書·新知三聯書店，上海人民出版社，1994.

11. 周振華. 體制改革與經濟增長——中國經驗與範式 [M]. 上海：上海三聯書店，上海人民出版社，1994.

12. 殷永林. 獨立以來的印度經濟 [M]. 昆明：雲南大學出版社，2001.

13. 文富德. 印度經濟發展：經驗與教訓 [M]. 成都：四川大學出版社，1994.

14. 文富德. 印度經濟：發展、改革與前景 [M]. 成都：巴蜀書社，2003.

15. 文富德，陳繼東. 世界貿易組織與印度經濟發展 [M]. 成都：巴蜀書社，2003.

16. 陳繼東. 當代印度對外經濟關係研究 [M]. 成都：巴蜀書社，2005.

17. 趙明歧. 印度之路——印度工業化道路探析 [M]. 北京：學林出版社，2005.

18. 黃思駿. 印度土地制度研究 [M]. 北京：中國社會科學出版社，1998.

19. 林良光. 印度政治制度研究 [M]. 北京：北京大學出版社，1995.

20. 劉小雪. 發展中國家的新興產業優勢：以印度軟件產業

的發展為例［M］．北京：世界知識出版社，2006．

21. 孫培均，張敏秋，於海蓮．印度：從「半管制」走向市場化［M］．武漢：武漢大學出版社，1994．

22. 張淑蘭．印度拉奧政府經濟改革研究［M］．北京：新華出版社，2003．

23. 楊冬雲．印度經濟改革與發展的制度分析．經濟科學出版社，2006．

24. 孫培鈞．中印經濟發展比較研究［M］．北京：經濟管理出版社，2007．

25. 陳峰君．東亞與印度——亞洲兩種現代化模式［M］．北京：經濟科學出版社，2000．

26. 王德華，吳揚．龍與象：21世紀中印崛起的比較［M］．上海：上海社會科學院出版社，2003．

27. 姜凌，等．當代資本主義經濟論［M］．北京：人民出版社，2006．

28. 景維民．轉型經濟學［M］．天津：南開大學出版社，2003．

29. 於同申．發展經濟學——新世紀經濟發展的理論與政策［M］．北京：中國人民大學出版社，2002．

30. ［美］斯蒂格利茨．社會主義向何處去——經濟體制轉型的理論與證據［M］．長春：吉林人民出版社，1999．

31. ［印］阿瑪蒂亞·森，讓·德雷茲著．印度：經濟發展與社會機會［M］．黃飛君，譯．北京：社會科學文獻出版社，2006．

32. ［美］保羅·克魯格曼，茅瑞斯·奧伯斯法爾德．國際經濟學［M］．5版．海聞，蔡榮，郭海秋等，譯．北京：中國人民大學出版社，2002．

33. ［英］大衛·李嘉圖．政治經濟學與賦稅原理［M］．周

潔, 譯. 北京: 華夏出版社, 2005.

34. [印] 魯達爾·達特, K. P. M. 桑達拉姆著, 印度經濟 [M]. 雷啓淮、李德昌、文富德、戴永紅, 等, 譯. 成都: 四川大學出版社, 1994.

35. Vijay Joshi, L. M. D. Little. India's Economic Reforms 1991—2001 [M]. Clarendon Press, Oxford 1996.

36. Ruddar Datt, Economic Reforms in India——A Critque, S. [M]. Chand & Company LTD. 1997.

37. Mammen, Thampy. India's economic prospects [M]. Singapore: World Scientific, 1999.

38. Chand, Gyan. The financial system of India [M]. New York: Routledge, 2000.

39. Rajadhyaksha, Niranjan. The rise of India [M]. Singapore: John Wiley & Sons (Asia), 2007.

40. Fujita, Masahisa. Economic integration in Asia and India [M]. Basingstoke [England]; New York: Palgrave Macmillan/IDE - JETRO, 2008.

41. Mahtaney, Piya. India, China and globalization [M]. Basingstoke [England]; New York: Palgrave Macmillan, 2007.

42. Krueger, Anne O, Economic policy reforms and the Indian economy [M]. Chicago: University of Chicago Press, 2002.

43. Basu, Kaushik. India's emerging economy [M]. Cambridge, Mass, MIT Press, 2004.

44. Davies, Paul. New business in India [M]. Singapore; Hackensack, NJ: World Scientific, 2008.

45. Sáez, Lawrence. Banking reform in India and China [M]. New York: Palgrave Macmillan, 2004.

46. Swamy, Subramanian. Economic growth in China and India

[M]. New Delhi: Vikas Publishing House Pvt Ltd, 1989.

47. Rohmetra, Neelu. Human resource development in commercia banks in India [M]. Aldershot, Hants, England; Brookfield, Vt., USA: Ashgate, 1998.

48. Rao, T. Divakara. Tax burden in Indian economy [M]. New Delh: Criterion Publication, 1984.

49. Bhagwati, Jagdish N., Calomiris, Charles, W. Sustaining India's growth miracle [M]. New York: Columbia Business School, 2008.

50. Indian Council of Social Science Research Economic development of India and China. New Delhi: Lancer International, in association with Indian Council of Social Science Research, 1988.

三、論文

1. 郭慶學. 轉型經濟理論發展述評 [J]. 甘肅農業, 2006 (9).

2. 張建君. 中國轉型經濟研究的文獻回顧與理論發展. 山東社會科學, 2007 (7).

3. 周冰. 中國轉型期經濟改革理論的發展 [J]. 南開學報. 哲社版, 2004 (2).

4. 林毅夫, 李周. 國有企業改革的核心是創造競爭的環境 [J]. 改革, 1995 (3).

5. 林毅夫. 論中國經濟改革的漸進式道路 [J]. 經濟研究, 1993 (9).

6. 樊綱. 兩種改革成本與兩種改革方式 [J]. 經濟研究, 1993 (1).

7. 戴園晨. 轉軌經濟和經濟轉軌 [J]. 改革, 1998 (6).

8. 周冰, 靳濤. 經濟體制轉型方式及其決定 [J]. 中國社會科學, 2005 (1).

9. 李曙光. 中國的經濟轉型：成乎？未成乎？［J］. 戰略與管理, 2003（3）.

10. 錢穎一. 目標與過程. 經濟社會體制比較, 1999（2）.

11. 李稻葵. 官僚體制的改革理論［J］. 比較. 2003（7）.

12. 唐任伍, 王宏新. 憲政經濟：中國經濟改革與憲政轉型的制度選擇［J］. 管理世界, 2004（2）.

13. 李連仲. 股份制是公有制的主要實現形式［N］. 文匯報, 2004 - 1 - 12.

14. 衛興華. 警惕「公有制為主體」流於空談［J］. 經濟學動態. 2005（11）.

15. 張軍擴. 馬克思主義「兩個決不會」思想與現階段中國的所有制改革［J］. 理論前沿, 2005（20）.

16. 範恒山. 中國經濟體制改革的歷史進程和基本方向［J］. 經濟研究參考, 2006（48）.

17. 胡鞍鋼. 第二次轉型：從經濟建設為中心到制度建設為中心［J］. 戰略與管理. 2002（3）.

18. 蔡繼明. 中國的經濟轉型：從體制改革到制度創新［J］. 天津社會科學. 2005（4）.

19. 劉小雪. 印度經濟轉型、產業政策變遷及對軟件產業發展的影響［J］. 南亞研究, 2004（2）.

20. 馬常娥. 印度經濟的轉型及其對中國的啟迪. 世界經濟與政治論壇［J］. 2002（3）.

21. 斯蒂芬·雷斯尼克, 何立芳. 印度的轉型與發展［J］. 國外理論動態. 2007（6）.

22. 孔令岩. 印度經濟崛起動因分析的啟示［J］. 經濟師. 2006（3）.

23. C. 拉曼諾哈爾·雷迪. 印度、「華盛頓共識」與東亞危機［J］. 國外社會科學, 2001（4）.

24. 文富德. 印度瓦傑帕伊政府加速經濟改革 [J]. 國際經濟評論, 2001 (11).

25. 文富德. 從瓦傑帕伊政府大選失敗看印度經濟改革的幾點教訓 [J]. 南亞研究季刊, 2005 (2).

26. 文富德. 印度曼·辛格政府堅持謹慎經濟改革 [J]. 南亞研究, 2007 (1).

27. 樹靜. 中印基尼系數比較及影響 [J]. 財經界 (中旬刊), 2007 (8).

28. 石良平. 龍象命題：中印兩種增長模式之比較 [J]. 中國統計, 2007 (1).

29. 趙建軍. 當代中印經濟改革比較. 四川大學學報 (哲學社會科學版), 2007 (1).

30. 李磊, 趙旭, 張嵋喆, 王君. 中印第三產業發展的比較分析 [J]. 經濟縱橫, 2007 (6).

31. 趙建軍. 當代中印經濟改革比較及兩國經濟發展模式成因分析 [J]. 湖南廣播電視大學學報, 2006 (3).

32. 華民. 中印經濟發展模式的比較：相似的原理與不同的方法 [J]. 復旦學報 (社會科學版), 2006 (6).

33. 於海蓮, 杜振華. 中印經濟競爭力的比較分析 [J]. 世界經濟與政治, 2004 (6).

34. 田小偉, 張瀟化. 中印兩國經濟發展模式的比較 [J]. 山西煤炭管理幹部學院學報, 2006 (4).

35. 李文華. 中印利用 FDI 的比較及經濟效應分析 [J]. 科技情報開發與經濟, 2007 (15).

36. 權衡. 中印經濟增長模式之比較 [J]. 黨政幹部文摘, 2006 (11).

37. 鄭利. 中印經濟優勢分析 [J]. 合作經濟與科技, 2006 (1).

38. 狄承鋒. 中印20世紀90年代以來發展道路比較 [J]. 北京師範大學學報（社會科學版），2006（3）.

39. 唐朱昌，楊特. 試論政府在經濟轉型和改革中的作用——中、俄、印三國之比較分析 [J]. 世界經濟研究，2007（3）.

40. 馬致遠，趙嬌. 中國與印度外貿比較研究 [J]. 河南商業高等專科學校學報，2006（1）.

41. 吳晨瑜. 中國與印度直接利用外資的比較研究 [J]. 科學技術與工程，2006（16）.

42. 唐以今. 中國與印度利用外資之比較研究 [J]. 現代財經，2005（5）.

43. 李天華，李良明. 中國與印度「趕超戰略」之比較 [J]. 湖北行政學院學報，2006（3）.

44. 江勇，王磊. 中國印度經濟發展比較 [J]. 山西財經大學學報，2005（2）.

45. 任世紅. 20世紀末期中印經濟發展績效及成因之比較 [J]. 湖北社會主義學院學報，2006（6）.

46. 尹倩. 中國模式與印度模式之比較 [J]. 理論與現代化，2006（4）.

47. 陳繼東，陳家澤. 中國與印度經濟發展模式及其轉型之比較 [J]. 南亞研究季刊，2005（2）.

48. ［美］黃亞生. 經濟增長中的軟硬基礎設施比較：中國應不應該向印度學習？ [J]. 世界經濟與政治，2005（1）.

49. YASHENG HUANG, TARUN KHANNA. Can India Overtake China? [J]. Foreign Policy, 2003 (718).

50. MONTEK S AHLUWALIA. Economic Reforms in India Since 1991, Has Gradualism Worked? [J]. Journal of Economic Perspectives, 2002, 16 (3).

51. TIRTHANKAR ROY. Economic History and Modern India: Redefining the Link [J]. Journal of Economic Perspectives, 2002, 16 (3).

52. BARRY BOSWORTH, SUSAN M COLLINS. Accounting for Growth: Comparing, China and India, Journal of Economic Perspectives, 2008, 22 (1).

53. SHILPI FORHAD, UMALI - DEININGER DINA. Market Facilities and Agricultural Marketing: Evidence from Tamil Nadu [J]. India, Agricultural Economics, 2008, 39 (3).

54. ARVIND VIRMANI, POTENTIAL GROWTH. Stars of the 21st Century: India, China and the Asian Century [J]. Chintan Occasional Paper, 1999 (10).

55. VIKRAM KHANNA. India needs to spread benefits of its reform; This requires managing flow of people from rural to urban areas [J]. The Business Times Singapore, 2008 (11).

56. HENRY CHU. India's Manmohan Singh faces pressure from irate voters and political foes [J]. Los Angeles Times, 2008 (12).

57. STEVE HAMM. What's good for india...; Trying to sell the West on India as a stable, democratic counterweight to China Business Week [J]. 2007 (12).

58. GAURAV DATT, MARTIN RAVALLION. Is India's Economic Growth Leaving the Poor Behind? [J]. Journal of Economic Perspectives— 2002, 16 (3).

59. NICK HORDERN. India reform reduces poverty but growth uneven [J]. The Australian Financial Review, 2007 (10).

60. SALIL TRIPATHI. Financial Post, A tale of two giants; Dragon and tiger stand ready to take on the world [J]. National Post (f/k/a The Financial Post), 2008 (3).

國家圖書館出版品預行編目（CIP）資料

中印經濟轉型與發展模式比較 / 龔松柏 著. -- 第一版.
-- 臺北市：財經錢線文化發行：崧博, 2019.12
　　面；　公分
POD版

ISBN 978-957-735-955-1(平裝)

1.國際經濟 2.中國 3.印度

552.1　　　　　　　　　　　　　　　　108018088

書　　名：中印經濟轉型與發展模式比較
作　　者：龔松柏 著
發 行 人：黃振庭
出 版 者：崧博出版事業有限公司
發 行 者：財經錢線文化事業有限公司
E - m a i l：sonbookservice@gmail.com
粉 絲 頁：　　　　　網　址：
地　　址：台北市中正區重慶南路一段六十一號八樓 815 室
8F.-815, No.61, Sec. 1, Chongqing S. Rd., Zhongzheng
Dist., Taipei City 100, Taiwan (R.O.C.)
電　　話：(02)2370-3310　傳　真：(02) 2388-1990
總 經 銷：紅螞蟻圖書有限公司
地　　址: 台北市內湖區舊宗路二段 121 巷 19 號
電　　話:02-2795-3656　傳真:02-2795-4100　　網址：
印　　刷：京峯彩色印刷有限公司（京峰數位）
　　本書版權為西南財經大學出版社所有授權崧博出版事業股份有限公司獨家發行電子
　書及繁體書繁體字版。若有其他相關權利及授權需求請與本公司聯繫。

定　　價：360 元
發行日期：2019 年 12 月第一版
◎ 本書以 POD 印製發行